BASEADO EM PAPOS REAIS

Bruno Levinson

BASEADO EM PAPOS REAIS

– MACONHA –

Baseado em papos reais – maconha
© 2023 Bruno Levinson
© TAO Editora

Publisher Edgard Blücher
Editores Eduardo Blücher e Jonatas Eliakim
Coordenação editorial Andressa Lira
Produção editorial Juliana Morais
Preparação de texto Ana Maria Fiorini
Diagramação Plinio Ricca
Revisão de texto Cristiana Gonzaga Souto Corrêa
Capa Laércio Flenic

Rua Pedroso Alvarenga, 1245, 4º andar
04531-934 – São Paulo – SP – Brasil
contato@taoeditora.com.br
www.taoeditora.com.br

Segundo Novo Acordo Ortográfico, conforme 5. ed. do *Vocabulário Ortográfico da Língua Portuguesa*, Academia Brasileira de Letras, março de 2009.

É proibida a reprodução total ou parcial por quaisquer meios, sem autorização escrita da Editora.

Todos os direitos reservados pela Tao Editora.

Dados Internacionais de Catalogação na Publicação (CIP)
Angélica Ilacqua CRB-8/7057

Levinson, Bruno
  Baseado em papos reais – maconha / Bruno Levinson. - São Paulo : TAO, 2023.
  266 p.

Bibliografia
ISBN 978-65-89913-30-6

1. Maconha 2. Plantas medicinais 3. Drogas alucinógenas I. Título

22-2129   CDD B869

Índices para catálogo sistemático:
1. Maconha

Conteúdo

Introdução 7

1. Nelson Motta 15
2. Fernando Gabeira 29
3. Professor Henrique Carneiro 39
4. Orlando Zaccone 51
5. Maria Lúcia Karam 65
6. Marcos Kac 75
7. Eduardo Faveret 85
8. Margarete Brito 99
9. Francisco Bosco 113
10. Marcelo D2 125
11. Molusco 137
12. Matias Maxx 149
13. William Lantelme 161
14. Ricardo Petraglia 173
15. Mário Prata 183
16. Fernanda Abreu 195
17. MV Bill 205
18. Celso Athayde 221

19. Maria Riscala 237

20. Stephane 249

Considerações finais 261

Introdução

Não é de hoje que consumimos maconha! É um hábito tão antigo que tem sido difícil para os historiadores precisar quando e onde pode ter surgido. Várias pesquisas apontam que a planta apareceu na Ásia Central milhões de anos atrás. Apontam o Lago Qinghai, no planalto do Tibete, como possível local de sua origem. Essas mesmas pesquisas dizem que ela foi se espalhando e chegou ao continente europeu cerca de 6 milhões de anos atrás. São anos pra caramba. Será tão antiga assim? Outros estudos situam a origem de seu cultivo em uma época mais recente: 27000 a.C., no Afeganistão, e já sendo muito utilizada na Índia para fins terapêuticos e religiosos. O uso do cânhamo, um dos tipos da *Cannabis*, seria mais recente ainda, e tem seus primeiros registros em 10000 a.C., na ilha de Taiwan, ao leste da China. Vamos deixar claro o que é motivo de confusão para muita gente. Cânhamo e maconha são ambos tipos de *Cannabis*, ok? O cânhamo possui menos tetraidrocanabinol (THC), o princípio ativo que causa efeitos psicoativos, e por isso é mais utilizado para fins industriais. A maconha, com mais THC, é mais utilizada para medicamentos, cosméticos e social ou recreativamente. Fato é que vêm de longe o cultivo da *Cannabis* e suas diversas utilidades: terapêutica, recreativa, religiosa, industriais etc. É provável que a primeira Bíblia tenha sido escrita em folhas de cânhamo.

A primeira referência ao seu uso médico está em um manual chinês que remonta há cerca de 2700 a.c. Dizem que o imperador Shen Nung, o pai da medicina chinesa, a recomendava para o tratamento de reumatismo, gota, malária e até, curiosamente, para quem era muito distraído. Em 1000 a.c., há indícios de que os hindus bebiam o *bhang*, uma mistura de maconha, leite e outros ingredientes. Usavam esse preparado como anestésico e também para recreação. Shiva era usuário, e até hoje praticantes do budismo usam a maconha em rituais e na meditação. Já os árabes a empregavam para dores de cabeça e sífilis. Sendo o álcool proibido pelo Alcorão, para relaxar, os muçulmanos apertavam um. Na Grécia antiga, a galera também usava maconha para mil e uma utilidades. Heródoto, o famoso historiador grego, dizia que a *Cannabis* era fumada para fins espirituais, emocionais e, como não, recreativos. Ele conta que as pessoas fumavam em rodas e ficavam rindo e delirando de prazer. Saltemos para Roma, em 70 d.C., onde os médicos da cidade indicavam aos tarados fumar a erva, para acalmarem seus desejos, e um chá das raízes da planta para tratar artrites e dores em geral. Com tudo isso, o que vemos na história é que sempre se usou muito o cânhamo e a maconha, e para diversas finalidades. Entre elas, sempre, pelo seu poder dito recreativo.

Ao Brasil, a planta chegou nas caravelas portuguesas. Nessa época, o cânhamo era das *commodities* mais valiosas do mundo. Das velas e cordas das embarcações até as roupas dos marujos, tudo era feito de cânhamo. Cultivar cânhamo chegou a ser uma prática incentivada e financiada pela Coroa portuguesa. Imagine que, em 1783, o Império Português instituiu aqui a Real Feitoria de Linha Cânhamo, que nada mais era que o cultivo oficial do governo, visando a atender às necessidades da indústria têxtil. Enxergavam nossas terras como de grande potencial para essa valiosa plantinha.

Nas caravelas portuguesas vieram também os pretos africanos, os escravos, principalmente os angolanos, que utilizavam a erva em rituais religiosos, mas, logo em seguida, também para aplacar as dores da chibata, as inflamações. Era frequente fumarem para dançar, cantar e relaxar jogando conversa fora, olhando para a lua. Escravos cantando e dançando era demais para os senhores fazendeiros. Nascia aí o preconceito contra a maconha. Esses fazendeiros diziam para seus filhos não se iludirem com "aquela alegria" e para nunca fumarem o cigarrinho dos escravos, pois, se o fizessem, teriam suas mentes dominadas pelos pretos. Para não deixar ninguém cair nessa tentação e, mais do que isso, para coibir qualquer alegria dos pretos, proibiram o uso da maconha. Em outubro de 1830, a Câmara Municipal do Rio de Janeiro aprovou a "Lei do Pito do Pango", estabelecendo três dias de cadeia para quem fosse pego fumando maconha. Nossas leis já eram circunstanciais como hoje. Se pretos fossem pegos fumando maconha, iam em cana; se brancos fossem pegos, tinha conversa. A lei nunca foi igual para todos. Ao ter contato com a planta, os nossos indígenas, mais afeitos a fumar tabaco, também começaram a utilizar a erva em seus rituais. Desde quando aqui ainda era Ilha de Vera Cruz pessoas de todos os tipos, crenças e origens fumam maconha. Brancos, pretos, indígenas. Faz parte da nossa origem como povo brasileiro fumar maconha! Os escravos pegos fumando eram presos, mas a Carlota Joaquina, que, dizem, fumava e tomava chás, jamais. Assim, definitivamente, a maconha se inseria como parte da vida cotidiana de quem aqui habitava.

Seguindo com a história, vieram os avanços, e os mares antes velejados começaram a ser singrados com navios a vapor. O cânhamo começou a cair de preço, e assim o seu plantio foi deixando de ser um bom negócio. A questão é sempre o dinheiro. Se economicamente já não era mais tão lucrativo e eram os pretos que mais fumavam para ficar alegrinhos e esquecer um pouco da dor, então, que se reprima o uso. Chega de festa! Como se houvesse algo de festivo em aliviar a dor da escravidão. Nesse caminho da proibição somos mesmo pioneiros. A princípio o uso era reprimido, mas em 1830 foi proibido. Já em 1924, durante a Liga das Nações em Genebra, na Suíça, o representante brasileiro, Pedro José de Oliveira, fez um inflamado discurso na tribuna conclamando todas as nações ao combate à erva, colocando-a junto ao ópio. Definitivamente a maconha, uma planta que não passa por nenhum processo químico para ser fumada, entrava na prateleira das drogas ilícitas no mundo. E com o Brasil na vanguarda da proibição! Vale ressaltar que na Liga das Nações anterior à de 1924 esse mesmo representante do Brasil tecia loas aos diversos usos da *Cannabis*. Na verdade, a proibição que ele agora defendia se amparava no seu racismo. Se os pretos fumam, que se proíba. E assim fomos em frente. Consumir maconha torna-se uma forma de criminalizar a população preta. Em 1938, durante a ditadura Vargas, por meio da nova Lei de Fiscalização de Entorpecentes, a maconha foi legalmente proibida em todo o território nacional – proibição defendida e propagandeada pela grande mídia da época, que publicava diversos artigos associando o uso da erva a uma suposta degeneração moral. Consolidava-se a imagem fortemente negativa, preconceituosa, que a maconha e seus usuários – os maconheiros – adquiriram na nossa sociedade.

Preconceitos à parte, a real é que a maconha nunca deixou de ser uma planta com incontáveis possibilidades de usos. Proibida ou não, nunca se deixou de fumar maconha no Brasil, assim como nunca se deixou de beber durante o período da Lei Seca norte-americana. O preconceito é moral, e nunca científico. Desde os primórdios, ela, a planta, além de ser fumada em busca do "barato", era utilizada na indústria têxtil, em terapias diversas, para aplacar dores, para bronquite, reumatismo, inflamações, no tratamento de glaucoma, de distúrbios de movimento, contra a perda de apetite, em pacientes com aids ou em tratamento quimioterápico contra náusea e vômito, na indústria de alimentos e suplementos nutricionais, na indústria de cosméticos e de produtos de higiene pessoal, como biodiesel, biomassa e até na construção civil. Segundo a Forbes, estima-se que a indústria canábica nos Estados Unidos movimentará 30 bilhões de dólares até 2025.

Como remédio, a maconha tem sido utilizada desde que se tem notícia, pelos mais diferentes povos e suas culturas: chineses, indianos, egípcios, árabes, gregos e romanos, muito antes de chegar às Américas. Esses povos já sabiam das diferentes genéticas da planta para seus variados fins. Além de todos esses usos, existe o principal, o mais comum: seu uso "inspirador". Não é de hoje que pessoas buscam experimentar estados alterados da mente para mergulhar em seus momentos. Por toda a história, por todo o mundo, a maconha é um dos produtos mais consumidos pela humanidade. No entanto, poucos produtos na história passaram por tantas transformações na sua forma de ser visto pela sociedade. O caso único de uma planta que já tem diversas utilizações conhecidas e que, por preconceito, deixa de ser ainda mais profundamente estudada. Uma planta proibida. Estima-se que a maconha possua mais de 400 componentes, sendo somente 60 deles já conhecidos como canabinoides, que são os compostos psicoativos dessa planta. Tem muito mais para conhecermos. Infelizmente, na nossa sociedade moderna, esses efeitos no nosso sistema nervoso central, popularmente conhecidos como "onda", também são motivo de muito preconceito. Nossa sociedade recrimina nosso subconsciente. Algo que não deve ser muito acessado. Parece até que não é nosso! Nossa racionalidade é tão supervalorizada que faz parecer que o inconsciente nem faz parte do todo que cada um de nós é. Para nossa sociedade, jamais devemos perder o controle sobre nossos pensamentos e ações. Isso deve ser temido! Independentemente desses preconceitos, sem nem entrar nessa questão psicológica, se alguém realmente acha que a maconha tira alguém do eixo, é porque nunca fumou maconha e entende bem pouco sobre o assunto. Aproveite a leitura. Podemos afirmar categoricamente: maconha não tira a consciência de ninguém. O preconceito não muda a realidade dos fatos, mesmo que, por causa dele, a prática social, infelizmente, seja alterada. Por todas as suas diferentes possibilidades de uso, a maconha, que poderia ser vista como uma erva "santa" – *vide* suas tantas propriedades –, graças à propaganda mentirosa, foi demonizada.

Deixemos a história pra trás e vamos às novas páginas deste livro que você tem nas mãos. Não é de hoje que esse tema me habita. Na verdade, ele me habita desde a minha adolescência em Copacabana, quando eu via, nos fundos do prédio, aquela galera que se reunia lá no fim da tarde, em roda, conversando, passando um cigarrinho, de vez em quando tossindo e rindo. Era a mesma galera que ficava na rua, na frente do prédio, eram os descolados, pareciam interessantes, e eu ficava interessado. O tempo foi passando, a gente vai crescendo, experimentando, vivendo... Nunca fiz parte daquela roda, mas fiz parte de várias outras. Todas rodas escondidas. Sempre o risco iminente de sermos pegos. Pegos? Por quê? Será mesmo que estamos fazendo algo errado? Entendo que seja legalmente proibido, mas, na verdade, nunca entendi, justamente, ser legalmente proibido. Nunca me pareceu errado o que a galera de Copacabana, da escola, do grupo de jovens, da outra escola, do time de vôlei, da praia, o que tantas outras galeras além das minhas faziam nos shows, parques ou onde quer que fosse; nunca me pareceu nada errado. Por que então precisávamos fazer escondido, correndo o risco de sermos pegos pelas forças do Estado? Por que fumar um beque se sentindo culpado enquanto cidadão? Essas questões morais, sociais, nunca saíram da minha cabeça. Crescendo, experimentando, vivendo, a gente vai estudando, informando-se, percebendo, analisando, e sempre, sempre, sempre, conversando. A possibilidade de conversarmos, de sentarmos em roda ou frente a frente para um ouvir a história do outro, o ponto de vista do outro, é algo que nos diferencia enquanto humanos. Conversando nem sempre a gente se entende, e isso sim é entender a nossa essência. É um prazer molecular, ancestral, participar de um bom debate. Não me parece que este livro seja o debate, parece-me mais que é uma voz no debate.

Uma voz potente. Uma voz que mescla diversos pontos de vista sobre o tema maconha – o tema maconha na sua mais vasta e, ao mesmo tempo, simples definição. Uma mescla de vozes falando sobre as diversas formas de uso da maconha é o lado vasto do assunto. O lado simples é que estamos falando somente de uma planta. Uma planta milenar. Poderíamos estar falando de manjericão, alecrim, hortelã, mas estamos falando de maconha. Falar aberta, franca e diversificadamente sobre maconha é o caminho real e concreto para desmitificarmos a planta. Conhecendo bem o país que habitamos, a sociedade que somos. Não devemos nos iludir. Aqui vale o por debaixo dos panos, valorizamos o "jeitinho", temos uma moral social fluida e circunstancial. Não vamos nos iludir! Sabemos a sociedade hipócrita que formamos e já nem precisamos ficar enumerando exemplos dessa hipocrisia, certo? Por tudo isto, é uma ação patriótica falarmos abertamente sobre o que e como somos, nos expormos, nos inserirmos de peito aberto no debate. Independente de todas as conversas terem sido feitas durante o governo Bolsonaro, ou até ainda mais por isso, todos aqui presentes têm essa disposição e entendimento. Precisamos falar com sinceridade. Ser o que somos. Espero que essas conversas sempre te inspirem a ser o que você é, como você é, de verdade. A roda já está aberta para você. Seja bem-vindo.

1.

Nelson Motta

*Se o Nelson Motta, que trabalha tanto, que já
fez tanto na nossa cultura, que é tão querido
por tanta gente, fuma praticamente todos
os dias já há 55 anos, então maconha
não pode ser coisa de vagabundo!*

Ninguém foi mais influente para mim do que Nelson Motta. Desde pequeno, adorava vê-lo no *Jornal Hoje* aos sábados. Eu começando a entender quão vasto era o mundo pop e ele apresentando o mapa. Eu começando a ter meus interesses, muito envolvido com o que dizia aquele cara zona sul do Rio como eu, que falava de um jeito como eu e que me parecia ser tudo aquilo que um dia eu gostaria de ser. Sempre atento ao que aquele cara falava e escrevia em suas colunas, fui seguindo meus caminhos, tendo Nelson Motta como um farol. O cara abria casas noturnas, o cara produzia shows, festivais, discos, o cara escrevia colunas nos jornais, o cara falava de cultura pop na TV e o cara não sabia tocar nenhum instrumento! Meu ídolo. Nelson Motta me deixa nervoso. Nervoso mesmo. Fico ansioso, tenso, um desconforto de suar. Verdade. Cada vez que estive com ele foi assim, de suar. Já cheguei a tentar evitar encontros. Ficava vendo de longe... Veja só que loucura! Hoje estou um pouco melhor, mais controlado. Ufa. Que fique claro, este livro, por mais de um motivo, só começou por causa do Nelson. Ele foi o isqueiro!

A ideia de falar sobre maconha me acompanha. Sempre quis ter a possibilidade de defender o consumo mostrando que o foco do assunto deve ser o usuário. Assim, fui sempre me informando sobre o tema. Com esse propósito veio nascendo o desejo de escrever um livro sobre a relação das pessoas com a maconha. Uma dessas ideias que a gente vai tendo, guardando, até que um dia ela germina. Esse dia, para este livro, germinou quando li no jornal *O Globo* uma matéria sobre o lançamento do *De cu pra lua*, a autobiografia do Nelson. O maior destaque da matéria era uma fala do Nelson: *"Tenho uma memória incrível. Não sei por quê. Fumo maconha todos os dias há 55 anos"*. A minha primeira reação foi: *"Caramba, o Nelson Motta lança uma biografia, o cara que fez coisa pra caramba na nossa cultura, e o destaque é ele dizer que sempre fumou maconha?!"*. Minha primeira reação foi de desdém com a matéria, mas logo em seguida achei foda! Me veio a dimensão que esse destaque poderia vir a ter no debate. Mais um golaço na biografia do Nelson, meu ídolo! Depois de tudo que ele já fez, e ainda segue fazendo, joga uma verdade dessas na cara da sociedade? Uá! É isso mesmo, sociedade! O Nelson Motta, esse cara fodão que já fez coisa pra caramba pela nossa música, nossa cultura, um cara que sempre foi o simpático, o gente fina, o realizador, que nunca esteve envolvido em nenhum escândalo, que é pai, avô, bisavô, uma das pessoas mais queridas que temos, explanando que fuma maconha há 55 anos! Qual o problema? Então, bora fazer barulho para Nelson Motta! Bora fazer barulho pelo uso social da maconha. Este livro é dedicado ao meu ídolo, Nelson Motta!

Com todo esse sentimento, e nervosismo, vambora atrás do Nelson marcar a primeira entrevista. Vou fumar um beque com o

Nelson Motta! Tanto quanto a vontade de entrevistá-lo, veio esta ideia de fumar um com ele. Vou marcar a entrevista para qualquer dia às 4h20 da tarde, já propondo de fumarmos um. Já tinha o Whats dele. Mando mensagem. Nelson responde: *"Salve Bruno. Faço com prazer. Aliás há tempos tenho a ideia de um livro que se chamaria 'Meu Primeiro Baseado', com depoimentos de todo tipo de gente sobre o seu primeiro. Bom ou ruim. O Caetano passou mal, pensou que ia morrer. Todo mundo tem uma história e ajuda a desmistificar. Deixa passar esse lançamento do livro e conversamos. Bjs"*. O Nelson topou e com prazer! Já teve uma ideia parecida! Uááá! Me pareceu um bom presságio uma resposta dessa!

Me aguentei e fui me preparando para a entrevista, deixei o tempo passar, fui acompanhando um monte de matérias sobre o *De cu...*, devorei o *De cu...* e fui me preparando para a nova mensagem. No dia 18 de dezembro nós as trocamos. Ele marca: *"Terça 22, às 15h"*, curto e prático. Dia 22 chega, mando o link na hora certinha, e... *"Ih Bruno... tinha uma fisioterapia que esqueci... podemos fazer às 17:20? Sorry. Maconheiro, se não anotar, esquece kkkkk"*. Às 17h20 mando o link novamente. *"Ainda atrasado, vamos às 17:45 sorry"*. Imagina, Nelson, tudo certo, já, já te mando novo link.... e ele às 17h46: *"Meu Deus, Bruno. Parece praga. Vou ter que gravar agora um 'melhores do ano' para o Jornal da Globo! Parece praga. Volto ao ar às 18:30"*. Caramba, vai ficando tarde, o cara vai estar cansado, pode ser melhor propor para amanhã. Tudo certo! Amanhã vou entrevistar Nelson Motta! *"Talvez seja melhor, porque estou cansado dessa porcariada..."*. Calma, Nelson!

Acordo no dia seguinte feliz da vida! Hoje é o dia! E o dia amanheceu chovendo. Estou na região serrana do Rio e tem chovido muito. Aqui, quando chove forte, acaba a luz! Dito e feito. Ou melhor, dito e não feito. Sem luz, sem link, sem entrevista. Caraca, fiquei sem luz o dia inteiro! Nelsoonn, socorro! *"Vamos rolando. E enrolando"*, ele me escreve. Aí veio o Natal, e ele nem respondeu mais nada. Caraca, eu mandando mensagem no Natal? Que feio, Bruno! Fiquei mal com isto! Mas que nada, no dia seguinte ele marca para o dia seguinte, um sábado, tranquilão! E querem saber que horas ele marcou?! Às 4h20 da tarde! Sábado vou fumar um beque on-line com o Nelson Motta! Isso pra mim é coisa pra colocar no currículo!

Sábado às 16h20 estávamos no ar, e Nelson já com seu beque aceso na mão! Rapidamente acendo o meu. Estou fumando um beque com o Nelson Motta e vamos começar a primeira entrevista para o livro. Que bons ventos, e fumaças, nos levem! Então, Nelson, baseado em fatos reais, eu quero saber...

Nelson coloca seus óculos escuros, se ajeita na cadeira, posiciona a câmera, dá mais um tapa no seu beque, e, sem nem perguntar, já vamos carburando o papo. Falo do meu nervosismo habitual na sua presença e ele dá uma risada: *"Como você é bobo! Que bobagem!"*, para em seguida falar também do seu nervosismo quando encontra Maria Bethânia ou Roberto Carlos. *"Roberto Carlos te deixa nervoso!?"*, eu vou tirando minha onda... *"A mim, não! Depois de sete anos fazendo o roteiro do Especial dele na TV, hoje ele até me chama de Bruninho."* O Roberto me chama de Bruninho e estou agora fumando um beque, trocando uma ideia, com Nelson Motta! *"Maravilha, maravilha, eu mesmo nunca escrevi para o Roberto. Quer dizer, agora estou envolvido aí com o filme dele e tal..."*. O cara me joga essa e me soa quase uma armadilha! Seria delicioso seguir o papo por aí, sobre os seus trabalhos, sobre o filme do Rei, mas o que nos trouxe aqui é a maconha, e se estamos os dois fumando, é bom que pelo menos um de nós mantenha o rumo dessa prosa. É o papel que me cabe. Sigo. Paro. *"Deixa pegar minha água"*, ele me pede. *"O problema é a boca seca."* Depois de um gole, agora sim, aí vamos nós.

Explico mais uma vez a ideia do livro, o propósito de tirar a hipocrisia desse assunto, e o estopim que me foi a repercussão da sua declaração no jornal. Explico ainda mais como foi libertador, lá atrás, saber que ele fumava maconha e mesmo assim produzia tanto. Poxa, se o Nelson Motta fuma e faz tanto, então eu também posso. Dou mais um tapa e vamos em frente. *"Olha, Bruno. Tudo isto que você está me falando... É uma questão individual! Mas olha como a gente tem uma sintonia. Têm alguns anos eu imaginei um livro que se chamava* Meu primeiro baseado. *Que seria de entrevista com várias pessoas sobre seus primeiros baseados. Usar declarações que já existem e fazer entrevistas, mas aí a ideia foi ficando e eu seguindo"*, ele já vai falando e seguindo: *"Essa coisa da entrevista, foi um garoto do Globo, da reportagem, não foi uma coisa intencional. Eu falei en passant, falei no meio de outras coisas, quase pedi um off. Era para ter sido uma entrevista pequena, mas o garoto deve ter chegado eufórico na redação contando o que conseguiu, e lhe deram uma meia página e esse destaque de que eu fumo maconha há 55 anos. Não vale nem a pena explicar isso. Não foram todos os dias... No início eu pegava mais leve, ficava doido mais fácil, mas depois vamos ficando mais cascudos. Mas isto é uma outra história."* É não, Nelson! Pode seguir! *"A ideia era pegar boas histórias de quem gosta e não. A minha mesmo está no De cu.... Com o Neville Almeida e o Jorge Mautner que não bateu nada, depois no ônibus da turnê do Sérgio Mendes que fui vomitar no banheiro e só depois com a minha mulher e um casal de amigos, num lugar que me senti seguro, aí sim eu fiquei tão louco, mas tão louco que nem viajando de ácido eu já fiquei assim. Então, ou seja, pra mim foi um casamento perfeito aquela sensação maravilhosa que eu nunca tinha tido"*, conta. Mas por que demorou tanto, Nelson? Na sua vida tudo foi tão precoce! Seus empreendimentos, suas produções, mulheres, mas a maconha relativamente tarde, com uns 20 anos. Por quê? *"Medo! Pavor! As pessoas não fumavam muito. No Beco da Garrafa vários fumavam, alguns escancaravam, como o Lennie Dale que fumava na rua, tinha o 'táxi da alegria' com um motorista amigo em que as pessoas entravam para fazer uma sauna rodando pela cidade. Devia ser uma sensação boa, mas meu pai, que era liberal em tudo, me apavorava muito com isto e me vendeu um peixe dizendo que numa roda de amigos o que não fuma que é o corajoso. Olha só."* É, filho de pai advogado tem de saber lidar com esse tipo de argumentação. Imagina só, um primeiro beque com Neville D'Almeida e com Jorge Mautner! Fico imaginando a experiência que não deve ter sido fumar um primeiro beque com essa dupla de malucos! Numa roda de papo como essa nada pode ser mais doido! *"Eu não conhecia o Mautner! Dei dois tapinhas, não traguei, fiquei apavorado."* O Jorge Mautner é muito mais viagem que qualquer maconha. *"E o Neville já devia até ter dado uns tecos. Sei que não bateu."* Então, vamos para o próximo. *"A primeira não deu nada, na segunda vomitei, mas na terceira foi tudo certo. Estávamos em Cabo Frio, astral, de sunga o dia inteiro e o cara do casal de amigos nos ofereceu. Eu estava com minha namorada. Fumei e enlouqueci."* Enlouqueceu mesmo! Vale ler no *De Cu...*, pois aqui não vou dar *spoiler* do livro dos outros. Compre e leia! *"Agora, para não esquecer, neste meu livro que eu imaginei queria ter também depoimentos de quem se deu mal, a* bad trip *do Caetano e tal. O Caetano, por exemplo, tem pavor! Tá até no* Verdades tropicais, *o livro dele. Eu tinha medo que algo assim me acontecesse, perder o controle, querer voltar e não volta."* Sim, Nelson, já estou até começando a achar que este livro aqui pode ser nosso. Pode ser bom mesmo falar com quem não tenha boas experiências. Só não quero aqui hipocrisia! *"Eu mesmo, no começo da maconha tive uma* bad trip *de passar mal, vomitar, tomar leite e nada resolvia. Uma coisa totalmente psicológica com um simples baseado. Isso foi na casa da Betty Faria e estava o José Wilker também numa tarde. Eles eram maconheiros eméritos! Mas depois fui gostando muito! Era uma coisa que além do bem-estar e de soltar a cabeça mesmo, para mim era uma coisa que aproximava, era também uma coisa proibida, o que dava mais valor, tinha uma coisa transgressiva que me agradava, e começou a ter algo, que mais me agrada, que é a produtividade. Foi uma coisa começar a escrever doido! E você tinha a possibilidade de reescrever no dia seguinte. Foi ficando cada vez melhor isto. Tanto que... eu não tenho* hobby, *meu* hobby *é trabalhar, então eu gosto de acordar cedo, tomar um bom café da manhã, acender meu baseado e começar. Aí minha cabeça tá fresca, tudo funcionando bem, tenho minhas boas ideias, outras não tão boas, não interessa, e passei a funcionar assim. Não é que eu não consiga escrever um texto sem estar fumado, eu consigo, mas é penoso, enquanto fumado é prazeroso. Às vezes, eu fumo um baseado e fico uma hora só num texto de uma coluninha já escrita, mexendo, ajeitando, brincando ali com o texto. Todo dia eu escrevo! Pelo menos duas, três, quatro horas, porque é malhação. Eu falo isto para minhas filhas. Tô malhando os dedos e a cabeça. Treinando a gente fica com o dedo rápido. Igual um pianista. Eu me comporto como um músico e pratico a escrita todos os dias".* Ele descreve um dia na vida de Nelson Motta.

Ele vai falando com tanta naturalidade, calma, fluidez, que fico só ouvindo e nem preciso fazer tantas das perguntas que havia preparado. Nessa de comparar sua prática diária nos escritos com a de um músico com seu instrumento, ele já começa a falar da presença da maconha junto aos músicos. É a deixa que eu queria, e mando: você acha que a bossa nova existiria sem a maconha? Como não perguntar isso sabendo da relação do João Gilberto com a erva? Como não perguntar isso ao Nelson sabendo do tempo que João ficava tocando a mesma música? Coisa de maconheiro! *"Isso é uma outra história, e já, já a gente fala, ok? Deixa antes eu falar do Paul McCartney."* Prossiga, Nelson. Bora falar do Paul, que, inclusive, chegou a ser preso por portar maconha no Japão. *"O Paul MaCartney fumou a vida inteira. Diz ele que aos 70 parou de fumar porque estava dando um mau exemplo"* – Nelson fala isto num tom de deboche – *"pras novas gerações. Uma bestialidade! Anyway, então ele deu um péssimo exemplo para a juventude tendo feito aquelas músicas horríveis? A maconha deve mesmo ter fodido com a cabeça dele! Olhe só que história! Bom, quero ver as músicas pós-maconha que ele fez, se são tão boas!"* E o melhor é que Paul, com ou sem maconha, segue gênio. Seu mais recente disco, *Paul III*, é maravilhoso! Mas, bem, nada que se compare à obra esfumaçada feita com os Beatles. Agora, realmente, o *Sir* fumou a vida inteira, fez a obra que fez, e agora, depois dos 70, vem falar em exemplo para as novas gerações! Ora, Paul! Bora fumar um! Imaginem Nelson e Paul juntos fumando um! Uma bela parceria!

Podemos falar agora da bossa nova? Da batida do João Gilberto? Existiria essa batida se não fosse a maconha?! *"A bossa nova é coisa de maconheiro!"* Se eu fosse jornalista de algum jornal, aí estaria um possível destaque: "Bossa nova é coisa de maconheiro, diz Nelson Motta"! Prossiga, Nelson: *"A maconha é fundamental na vida do João Gilberto. É misterioso quando ele começou. Diz uma lenda que ele era alcoólatra e que depois conseguiu substituir a bebida pela maconha. É misterioso, mas ele já fumava maconha quando criou a batida que caracterizou a bossa nova, que é o que tem ali de genial, de absolutamente original, inédito na música do mundo. Aquele suingue ali... O samba era coisa, digamos, embora tivesse maconha no morro, mas, nos primórdios do samba, os mestres fundadores eram movidos a cachaça. O speed do samba, a velocidade, a coisa dançante e também a coisa amorosa, a dor de corno, é mais da cachaça"*. Sigo então concordando, e falo que, por outro lado, a bossa nova, a coisa da repetição, das horas que João Gilberto ficava tocando, e viajando, na mesma música... *"Se divertindo, na verdade"*, ele já emenda. *"O cara maconheiro fica ouvindo vinte vezes a mesma coisa. O João ficava um dia inteiro na mesma canção, procurando a batida. É uma espécie de meditação, um mantra gigantesco que ele fica ali entretido, fugindo do ego, buscando uma perfeição inatingível. Essa é a rotina dele."* Curioso como Nelson fala do João ainda no presente.

Seguimos falando de bossa nova, e mais uma vez me cabe trazer a conversa para esse trilho. Ele afirmando o quanto lhe ajuda no seu trabalho, mas nem tudo são flores! No que a maconha te atrapalha? *"Se eu estiver assim num dia meio chateado, inquieto, não estiver bem, com problemas para resolver, aí fumar é péssimo! Agrava seus problemas, tira a objetividade. Fiz este erro algumas vezes. Eventualmente até hoje, o que é uma coisa rara e uma burrice. O que mais me vale é a sensação boa que me traz, estar com a cabeça aberta, ter ideias... Todas as minhas letras, tudo o que eu escrevi na vida foi* under the influence. *Tudo!"* O que dizer depois de uma declaração dessas?! Meu ídolo afirmando que tudo que escreveu na vida, algumas das mais belas canções da MPB, seus livros sensacionais, tudo escrito sob a influência da maconha. Mas não chapa, não? Não fica morgado depois de fumar? *"Totalmente! Tem um preço... Talvez por puxar muita energia para quando você está ali doidão, então ao longo do dia vai cansando. Mas aí é torrar mais um para ver um filme e tal. Paradoxalmente eu te digo que para mim, para trabalhar, é ótimo!"* E eu achando que falaria do consumo recreativo da maconha. Definitivamente esse não é um bom termo. Mas ok, o Nelson se diverte trabalhando. *"Eu nunca gostei daquele clima de ficar chapado, reggae, cerveja, morgado. Morgado é uma expressão bem dos anos 60."*

Entrevista boa é assim. A gente estuda, se prepara, monta uma pauta acreditando que está cobrindo todos os assuntos, pensa numa ordem das perguntas para fazer sentido na conversa, mas... Chega na hora e o entrevistado é quem conduz, e nós temos é que estar com a cabeça ágil para, naturalmente, tudo que estudamos sobre o entrevistado nos sair naturalmente. Até mesmo quando ele volta ao início da conversa. *"Quando eu quis dizer isto, eu não queria chocar. Pelo contrário, e estou pagando um preço..."* Sim, inclusive teve um deputado federal, o Capitão Augusto (PL- SP), que disse que te convocaria para depor numa comissão de segurança pública. Você foi? *"Imagina. Não aconteceu absolutamente nada. Eu recebi comentários no site, nas redes, me chamando de 'verme comunista' e questionamentos de onde eu compro minha maconha e tal. Teve uns que eu tive saco e respondi que comprava com o Queiroz!"* Não vamos fugir deste assunto. É horrível mesmo comprar do tráfico. *"A questão é sempre esta: como você se sente sustentando o crime? Tá com a mão suja de sangue. É um teorema que ficou mais forte depois do Tropa de elite. É uma situação muito peculiar do Rio de Janeiro. Em Nova York fuma-se muita maconha, mas lá não é o traficante como o daqui quem vende. Não tem nem essa relação com armas e tanta violência. Querem* transformar você, o usuário, em criminoso. Isso é uma insanidade. Esse papo bolsonarista de que a maconha que você fuma está matando um PM. Isto é uma insanidade!" Essa parte do assunto é mesmo muito importante falarmos, pensarmos, já que um dos propósitos deste livro – o principal – é acabar com a hipocrisia neste assunto. O fato é que o suposto combate ao tráfico mata muito mais gente que o consumo da droga. Veja quantas pessoas morrem vítimas de balas perdidas e confrontos entre polícia e bandido e quantas pessoas morrem por consumirem droga. Esse suposto combate ao tráfico não tem nada de efetivo neste objetivo. Até porque o objetivo não é este. Quer acabar com o tráfico, legalize. Quer combater o tráfico, comece em Brasília. Vá ver quem são os grandes traficantes atacadistas de drogas e armas. Se até num avião da comitiva presidencial foi encontrada cocaína para o tráfico internacional, alguém com um mínimo de intelecto pode achar mesmo que essa política de confronto em favelas tem o objetivo de sufocar o tráfico? No entanto, a sociedade em geral compra esse discurso que faz policiais totalmente despreparados colocarem suas vidas em risco como se fossem heróis, alegando que estão combatendo algo em prol da sociedade. Não estão! Essas políticas de combate às drogas só servem para matar preto, matar pobre, matar policial, matar inocentes com balas perdidas e vender muita arma. E, no mais, ninguém deixa de consumir droga por elas serem proibidas pela lei. Quer comprar maconha no Rio, basta ir à praia. Tem lugar mais democrático? Ou pedir pelo Whatsapp.

Voltemos ao Nelson. *"Tem vários anos, eu faço parte de um clube... Que planta para o medicinal e o excesso... Uma assinatura mensal. Há anos e anos que eu posso dizer que planto com amigos. Ou então posso seguir dizendo que compro do Queiroz. Ó, na boa, vai se foder! Esse tipo de gente querendo dar lição de moral. Faça-me o favor, né? Mas, ó, voltando à sua pergunta"* – eu já nem lembrava mais qual pergunta –, *"não me atrapalha, não me atrapalha em nada. Me ajuda muito no trabalho, mas eu não vou ficar recomendando pra ninguém.*

É uma atitude, uma decisão pessoal, individual." Sem dúvida, Nelson. Mas como era na sua casa, com suas filhas, você fumava na frente delas? *"Sempre fumei na frente das minhas filhas. Mais novas elas não entendiam, e depois quando entendiam tem uma história hilária até..."* Opa, uma pausa para Nelson acalmar o gato Max que não para de miar. Nelson lhe dá uma chamada e volta dizendo que o gato entende tudo. Esse gato é doidão! *"A Esperança era bem pequena, e fomos na chegada do Papai Noel com uma professora dela que morava na Tijuca e que me disse que a Esperança disse que o papai fumava um cigarro feito em casa. A sorte foi que a professora também fumava cigarro feito em casa. Fumamos um e fomos enlouquecidos receber o Papai Noel. Um Natal inesquecível!"* E aí ele conta outra história, em que uma filha, ao fazer suas festinhas em casa, sempre recorria ao pote do papai. O fato é que: *"Sempre tratei com as minhas filhas como sendo algo normal. Na adolescência delas eu tomava mais cuidado. Enfim, tenho três filhas já adultas e uma não fuma, outra fuma moderado e outra fuma muito. Então, vai falar o que sobre a 'influência danosa' sobre os filhos, como explicar o 'péssimo' exemplo?".*

E como será o ritual canábico do Nelson? Será que ele aperta seus beques? Desberlota? Fuma mais sozinho ou acompanhado? Será que fuma para dormir ou só para trabalhar? *"O que eu mais gosto é de pegar uma boa ponta que tenha sobrado da noite anterior já pronta ali. Tem também uma das filhas que quando está aqui comigo sempre deixa uns enrolados. Eu tenho preguiça de preparar, mas às vezes tenho que, né? Não tenho prazer nenhum em apertar, faço pois é preciso."* Você gosta de fumar antes de dormir, dar um tapinha? *"Não, não. Eu fumo mais é pela atividade, para trabalhar, aí chega à noite, eu tô cansado e pronto. Ok, às vezes fumo um assim para relaxar, para chapar mesmo, mas não é o que mais gosto. Se eu não estou bem de cabeça aí não abuso, tem que tomar cuidado. Olha, eu lamento hoje não ficar mais tão doido como eu ficava nas primeiras vezes. Acho que a gente sempre busca esta sensação 'em busca do barato perdido', uma espécie de Proust da maconha."* Mais um ótimo exemplo de quem usa a maconha sem ser usado por ela. Tem o domínio da situação. E tem mais outras formas de barato para ele: *"Tem um oleozinho que um hippiezinho tá fazendo que eu andei usando. Um óleo com THC. Ele falou para pingar umas cinco gotas no nariz, eu pingo logo umas vinte. Dá uma onda interessante. Demora pra bater. Dá mais um relaxamento muscular, provoca mais este barato que é bem interessante, mas não é para a minha atividade".*

Caramba, tô com o Nelson Motta na minha tela! Então bora falar mais de música, do ambiente musical. Sempre achei estranho que nos livros, documentos, relatos que temos, a maconha não parecia tão presente no ambiente de criação musical dos anos 1970. Será mesmo? O único maconheiro escancarado era o Tim Maia? Não creio. *"Entrar na minha sala e acender um só o Tim. Depois, mais tarde, talvez a Rita Lee. Entre os músicos se fumava mais. Os do Tim Maia nem precisa falar. Conforme a gravação... Músicos de jazz. Era difícil, tinha que fumar escondido nos estúdios. Tem até a história que o Tim foi fumar um bem na sala do ar-condicionado. Não era assim escancarado, não. Nos anos 70, com os artistas que eu trabalhei, com a Elis, não era comum não. Chico, Caetano, Gil, nunca foram muito maconheiros. O Gil chegou a ser preso, mas disse que parou aos 50, mas ele foi um dos mártires. Foi preso e internado num hospício! Eu não entendo mesmo porque as pessoas têm tanto ódio da maconha, de maconheiros. Veja agora nos Estados Unidos, com os estados liberando o consumo. Nada mudou, ninguém mudou, nenhuma taxa de violência cresceu. Nada mudou. A maconha é uma droga – odeio chamar maconha de droga – que já saiu da lista de drogas da ONU. Então eu não entendo este preconceito. Ninguém fuma maconha para ser violento. Imagina se uns assaltantes indo para um assalto vão fumar maconha para inspirar? Não teria assalto, nem porra nenhuma. Quais são os perigos da maconha?"* Aí estão boas questões: por que tanto preconceito com uma planta? Por que essa associação do consumo da maconha com a violência? Por que tanto desconhecimento? O fato é que esse processo de legalização é inevitável. Veja nos Estados

Unidos! A cada eleição, mais estados legalizam o consumo. Nem o Trump conseguiu parar isso. Aqui no Brasil não é de hoje que somos moralmente injustificáveis. Veja a abolição da escravatura! Fomos o último país a abolir a escravidão e, mesmo assim, somente por causa de ameaças de boicotes econômicos mundiais. Nossa abolição foi tão para inglês ver que até hoje somos este país racista, desigual, criminoso, e que usa a suposta política para combater o tráfico somente para matar preto, pobre e assim dar alguma satisfação para uma classe média mal-informada, pouco empática e... hipócrita. Uma espécie de resquício de eugenia. E pensar no quanto a legalização da maconha poderia gerar de impostos, empregos e de paz. Isso falando só nos benefícios do uso recreativo. Nem preciso falar dos inúmeros usos medicinais e industriais, certo? *"Aqui será igual a escravidão. Seremos o último país do mundo"*, mais uma vez concordamos. *"Aqui, com este clima, com este solo, poderíamos ser o maior exportador de maconha do mundo! Uma planta que cresce rápido, uma commodity poderosa."* Concordamos novamente. O Brasil, com o clima que tem, imagine só!

E assim nosso papo, que já dura há quase duas horas, vai se aproximando do fim. Nossos beques já nas pontas. Mas guardei uma última pergunta para o final e, por mais que nosso papo tenha refeito todo o meu roteiro, esta não vou deixar passar. Nelson, você hoje em dia escreve e vive das suas memórias. Se não fumasse maconha podia lembrar de muito mais, hein? Nelson, você é a contradição da maconha! *"Olha, diz a lenda, pode ser científica, que afeta os neurônios, mas é quando eles estão em formação. Eu, como comecei a fumar já depois dos 20 eu já estava com meus neurônios formados. As outras gerações após a minha que começaram mais cedo."* É verdade. Melhor escrever mais rápido as minhas memórias antes que eu esqueça! E mesmo depois deste sutil toque que me deu, ele continua. *"A função da memória é o esquecimento. Se a memória fosse só a memória, seria um fluxo contínuo de vários pensamentos e informações, mas a principal função da memória é selecionar o que fica.*

E assim lembramos das coisas boas, mas também podemos esquecer outras. Eu vivo da minha memória não só nas minhas escritas, mas é minha fonte de experiências, argumentos, mas eu também exercito minha memória. Quando quero lembrar de uma coisa, eu tento lembrar sozinho, mas se não, vou ao Google, que é uma maravilha. Eu até digo no meu livro que é uma benção para a minha geração. Primeiro foi a pílula anticoncepcional na juventude, depois veio o Viagra na meia-idade e o Google na velhice. Então, sim, eu vivo da minha memória." E sabemos que memória vai muito além de fatos, datas, nomes: tem também a memória afetiva, os sentimentos, uma memória molecular, celular, algo sobre o que nem temos domínio mesmo. As sinapses que nossas memórias vão fazendo. Haja neurônio! Uma coisa eu garanto, nem que se queimem todos os meus neurônios, nunca vou esquecer esta tarde, esta entrevista, este papo, este beque fumado com meu ídolo Nelson Motta. Eu já pra lá de satisfeito e Nelson segue falando das lojas de maconha em São Francisco, os clubes em Barcelona, um verdadeiro maconheiro com experiência internacional. E ele me dá conselhos para o livro: *"Olha, recomendo muito a você que pegue o Fernando Henrique Cardoso e também que tenha esse depoimento pavoroso do Caetano. A maconha pode ser muito boa, mas não é para todos. Você deve sempre falar das experiências pessoais".* Se meu ídolo está falando isto, é isto que farei. Isto e muito mais. Nosso caminho baseado em papos reais está só no começo. Vamos em frente! Cof, cof.... Eu fumei um com o Nelson Motta! *"Valeu, Bruno! Vou fumar mais unzinho para continuar aqui."* Obrigado por tudo e tanto, Nelson!

2.

Fernando Gabeira

*Gabeira nos abriu a cabeça para diversos assuntos
comportamentais. Ele faz do comportamento social, política.
Com ele começamos a debater mais sobre meio ambiente,
opções sexuais, vida em sociedade e também drogas.
Você acha que o Gabeira fuma maconha?*

Se Nelson Motta é essa referência pelo aspecto mais cultural, pop, estético, Fernando Gabeira foi o primeiro que vi falando no assunto. São inúmeros os assuntos que Gabeira iluminou na cabeça de tantos como eu. Não tenho dúvidas em afirmar que muito da minha, da nossa, consciência e participação política veio com as pegadas deixadas no caminho pelo Gabeira. Foi por ele que ouvi falar politicamente sobre meio ambiente; foi pelo Gabeira que entendi a necessidade de dar voz às minorias; com Gabeira vi e aprendi que homens poderiam ter um comportamento muito diferente do que se costuma esperar do macho; e foi na voz de Gabeira que pela primeira vez ouvi um político falando sobre maconha sem o enfoque policialesco. Mais do que tudo, Gabeira, com suas campanhas eleitorais, nos ensinou que campanhas políticas também podem ser celebrações, expressão de alegria, amor e cuidado com nossa cidade, estado, país e, principalmente, nossa gente. Mais do que tudo, com Gabeira entendi que utopias podem e devem ser buscadas com lucidez. Gabeira formula, pensa, fala, faz tudo sempre com ternura, e seu tom de voz calmo não deixa de ser potente jamais. Assim foi o nosso papo.

Antes de cair dentro na conversa, vamos contextualizar um pouco mais nosso personagem. Depois do seu exílio, a primeira campanha política em que concorreu foi em 1986, quando se candidatou ao governo do estado do Rio de Janeiro pelo Partido Verde. Eu, com meus 19 anos, cada vez mais engajado, não podia ter um candidato melhor para apoiar. Foi mágico e marcante o "Abraço à Lagoa Rodrigo de Freitas" que sua campanha promoveu. Foi lindo ver uma roda se formando com cidadãos comuns abraçando um bem público. Não à toa esse abraço virou um marco na nossa recente história política. Gabeira não venceu, mas ganhou. Já em 1989 foi candidato à presidência da república sem a menor chance de vencer, mas com muitos temas para acrescentar. Mais uma campanha vitoriosa. Talvez seu caminho político não passasse pela conquista de um cargo executivo, e, assim, foi brilhante sua atuação como deputado federal, cargo para o qual se elegeu em 1994 e no qual seguiu nas eleições de 1998, 2002 e 2006, quando foi o deputado mais votado do estado do Rio de Janeiro. Com essa força, tentou novamente a prefeitura do Rio em 2008, e por menos de 1% dos votos não venceu Eduardo Paes. Em 2010 concorreu novamente ao governo do estado e ficou em segundo lugar, perdendo para Sérgio Cabral. Imagine se Gabeira tivesse ganhado! Difícil imaginar. Onde estaria Sérgio Cabral agora? Enfim, foi o que foi e estamos aqui.

Gabeira tem diversos livros publicados. Todos bem pessoais e, assim, universais. O mais emblemático, um livro que fez a cabeça da minha geração, foi *O que é isso, companheiro?*, um relato do que se passou durante a ditadura militar sob o ponto de vista dele, um guerrilheiro. Lançou também *Entradas e bandeiras, O crepúsculo do macho, Hóspede da utopia, Nós que amávamos tanto a revolução, Vida alternativa, Greenpeace: verde guerrilha da paz* e mais diversos artigos e ensaios. Por total falha minha, no final do nosso papo, ele me lembra que escreveu mais um livro, chamado, justamente, *Maconha!* Como eu ainda não li esse livro? Que falha! Que vergonha! Entrevistar o Gabeira sobre este tema e desconhecer esse livro? Se meus pés fossem escavadeiras teria feito logo um buraco fundo para me enfiar. Que vergonha! Comprar esse livro já! É, né. Se o papo aqui é para ser real, que fique evidente a falha deste que vos escreve.

Vamos em frente com o que Gabeira tem para nos contar. Estávamos no meio da conversa, e ele, para descrever a imagem com que as pessoas o associam, me conta uma interessante história. *"Tinha um cara que morava embaixo de um outro sujeito. Esse sujeito sempre chegava em casa bêbado de madrugada e, sem o menor cuidado, tirava suas botas e jogava no chão, acordando, todas as madrugadas, seu vizinho de baixo. Cansado daquela frequente situação, este foi lá em cima e pediu ao vizinho que tomasse o cuidado de não jogar suas botas. Pedido feito e aceito. Na madrugada seguinte, o bêbado chega, tira suas botas e, sem nem pensar, joga a primeira bota no chão como sempre fazia. Ele se toca do pedido. Tarde demais! O vizinho de baixo já acordou. O de cima hesita e não joga a segunda bota no chão. O de baixo não consegue mais dormir esperando o segundo barulho... Comigo é meio que assim. Se me chamam de maconheiro, fico sempre esperando que também me chamem de veado. Se me chamam de veado, fico só esperando também me chamarem de maconheiro."* E assim Gabeira ilustra com muito humor o fato de não fumar maconha e nem ser homossexual. Na minha maneira de ver, isso só enaltece mais sua vida, sua dedicação às causas. Nunca foram, nunca é, em causa própria.

É, leitor, Gabeira não fuma maconha! Não mais. Já fumou. Nunca foi um grande usuário. *"A maconha não me trouxe nem me*

32 BASEADO EM PAPOS REAIS – MACONHA

tirou muita coisa. Em alguns momentos a memória imediata. Em muitos momentos me permitiu me libertar de limitações do pensamento. Me ajudou a tirar o pensamento de certas armadilhas, limitações. Abriu minha cabeça em alguns momentos. Mas pessoalmente não tem grande relevância em mim." Gosto do tom bem-humorado com que ele me fala isto, fazendo parecer que pudesse ser um grande desapontamento para mim. Não é. Cada um que faça o que quer, certo? Mas por que parou de fumar? *"Eu decidi parar com clareza muito grande quando vi que poderíamos ter doenças respiratórias e me vi querendo proteger meu pulmão. Não vou fazer parte deste discurso preconceituoso de dizer que maconha faz mal para a saúde, mas na verdade nós não sabemos bem o que fumamos, o que misturam ali, e eu prefiro tentar só colocar para dentro de mim, do meu pulmão, o que é orgânico, limpo. Vejo hoje com a Covid que minha intuição foi acertada."* Essa fala chama minha atenção, e quando penso no fumo prensado, que é o mais usual no Rio, entendo o que ele diz. Certamente voltaremos a esse ponto.

Voltemos ao princípio. Acredito que o preconceito contra o usuário de maconha nasce junto com a curiosidade que esse grupo, o dos "maconheiros", também desperta. Ao menos comigo foi assim. Como já disse, lembro, no início da minha adolescência, em Copacabana, dos "maconheiros" que iam fumar nos fundos do prédio. Algumas vezes, da janela do meu quarto, além de espiá-los, dava para sentir o cheiro. Achava curioso, pois eu ouvia falar dos "maconheiros" como algo assustador, e ali, naquele grupo lá embaixo, nada me assustava. Eu os via em roda, conversando, rindo, todos numa boa e... fumando e passando um cigarro de mão em mão. Achava legal esse ritual. Minha curiosidade era saber o que aquele cigarrinho poderia causar nas pessoas e por que aquele grupo de jovens, aparentemente tão pacífico, era visto como os terríveis "maconheiros". Com Gabeira também foi meio assim, mas no interior de Minas Gerais. *"Eu vivi numa cidade do interior chamada Juiz de Fora. Minha rua era próxima à zona boêmia. Tinha algumas figuras lendárias ali que eram chamadas de "maconheiros". Então eu ouvi falar de maconha desde a minha infância. Depois, no exterior, já como refugiado político em vias de voltar ao Brasil, eu comecei a examinar políticas e propostas que falavam sobre a legalização da maconha. Nessa mesma época eu lia muito uma revista chamada* High Times *que publicava artigos não só sobre a maconha, mas sobre drogas em geral. Dentro disso tudo, eu comecei a imaginar que seria interessante levar esse debate para o Brasil."* Aqui eu, agora escrevendo, fico pensando que devia ter perguntado mais também sobre esse princípio de consciência política na sua vida. Ao menos dessa consciência que veio no exílio, que o fez pensar, e se preparar, para trazer novos debates, novos temas, para a sociedade brasileira tão moralista. Não fiz a pergunta. Ficamos na maconha. Gabeira segue. *"Na fase final do meu exílio, a importância da música jamaicana era muito forte. O Bob Marley representava para uma grande juventude, principalmente negra, muita força no debate e no desejo de liberdade. A maconha e esta tese de autonomia e orgulho negro estavam próximas e eram elementos bem progressistas. Essa atmosfera toda acabou fortalecendo esse debate em mim, me fazendo cada vez mais acreditar que eram temas relevantes para o Brasil."* Ainda são.

Como não ver a relevância do tema "consumo de drogas" para uma sociedade como a nossa, num país como o Brasil? Por que tanto preconceito com uma planta? De onde vem esse preconceito todo com uma erva natural que, se causa algum dano, é individual e, científica e vividamente, comprovado ser de pequenas proporções? Gabeira responde: *"A maconha sempre sofreu preconceito. Nos Estados Unidos, é chamada de* marijuana *e foi associada aos imigrantes vindos do México. Maconha e mexicano eram quase uma coisa só. No Brasil, ela foi associada aos escravos, aos negros, então também tem um preconceito que vem daí. Outra questão importante neste debate é o medo. As pessoas têm muito medo de suas consciências e do que o inconsciente possa demostrar. Um medo decorrente da suposta capacidade da maconha, das drogas, de romper para sempre com as amarras do consciente.*

Um fumo associado aos negros e, pela ciência preconceituosa, algo que possa causar distúrbios do inconsciente. No entanto, o álcool interfere muito mais nisso, e não só não sofre esse preconceito como até pelo contrário". Não é de hoje que Gabeira faz pensar. O que dizer sobre essa ideia de uma ciência preconceituosa? A sociedade moralista, a grande parcela da nossa sociedade moralista, se ampara também nesse tipo de argumento no debate. "Existe uma certa dificuldade no Brasil até para se formular debates sobre o tema. Eu me lembro que ainda no governo Fernando Henrique fui convidado para fazer parte de diversos encontros na sociedade para sentir como estava o clima para esse assunto. Um pedido do governo. Íamos eu, que era a favor da legalização, e o Elias Murad, que era contra. Foram dezenas de debates, e em todos eles, nas mesas, colocavam eu, ele, um delegado, um pai de família e um pastor. Isso me parecia deixar claro que para avançar devíamos convencer a polícia, a família e a religião. Todos eram muito resistentes. E o viés era sempre o negativista. Era sempre o pai de um drogado. Pelo ponto de vista antropológico, já era uma organização de debate muito complicada. Um pseudodebate." É assim até hoje. Principalmente hoje. Será esta mais uma característica da nossa sociedade? Somos mestres em pseudodebates? Que debates, verdadeiros e promissores, são travados no Congresso, por exemplo?

Peguemos um outro caminho, abramos uma nova janela para esse papo. Nascidos e criados num país capitalista com sérios problemas morais, sempre ouvimos que dinheiro compra tudo. Nunca se falou tanto que o mercado é soberano, o mercado se autorregula e diversas outras frases feitas do liberalismo. Junto a isso, o papo de que as liberdades individuais devem ser respeitadas e defendidas. Começando pelo viés capitalista, o que faz esta nossa moral tupiniquim ser preconceituosa com uma planta que tem diversas utilidades na indústria, para a ciência e também para o consumo recreativo? É tão ruim assim pessoas poderem ter prazer fumando maconha? A incapacidade de aceitar que pessoas possam ter prazer usando maconha, o preconceito contra essa flor, é mais forte até do que todas as possibilidades de ganhos financeiros? Pense na geração de empregos, impostos etc. O Brasil, com o clima que tem, poderia ser o maior produtor do mundo dessa *commodity*! Gabeira fala sobre isso não é de hoje. *"Quando, em 1996, importei sementes da Hungria, sementes com pouco THC, eu afirmava que a maconha tinha mil e uma utilidades. Mil utilizações industriais e ainda uma utilidade recreativa. As pessoas abrem mão de riquezas em nome de seus valores morais. Deixamos de plantar e produzir o que o cânhamo nos traz, e nisso o Brasil podia ser potência, mas mesmo assim preferem nem discutir, com receio de que este debate chegue ao consumo da maconha."* Que moralidade é esta? Que hipocrisia é esta? *"A mesma coisa se dá com o uso medicinal, para desespero de famílias que precisam. Nossa sociedade, nossa moral, tem medo de que se associe a maconha a algo positivo, e são mais do que comprovados os benefícios que o canabidiol pode trazer para quem tem epilepsia, por exemplo."* De fato, numa sociedade que vota e defende um presidente negacionista, que tem como guru um terraplanista, que desacredita vacinas e inventa remédios, é compreensível que se crie dificuldades para entender que a maconha pode ser associada ao bem, à cura e, principalmente, ao prazer. *"A hipocrisia quer legalizar o jogo alegando que todos devem ter liberdade, mas para o consumo da maconha não aceitam isso. Com este governo que temos esta pauta vai atrasar, mas vejo com muito bons olhos que, se você perguntar para a população sobre o uso medicinal, muita gente, a maioria, será a favor. É muito positivo podermos também associar a maconha com saúde."* Sou desses também que só veem a metade cheia do copo! Positivo que é, Gabeira segue: *"O próprio capitalismo está agora induzindo o processo. Veja nos Estados Unidos o quanto se está investindo e lucrando. Lá essas decisões são sempre por meio de plebiscitos, veja que quase todos os estados já legalizaram. O processo lá foi e é em cascata. Quando um estado libera e começa a lucrar, força o estado vizinho também a liberar para não ficar de fora dessa nova indústria, desse novo dinheiro".* O capitalismo vai legalizar a maconha! Mais uma vez, o Brasil desperdiça um grande potencial. *"Evidentemente que, mesmo eu sendo a favor da legalização, isso não quer dizer que eu ache bom que se fume em elevadores, por exemplo. Deve existir uma conduta social"*, isso ele nem precisava falar. É óbvio que a vida em sociedade demanda condutas de comportamento e que, quando se defende a legalização, não se tira a necessidade de responsabilização do usuário.

Hora de voltar à barbárie que vivemos. Falemos de políticas de segurança pública. Falemos dessa competente indústria de enxugar gelo. *"A guerra contra as drogas já é um problema em si. É uma loucura fazer uma guerra contra uma substância, um produto, e o resultado visto, com o custo em vidas e em dinheiro deste combate, é uma grande derrota."* Mas será mesmo uma derrota, ou é uma vitória do sistema travestida de derrota? Enquanto o poder público tiver a capacidade de dar uma resposta, uma resposta quase qualquer para essa sociedade hipócrita, acostumada a pseudodebates, então está tudo certo. A droga vai continuar chegando nos seus consumidores, os grandes barões do tráfico seguirão ganhando fortunas, seguiremos vendo um projeto eugenista sendo conduzido nas favelas cariocas, muita gente seguirá ganhando dinheiro também com o tráfico de armas, e tudo seguirá normalmente, como sempre seguiu no Brasil. Entra governo, sai governo, e o suposto combate ao tráfico é sempre uma prioridade nos diversos planos da segurança pública. Me engana que eu gosto. Ou melhor: detesto! *"A polícia terá sempre grande dificuldade em aceitar a legalização da maconha. Já veem com maus olhos o usuário não mais poder ser preso. A maconha, a proibição da maconha, permite grandes ganhos financeiros para muitos. Para a polícia, para o policial corrupto, já foi uma grande perda financeira não poder achacar os usuários."* Fala mais, fala mais: *"Não é o traficante do morro, não é nem o gerente da boca que coloca a maconha lá dentro na favela. É um comércio muito maior, e essas pessoas são somente revendedoras. Já tivemos casos de denúncias, de suspeitas, sobre quem são os verdadeiros traficantes. O que podemos dizer é que progressivamente a política está sendo invadida pela milícia. No início, as milícias se instalaram nos lugares, nas comunidades, com a falsa promessa de acabar com o tráfico, até que ela compreendeu a força financeira disso e, em muitos lugares, se associou ao tráfico ou o substituiu. Essas milícias dominam os espaços e determinam quem pode entrar lá. Mesmo em campanhas políticas, são eles que dizem que candidatos podem ir lá ou não. Não é de hoje que milicianos estão em palanques. Desde o Sérgio Cabral essa invasão já se dava. Isso hoje é uma realidade. O próprio presidente Bolsonaro, repetidamente, faz elogios e associações com esses bandidos, prestando homenagens, dando empregos e deixando clara a relação umbilical que eles têm."* A hipocrisia está normalizada! O que produz essa hipocrisia no Brasil? *"Acho que as pessoas não querem encarar a realidade. Veja o fenômeno do Sérgio Cabral quando ele surgiu. Ele representava alguma coisa que entusiasmou muito as pessoas. Um momento de euforia econômica, o que é muito forte. Intelectuais, artistas, a própria mídia encantada com ele. Eu sei, pois eu disputei contra ele e percebia que isso era uma força irresistível. Ali já tinha todas as características de corrupção, mas quando você está num processo em que as vantagens econômicas aparecem com tanta clareza, os critérios morais ficam mais fluidos. E é isso que acontece. E neste momento em que estamos falando, o governo está prestes a conquistar o Parlamento com 3 bilhões e tanto de reais em emendas. Todos que estão lá sabem que o Parlamento deve ser autônomo, mas neste momento em que acenam com dinheiro, o que poderia ser moral vira circunstancial".* Esta é a questão: a nossa moral é circunstancial e, se é assim, temos uma imoralidade! *"Tenho a impressão de que a vulgaridade, a incapacidade de direção, a política genocida na pandemia, tudo isso faz com que a pessoa recolha um pouco, que o defensor do Bolsonaro recolha um pouco, mas é difícil a pessoa reconhecer que errou. Para isso ela precisa de estímulo. Minha tese é que em vez de estigmatizar essas pessoas que erraram, devemos estigmatizá-las por reverem sua posição. Chamá-los de gado os faz ficarem calados e não reconhecerem seu erro. As pessoas erram, é normal."* E persistir no erro é o quê?

Não, meu papo com o Gabeira, apesar deste governo que temos, deste momento sombrio que vivemos, não pode, não deve terminar nesse baixo astral da moral circunstancial. Vamos voltar ao ponto em que o capitalismo vai legalizar a maconha! *"Existe um caminho para o consumo da maconha, que é o de ter controle sobre a produção. Você ser liberado para plantar ou comprar de empresas que garantam a qualidade do produto, mas ambas as possibilidades ainda são proibidas no Brasil. Para o uso medicinal, já tiveram que engolir. Estamos no caminho."*

Pronto. Taí uma frase bem melhor para encerrar este papo: estamos no caminho! E, positivo que sou, quando ouço falar em caminho, logo me vem também uma frase que ouvi de um amigo que diz que *"degrau já é lugar"*. Bora então subir para o próximo!

"Mas, olha, eu tenho um livrinho que escrevi e foi publicado pela Folha. Não sei se você leu. Você leu? Chama-se Maconha*"*. Desce o pano rápido! Beijo e obrigado por tanta luz nos meus caminhos, Gabeira!

3.

Professor Henrique Carneiro

O uso de produtos psicoativos sempre fez parte da história da humanidade. Da história e até da mitologia bíblica. Tem gente que acredita que a maçã que Adão comeu era uma maçã bem especial. Será? Vai saber. Quem sabe muito da nossa relação histórica com as drogas é o professor, mestre, doutor Henrique Carneiro. Foi um papo bem viagem...

Pensando aqui nos próximos passos, no próximo papo, para seguir me bateu uma necessidade de irmos à história desse preconceito. Onde ele nasce? Como vive? Do que se alimenta? Fui atrás do Professor Henrique Carneiro, historiador, mestre e doutor em História Social pela Universidade de São Paulo (USP), com estágios acadêmicos realizados na França e na Rússia, que durante cinco anos (1998-2003) foi professor da Universidade Federal de Ouro Preto (UFOP). Atualmente, é professor na cadeira de História Moderna no Departamento de História da USP. Publicou seis livros e diversos artigos para jornais e revistas acadêmicas. Sua linha de pesquisa aborda a história da alimentação, das drogas e das

40 BASEADO EM PAPOS REAIS – MACONHA

bebidas alcoólicas. Um cara com um currículo desses certamente, positivamente, será um bom papo. Henrique é autor do livro *Drogas: a história do proibicionismo*. É "O" cara para nos trazer um enfoque histórico desse proibicionismo! Bora nele!

Antes, vale aqui um pequeno desvio, somente para registrar que estamos em março de 2021 e hoje o que se lê nos jornais é que o estado de Nova York está legalizando o uso recreativo da maconha. Nova York será mais um estado americano onde pessoas poderão plantar, comprar e consumir maconha legalmente. É evidente que com normas sociais de conduta, como só poder comprar se tiver mais de 21 anos, só poder portar até 85 g, plantar até seis mudas e por aí vai. Resultado: estima-se um ganho de quase 3 milhões de reais ao ano em impostos e a geração de, aproximadamente, 60 mil empregos. Se só um estado, que não produz, pode lucrar isso tudo, imagine o que não poderia lucrar o Brasil? Com nosso clima, nossas terras... Uma potência mundial! O maior produtor do mundo de mais esta *commodity* agrícola! Mas não. Vivemos no preconceito. E, falando nisso, vamos ao papo com o Professor Henrique Carneiro!

Assim que a câmera abre vejo uma cara boa, cabelos brancos, compridos e bagunçados, um olhar atento diante de uma parede com uma estante enorme lotada de livros. A imagem de Henrique é exatamente o que imagino quando penso em um professor doutor em História. Não nos conhecemos. Nunca nos vimos antes. Eu me apresento falando do que já fiz e do porquê agora estar escrevendo este livro. Ele vai bebendo sua água e ouvindo atentamente. Vou fazendo minha introdução ao tema, falo do meu consumo, que comecei com uns 15 anos e nunca parei, e ele interrompe: *"Eu também por aí e estou com 60"*. Sigo falando de como vejo a hipocrisia da sociedade em mais esse tema e começo a perceber que ele vai ficando inquieto, balança na cadeira, bebe mais água, está louco para falar! Ouçamos o professor!

Calma, ainda não, eu também falo muito! Ainda mais sobre temas que me causam paixão. Falo mais um pouco; falo sobre mais aspectos que me parecem relevantes para esse debate, já vou jogando tudo na mesa para dar todos os ganchos para o professor mergulhar fundo. Vou falando sobre o quanto o Estado nos leva a nós, consumidores, para a clandestinidade, nos faz coniventes com algo que não queremos. Falo da diversidade dos tipos de pessoas que fumam... *"A maconha não é uma droga de nicho. Existem drogas de nicho, mas a maconha não"*, ele corrobora. Meu grande preâmbulo está funcionando! Sinto os motores da cabeça do professor já aquecidos. Esse papo vai ser bom!

"Nem saberia dizer a primeira vez que ouvi falar em maconha. Eu era adolescente", ele começa. *"Aí eu tenho uma história peculiar, pois eu era filho de um intelectual que era autor de livros de ficção científica."* – André Carneiro, já falecido – *"Meu pai era escritor de temas de naves espaciais, telepatia, hipnose, e eu muito jovem já quis ir conhecer o mundo e com 14 para 15 anos saí viajando pela América Latina, por Equador, Bolívia, Peru, Colômbia, voltei pelo Amazonas, e nessa viagem experimentei muitas drogas pela primeira vez."* Caraca, penso eu, o cara com 14 para 15 anos já saiu viajando pela América Latina sozinho e experimentando um monte de drogas? Fale mais sobre isso, Henrique. *"Pois é, eu fui falar deste meu desejo para o meu pai, que foi contra e disse que não me ajudaria, então fui trabalhar de office boy, juntei dinheiro, ele acabou me dando autorização para o passaporte e eu fui. Fiquei cinco meses viajando."* Só isso já dava um livro! Um adolescente viajando pela América Latina. *"Mas a maconha veio ainda antes dessa viagem"*, o professor começou tudo bem cedo mesmo. *"Eu tenho uns amigos mais velhos que conseguiram e fomos para o apartamento de um deles. Eu achei a experiência muito curiosa, uma vivência de autoconhecimento. Depois, durante a viagem, eu continuei com uma perspectiva muito psiconáutica, e aí eu já comecei a ter um referenciamento teórico que foi a tradição do pensamento psicodélico. Comecei a me dar conta de que havia uma política farmacológica que fazia com que certas substâncias, como o tabaco e o álcool, fossem vistas como normais para uso de recreação, desinibição, para sair de si*

mesmo, e outras não. *Fui tentar entender o porquê de outras não e fui atrás de conhecer todo o repertório da contracultura, que fazia uma crítica sob o ponto de vista normativo. São substâncias ligadas a um controle social que se estabeleceu. O álcool, inclusive, para o cristianismo, é uma droga legítima, é o sangue de cristo, a eucaristia. Para a cultura judaica também o vinho tem papel central. Quando o cristianismo chega à América, encontra culturas que usam plantas tradicionalmente, plantas psicoativas que serão combatidas...*" O professor começou mesmo a falar e saiu falando já de tantas coisas, tantos aspectos, mas não me sai da cabeça que ele começou a pensar nisso tudo ainda com 14 para 15 anos viajando sozinho pela América Latina. Na boa, esse Henrique Carneiro é muito "cabeçudo" mesmo! E agora quem não para de falar é ele. Sigamos!

"*Tem ainda a experiência do Antonin Artaud, dos surrealistas, que vai para o México para encontrar o peiote, e depois toda a trajetória da* ayahuasca, *que passa também pelos estudos do Evans Schultes, que é o principal etnobotânico, psicoetnobotânico, que vai estudar o uso tradicional de drogas psíquicas por populações indígenas, e eu fui atrás do uso desses enteógenos, que são substâncias que 'trazem deus dentro de si' que fazem o uso ritualístico, como no Santo Daime, que eu entrei e tal... Então eu comecei a estudar o tema*", vai contando. Começou a estudar e não parou mais. Esse adolescente cheio de vida entrou para o curso de História e foi fazer mestrado sobre o Garcia de Orta, o primeiro cronista ocidental a escrever sobre as drogas do Oriente. "*Ele publicou em Goa, em português, em 1563, numa gráfica dos jesuítas, um estudo chamado* Colóquios dos simples e drogas e coisas medicinais da Índia, *em que ele fala sobre o* bhang, *que é a maconha na Índia. Curiosamente, no mundo ocidental, até aquela data, se conhecia a planta, mas não se associava a ela seus efeitos psicoativos. A tradição clássica nossa mostra o uso medicinal e industrial para óleos, fibras, mas nunca para o uso recreativo. Na era da navegação o cânhamo é elemento central na economia. É Garcia de Orta quem revela para o Ocidente essa utilização da planta.*" Quando o cara é professor, ele fala de outro jeito. Muito bom ver um professor explanando um assunto que o mobiliza, que o apaixona. Muito bom estar ouvindo tudo isso e entendendo bem mais dessa história de preconceito e economia. *"Foi Garcia de Orta quem revela para o Ocidente que, na Índia, tem uma planta que faz o sultão viajar sem sair do lugar."* O sultão sabia das coisas! O Henrique Carneiro também.

Henrique segue sua viagem falando sobre seu mestrado nesse tema, que resultou na publicação de: *Filtros, mezinhas e triacas: as drogas no mundo moderno. "Triacas eram panaceias, compostos, tem toda uma farmácia bizarra nessa época. Usavam-se compostos cadavéricos, musgo do crânio, de ossos, produtos assim 'mágicos'..."*, Henrique vai seguindo a viagem, contando sua trajetória acadêmica. Eu, ouvindo tudo isso, só consigo falar: "Uau!".

Ainda não satisfeito com seus estudos, ele resolve entrar para o doutorado com esse mesmo tema, mas agora nos herbários modernos, é o que ele me explica. Deixa ele falar: *"Estendi a pesquisa do Garcia de Orta para autores também da tradição francesa e espanhola e fui para a França pesquisar. Depois meu doutorado foi publicado sob o título de* Amores e sonhos da flora: alucinógenos e afrodisíacos na botânica e na farmácia, *em que tentei mostrar que houve já uma revolução no Renascimento que abriu um renascimento também na ciência e na farmácia para uma farmácia erótica, afrodisíaca, e que depois veio um contramovimento tanto do calvinismo protestante quanto da contrarreforma católica, que vai sufocar isso. O próprio Garcia de Orta é desenterrado pela inquisição e queimado. A irmã dele foi queimada viva! Não tanto pelo seu trabalho, mas por ser cristão novo".* Quando eu imaginei que seria legal ter um papo com um professor de História, não imaginei que seria tão legal e que iríamos tão longe! *"Segui meus estudos, que evoluíram para um grupo de pesquisas que é um laboratório de estudos históricos sobre as drogas e a alimentação. É interessante como temos uma esfera comum que junta drogas e alimentação, e então a gente publica uma revista chamada* Ingesta. *Não é à toa esse nome que junta a ideia de ingestão com a de gestão. Isso tem a ver com o poder que passa a existir de regulamentação, de liberação, sobre o que será permitido ou não consumir. Em primeiro lugar tem o filtro religioso. Por que certas substâncias são tabus e outras não?"* São tantos conceitos que o professor junta. Agora, mais este de juntar gestão com ingestão. A gestão do que se ingere. *"Resumindo, então, estamos chegando ao meu último livro que é a natureza do proibicionismo. Nele eu estudei cinco casos: o caso do Canadá, onde fiquei seis meses como professor visitante, em Québec, e onde eles estatizaram o álcool e agora a maconha. Estudei também o caso americano, que proibiu o álcool por treze anos; o caso francês, que proibiu somente o absinto; estudei o caso russo, que é também muito peculiar, porque é um dos lugares onde mais se bebe e era estatizado pelo czar. Os locais de venda na Rússia eram quase postos policiais, uma forma de controle da sociedade. Ainda na Rússia, depois o czar proíbe o consumo por uma questão de esforço de guerra. Os bolcheviques mantêm essa proibição até 1923, quando voltam a legalizar o álcool. E, finalmente, estudei o caso chinês – estive em Xangai num congresso em 2019. O caso chinês é o pivô do modelo de controle internacional em torno do ópio, que surge com a conferência de Xangai em 1909 e vira o Tratado de Haia de 1912, depois é parte do Tratado de Versalhes, vem a convenção de Genebra e diversas outras convenções que são o arcabouço do controle global de certas substâncias. No caso, especificamente, do ópio, depois da cocaína e da maconha, que são as três malditas, né?"* É. E tome um gole de água antes de seguir. *"Enquanto tem três que são o álcool, o tabaco e os cafeínicos, que são não só tolerados, mas drogas oficiais, por outro lado as três ditas malditas."* Muito interessante!

"Toda proibição às drogas tem um fundo religioso": uma ótima frase para abrirmos um novo parágrafo. Vamos nessa... *"No Brasil tem ainda o elemento racial"* – essa também seria uma boa frase. *"Maconha é uma planta africana. O nome vem do quimbundo e sempre foi associada às camadas subalternas, aos escravos. Desde a primeira proibição em 1830, embora se usasse a maconha industrial, o cânhamo, que era produzido oficialmente nas reais feitorias, como*

em *São Leopoldo, que foi fundada por causa da maconha, como uma feitoria de cânhamo.*" Vocês sabiam dessa, são-leopoldinenses? "*Era uma planta de fibra longa que eles batiam na água para sair toda folha e flor e ficar só a fibra*", segue o professor. "*Era a principal fibra para se fazer tanto roupa como os velames e cordas para os navios.*" Essa a gente já sabia.

Então, se é assim, durante um bom tempo se conviveu com os negros usando as flores da maconha, e os brancos, industriais, usando a fibra. "*Exatamente. Os europeus usavam o linho cânhamo e os africanos vão ver que aquilo era a maconha, a diamba, liamba, sobretudo os que vinham de Angola para baixo, que vão usar para fumar e associar o consumo aos calundus, aos batuques, aos catimbós, o candomblé de caboclo, e isso vai ser atacado como parte de uma cultura da senzala.*" Mas, professor, era sempre nesse contexto ritualístico, religioso, ou os negros também usavam a planta para relaxar e ver uma bela noite de lua cheia, por exemplo? "*Sim, claro. Esse uso, digamos, recreacional é identificado, inclusive, pelo cônsul inglês no Brasil, em Ouro Preto, um escritor famoso chamado Richard Burton que traduziu* As mil e uma noites. *Ele apontava que via os escravos fazendo esse uso ocioso. Depois, Gilberto Freyre vai apontar que havia duas plantas que eram plantadas para o lazer: o tabaco, para os senhores, e a maconha, para os escravos. Depois tem também um outro uso importante, que é o uso como óleo para iluminação. O azeite de cânhamo era muito usado para esse fim*", segue a aula.

E se estamos falando do consumo pelos negros escravos no Brasil, é daí que vem esse preconceito, digamos, racial contra o uso recreativo da maconha. Agora, nesse papo com o Professor Henrique Carneiro, entendemos ainda mais sobre essa origem. No entanto, esse não é o único preconceito que essa planta sofre. Existe também o aspecto, falado no papo com o Gabeira, de a maconha atuar no consciente, ou por justamente afrouxar a consciência. O que será que a história nos diz sob esse aspecto? Esse negócio de mexer no inconsciente... Por que esse pavor todo do que está no nosso inconsciente? *"É exatamente isso. A Escola de Medicina da Bahia, Nina Rodrigues e seu discípulo Oscar Freire, que funda a Faculdade de Medicina de São Paulo, em 1911, abordaram esse aspecto. A tese deles é sobre o atavismo criminal nas populações negras por causa das suas práticas de êxtase e possessão. Ele vai associar a ideia de que tanto na religião africana quanto na sua música e dança perde-se o juízo moral. Como se você perdesse o juízo do bem e do mal por estar em êxtase. Isso já é uma visão preconceituosa da cultura africana, até porque o álcool, sim, pode ser muito mais associado a essa 'perda de juízo'. A maconha não tira a consciência de ninguém. No máximo a pessoa vai adormecer... Há ainda uma outra narrativa que será feita por um cara que é chave, discípulo também da Nina Rodrigues, que foi presidente de província de Sergipe, Rodrigues Dória. Ele foi autor da tese de que a maconha é o ópio brasileiro, toda uma tese de que provoca uma escravidão. Ele tinha uma outra tese ainda mais estapafúrdia que dizia que maconha era a vingança dos escravizados. Já que os senhores os escravizavam, com a maconha eles escravizariam as mentes dos senhores."* Seguramente vem daí toda essa linha de raciocínio que insiste em dizer, e alimentar, a ideia de que a maconha é a porta de entrada para outras drogas? *"Sim, tudo isso vem de uma opiofobia, embora o ópio fosse usado até em preparados medicinais. Assim como a maconha! A maconha também já tinha essa utilização na farmacopeia. Eram cigarros usados para a asma."* Mas como assim usar maconha para asma? *"O sujeito fumava e a tosse provocada pelo fumo seria uma forma de expectorar"*, segue Henrique.

Falando em medicina, o que dizer sobre esse caminho de legalização medicinal que estamos vivendo? Se já viemos até aqui neste papo entendendo o preconceito racial e também o preconceito "científico", a questão da consciência, como uma sociedade hipócrita como a nossa pode aceitar que a maconha possa ter um bom uso medicinal, com resultados comprovados para diversas utilizações, como no controle de convulsões epilépticas, por exemplo? Como aceitar que a maconha possa estar associada a algo bom?

"*O mundo está mudando*", começa ele. "*Eu fui pra China e vi que a China é a maior produtora de maconha do mundo hoje! Usam para vestuário, produtos farmacêuticos, e agora eles querem produzir biodiesel.*" Imagine mudar a matriz energética na China com maconha? "*Pois é! O Brasil era para ser o maior exportador do mundo. Os ruralistas, a galera do agronegócio já está se tocando disto. É uma com*modity! *Uma* commodity *emergente! Maconha é pra tudo! Fumar é somente uma das funções.*" A maconha é uma planta que é toda utilizada: a folha, a fibra e a flor. O Brasil deixa de ganhar bilhões e bilhões todos os anos e deixa de gerar centenas de milhares de empregos. O que o preconceito nos faz! Será que o capitalismo é que vai legalizar a maconha? "*O incrível é isso. Havia antes um comportamento rebelde, e agora a normatização vem sob a espécie de com*modity", simplifica, e faz pensar, o professor. Mas será que a nossa sociedade moralista suporta isso? Sigo provocando: fomos os últimos a abolir a escravidão, seremos os últimos a legalizar a maconha? "*Sim, é possível fazer esse paralelo. É incrível que as influências ideológicas do bolsonarismo são pragmáticas em relação a isso. Pega Israel e Estados Unidos... Israel é um dos países que mais consomem maconha legalizada, os Estados Unidos já têm a maioria da população vivendo com maconha legal para adultos e movem um mercado que já está na bolsa de valores...*", contextualiza. "*Você vê que esse modelo de legalização com controles de consumo já existe desde o século XX para o tabaco e o álcool. É, como esses, um produto que pode ter danos potenciais, risco para menores, cujo consumo não deve ser incitado e tal, e o modelo canadense fez isto com o álcool e com a maconha. Lá o atacado é estatal. Todo dinheiro arrecadado vai para o governo, que o destina para seus devidos fins*", segue contando suas experiências pelo mundo. Eu acho realmente muito interessante como o capitalismo pode vir a ser, e já está sendo, o elemento transformador do consumo legalizado dessa planta. E se fizemos a analogia com a abolição da escravidão, não custa lembrar que só abolimos por pressão de boicote econômico feita pelos países europeus. O

Brasil, no que depende da sua moral, no que depende só de si, por si só, está tomando caminhos errados. Não sai da minha cabeça a potência que poderíamos ser! Chega a ser irônico imaginar a bancada rural defendendo a legalização no Congresso Nacional. Será que ainda veremos essa cena? É tanta grana que podíamos ganhar! Será que nosso moralismo será capaz de seguir abrindo mão dessa indústria? *"A própria proibição associa a maconha ao crime. No senso comum, maconha é o crime. E esse crime já está associado às camadas mais pobres desde a escravidão até hoje nas favelas. Essa associação é repetida o tempo todo pela imprensa, mas isso não vai durar muito mais, pois os beneficiários dela estão nas camadas da sociedade com mais poder. Nos Estados Unidos, começou pelos idosos, que viram utilização para artrites etc. Daí vieram as primeiras legalizações para uso medicinal. Aqui ainda não estamos nem nesse momento. Só agora estão conseguindo produzir, e não só importar. Enfim, a hipocrisia ainda é maior que isso. Veja bem que o Brasil é o segundo maior consumidor de maconha do mundo! Só ficamos atrás dos Estados Unidos!"*

Calma, calma, estamos chegando ao final do papo e sei que é muita coisa para todos nós refletirmos, mas antes de acabar ainda tenho mais para ouvir do professor. Não dá para conversar com ele sobre tantos preconceitos ligados ao consumo recreativo da maconha e não falar sobre as políticas de segurança pública. Como não falar sobre a eugenia de governos de diversos espectros ideológicos que matam pretos e pobres em favelas em nome de um suposto combate ao tráfico? Será que existe algum aspecto histórico que vá ainda mais além do racismo nessa questão? *"Existem três países que ficaram assim como os 'hot spots' da guerra às drogas: o Brasil, a Colômbia e o México. Esses três países criaram uma espécie de complexo estatal, político, narcotraficante, que é a grande exploração por empresários deste enorme negócio cuja proibição agrega valor. Um valor que tem, digamos assim, uma consequência destrutiva. A inclusão da violência na gestão do negócio, da violência organizada, cria uma forma de extermínio que se associa à corrupção do aparelho estatal de* segurança e obviamente à escolha dos mais vulneráveis, que são racialmente selecionados." Eu interrompo: são pessoas, digamos assim, que o Estado pode matar para justificar esse suposto combate ao tráfico? "Exato." Que merda ser exatamente isso. "A coisa já era assim com outras proibições antes. Nos Estados Unidos, a proibição do álcool era um mecanismo para matar negros, já que eles começam a difundir que quem mais bebia eram os negros. Então a Ku Klux Klan pega isso para si e mata muitos negros! É a ideia de que os negros bebem, estupram as mulheres brancas, e aí vem os justiceiros para acabar com isso. O combate ao álcool já era uma ideia eugenista nesse sentido. O experimento do álcool foi um experimento de engenharia social para mudar um hábito. Algo que da noite para o dia passa a ser criminoso. A maconha vivencia isto há anos", contextualiza. E assim vamos gastando bilhões e bilhões de verba pública para financiar essa eugenia, garantir a ilegalidade e assim maiores lucros, e fomentar outro mercado riquíssimo e poderosíssimo, que é o tráfico de armas. O pior é que a sociedade se mostra convencida desse caminho. Na verdade, a sociedade está é anestesiada para perceber essa engrenagem. Ou, ainda pior, a sociedade finge que não vê, dada a sua enorme hipocrisia. Essa é uma questão que vai além de governos, que vêm e vão, vai além de ideologias. "Mesmo no que se chama de esquerda, existe uma cumplicidade com a guerra às drogas. Cuba é super-restritiva com a maconha. Os bolivarianos são super-repressivos. De fato, não é uma questão ideológica. O que vemos é que existem elementos que têm uma utilidade para o aparelho coercivo do Estado criar um fantasma social que justifica uma série de coisas", complementa o Professor Henrique Carneiro. Ele complementa, e eu só fico com a cabeça ainda mais aberta. E como fico!

Aberta e sempre curiosa. Depois de ouvir o professor "cabeçudo" por mais de uma hora falando sob tantos vieses, citando autores, publicações, datas, tinha só mais uma pergunta a fazer: vem cá, fumando maconha desde os 15 anos, como você consegue ter tanta memória? "Para mim a maconha ajuda a memória. Sempre me ajudou. Tudo que o *Rafael Mechoulam, o cara que descobriu os efeitos do THC e do canabidiol, já falava sobre uma maconha endógena que nós temos, a anandamida; ele dizia que é uma substância ligada à regulação da memória, que coordena a memória curta e faz você, por exemplo, apagar certas coisas desimportantes como lembrar o rosto de quem estava com você no metrô pela manhã. A maconha dá uma filtrada, gera uma perda de memória prática, operativa. Não uso maconha para ler, para dar uma aula, para fazer coisas práticas, mas para pensar, refletir, escrever, abre camadas de criatividade, pois foge da coisa rotineira da mente. Eu sou um usuário frequente. No social tem sempre, mas gosto de usar para pensar, relacionar ideias."* E assim vamos chegando ao fim deste papo. Minha vontade agora é somente uma: apertar um beque e rever a entrevista toda. É o que vou fazer. Até o próximo capítulo.

4.

Orlando Zaccone

Um delegado da polícia civil que defende, argumenta, briga pela legalização das drogas como política de segurança pública. Zaccone sabe do que fala pelo tanto que estudou e pelo tanto que viu na sua carreira profissional. Pra ele é: legalize já!

Conheço Zaccone de longa data. Ou melhor, conheço pouco Zaccone de longa data. Lembro de entrar para estudar Comunicação Social na Pontifícia Universidade Católica do Rio de Janeiro (PUC-RJ) e de ele ser veterano. Não sei por que lembro dele de lá, mas lembro dele pelo Pilotis, pelo Crepto – o local em que rolavam shows e cervejas na faculdade –, e depois lembro dele com um grupo Hare Krishna que eventualmente passava cantando e dançando pela orla do Rio. Orlando era um deles. Muitos anos, mas muitos anos mesmo depois, vim cruzar novamente com ele pelo Marcelo Yuka. Yuka tinha um profundo amor pelo Orlando. Falava sempre do amigo com muito orgulho. Juntos, fizeram um projeto literário com detentos. Yuka tratava o delegado da Polícia Civil Orlando Zaccone como irmão.

Não, não, não estou viajando, e é isso mesmo que você leu no último parágrafo. Nosso papo vai seguir com Orlando Zaccone, delegado da Polícia Civil do estado do Rio de Janeiro, que foi Hare Krishna, graduado em Comunicação Social pela PUC-RJ, mestre em Ciências Penais pela Universidade Cândido Mendes, doutor em Ciência Política pela Universidade Federal Fluminense, professor do curso de pós-graduação em Direito e Processo Penal da Cândido Mendes e professor de Criminologia da Academia de Polícia Civil Sílvio Terra. Autor dos livros *Acionistas do nada: quem são os traficantes de drogas* e *Indignos de vida: a forma jurídica da política de extermínio de inimigos na cidade do Rio de Janeiro*, membro do grupo Policiais Antifascismo e da Associação dos Agentes da Lei contra a Proibição (Leap Brasil), e, por tudo isso, um delegado da Polícia Civil a favor da legalização das drogas.

Não é sem razão querer logo conversar com uma autoridade policial. São protagonistas neste drama. Alguém tem dúvida de quanto a polícia conhece do assunto? E digo mais, espero que consiga que o próximo entrevistado seja um traficante, ou melhor, um varejista das drogas, pois, como disse, se for para falar com traficante teria que ser com alguém em Brasília e, em geral, essas pessoas não falam sobre esse assunto. Sobre armas falam bem mais e invocam até a possibilidade de isenções fiscais, mas este bem de consumo, a maconha, é assunto somente para páginas policiais.

Antes de começarmos a entrevista, explico para Orlando a ideia do livro e a forma como pretendo realizá-lo. Falo de por onde foi o papo com o Nelson, e ele nem me deixa perguntar... *"Mas eu já não fumo tem mais de vinte anos. Eu parei com tudo! Não posso. Tive problemas com álcool e vi que não posso."* Pelo meu ponto de vista, já começamos bem nosso papo. Não estou aqui para fazer nenhum tipo de apologia ao consumo de maconha, então será ótimo ouvir um delegado que já fumou, já usou outras drogas, teve problemas com álcool e... *"O problema não é a droga, o problema sou eu!"* Fale mais, Orlando. Prossiga: *"Na verdade, a droga pode ser usada por pessoas que* irão desenvolver relações diferentes com ela. Se dez pessoas fumarem um baseado juntas, cada uma terá uma experiência diferente. Por isso tem pessoas que podem ser produtivas como o Nelson Motta, mas têm outras que se fumarem não vão conseguir ler uma linha. Ou seja, a maconha não concentra e nem desconcentra. O efeito da droga é individualizado, e isso é muito importante ficar claro". Está claríssimo. "Não só com a maconha. Tenho um conhecido que dizia que não podia parar de cheirar, pois assim iria parar de transar. O cara só transava cheirado, e tem outros relatos de pessoas que perdem totalmente a libido", sim, sim. "O efeito não é objetivo, ele é relacional. Droga é uma relação do indivíduo com a substância, e assim cada um pode vir a ter uma relação positiva ou negativa, e isso também não é algo que possa ser colocado em uma tabela, isso também só a pessoa pode dizer, e eu percebi que, para mim, usar essas substâncias que alteram o meu humor não era bom." Acho perfeita essa colocação e me empolgo concordando, entendendo e vendo que o papo será muito bom. Orlando fala com conhecimento de causa profissional, científico, e também como um usuário que sabiamente entendeu que substâncias alucinógenas não são para ele.

Por mais que a relação seja individual, sabemos que provoca diversos reflexos no âmbito da sociedade. Não falo só das questões relacionadas ao que pode provocar o indivíduo, por exemplo, alcoolizado, mas também do que todo o pensamento por trás da relação das pessoas com as drogas pode provocar. Estou falando de ideias preconcebidas, preconceitos, estigmas, formas de pensar e agir que vão moldando a relação da sociedade como um todo com as drogas. O Orlando falou algo por aí: "Lembro uma vez, nos anos 80, o Gilberto Gil deu uma entrevista no Jornal do Brasil dizendo que a cocaína era a droga do poder. Gerou uma polêmica e tal, mas era a droga do poder, dos poderosos, dos yuppies. Hoje o crack é a droga dos renegados, dos farrapos humanos, zumbis, pessoas pouco produtivas, mas o princípio ativo de ambas as drogas é o mesmo". Sim, entendo o que ele quis dizer, e sei que o papo aqui poderia descambar muito mais para a questão social. Certamente seria um ótimo papo, mas o assunto aqui é o uso recreativo da maconha. Sigamos nesse caminho para não nos perdermos. Ele ainda não quer... *"O exemplo pode ser no mesmo tipo de pessoa. Se o cara trabalha cheirado, aplicando na bolsa e conseguindo grandes lucros, então a cocaína é a droga do poder, mas se esse mesmo cara estiver desempregado e usar cocaína, ela será vista como a droga do derrotado. Ou seja, ninguém está falando de drogas, mas, sim, de quem as usa. Seria muito melhor cuidarmos das pessoas, e não das drogas."* Que bom que ele seguiu no assunto; agora sim podemos dar o ponto parágrafo.

Ilusão minha! Orlando ainda, felizmente, segue no que estávamos falando e, mais uma vez, tenho que agradecer e diminuir minha ansiedade de atender à minha pauta. Ouçamos: *"Veja a questão da alimentação. Tem pessoas que são veganas e não comem nada que tenha origem animal, mas essa pessoa que faz essa opção não pode querer impor à sociedade a abstinência dela. É a mesma coisa. Eu me tornei abstinente, mas isso não quer dizer que eu ache que todos devam ser. Seria, inclusive, uma ilusão"*. Este é um dos pontos importantes deste livro: quero que as pessoas se coloquem individualmente e pessoalmente sobre a sua relação com a maconha. *"E eu sei que a abstinência em que eu trabalho deve ser para sempre. Eu tenho consciência de que se eu voltar a usar o álcool, drogas, eu voltarei a ter os mesmos problemas que me fizeram parar."* Tanta consciência de si mesmo deve ser coisa de Hare Krishna.

Nosso papo foi evoluindo. Orlando é um cientista, um estudioso, daqueles cujos olhos brilham quando citam um autor, um pesquisador, um livro. Ele me fala sobre o Professor Henrique Carneiro: *"Eu dava muitas palestras junto com o Henrique e sempre dizia que era a favor da legalização das drogas, mas não do uso. Talvez falasse isso até por ser delegado e não querer que meu discurso sobre a legalização pudesse ser confundido com apologia. Aí ele me chamou uma vez e me disse para não falar mais isso, que isso era péssimo e tal, e que falar que não era a favor que as pessoas se drogassem era como dizer que não quero que elas comam, porque droga e comida são coisas muito próximas, tanto é que a mesma agência cuida de ambas, e aí o cara foi me dando uma aula da história, da drogadição e alimentação e... enfim, tem pessoas que têm problemas e outras, não".* O mais bacana de tudo é você se conhecer. *"Sim, sim e te digo que o fato de eu não usar me dá liberdade suficiente para lutar pela legalização. Lógico que um usuário de drogas, de maconha, deve lutar pela legalização, e é legítimo o usuário de drogas não querer ser enxergado como um criminoso ou ter que comprar maconha numa boca de fumo, ou se expondo, ou dando dinheiro para o tráfico. A gente tem que ampliar o debate sobre a legalização das drogas para muito além da questão do usuário, já que os danos causados pela proibição também vão muito além da questão do uso. A velhinha ou a criança na comunidade que toma tiro não tem nada a ver com o consumo de drogas. Muita gente sofre os efeitos da proibição, e é principalmente por isso que temos que ampliar o debate e entender que a questão da legalização não é uma questão somente do usuário."* Chegamos ao ponto da conversa pelo qual minha pauta tanto ansiava.

Como será para um cara que tem uma cabeça dessa ter de ser profissional e prender um usuário de maconha? *"Então, bom deixar claro que quando eu entrei para a polícia eu já não usava. Eu sempre fui crítico à forma como a polícia operava a repressão das drogas. Desde o início já tentei me preocupar em tentar entender, mas eu via que se prendiam muito poucos usuários, pois tinha a Lei 6.368, que permitia a fiança. Era o artigo 16 da lei. O artigo 12 era o do tráfico. Desde aquela época não se tinha interesse em prender usuários. Hoje a lei, inclusive, nem prevê prisão para usuário. Deixa te explicar um pouco mais sobre a parte jurídica"*, por favor, só seguir... *"A lei de drogas, desde 76, diferencia o usuário do traficante. Mas antes não era assim, e se punia com a mesma pena o cara que era preso com um cigarro ou com um quilo. Essa diferenciação é recente, inclusive internacionalmente. Acontece que essa distinção é arbitrária. Imagina a cena: uma pessoa tem um cigarro no bolso para vender e está sentado no banco de uma praça. No banco ao lado tem uma pessoa com um cigarro com a mesma quantidade de*

maconha, só que aceso e fumando. Ambos estão sentados num banco da praça com cigarro de maconha. Um será preso por crime hediondo, e o outro, penalizado com penas alternativas. Essa diferenciação veio a reboque do boom de consumo nos Estados Unidos nos anos 60. No plano internacional, eles dizem que são consumidores, e não produtores, então eles obrigaram todo mundo a fazer essa diferenciação. Então, com todas essas informações, eu comecei a usar meu trabalho para colher dados para minha dissertação de mestrado, Acionistas do nada. Meu trabalho nunca foi muito de pegar pessoas fumando maconha."
Mas me fale mais da sua experiência nas delegacias: "Tem coisas muito curiosas. Eu descobri, por exemplo, que tem delegacias no Rio que passam o ano inteiro sem fazer nenhum flagrante de tráfico, como a do Leblon, Ipanema, por exemplo. Mas em São Cristóvão era um assombro, todo dia. Então você vai me dizer que não tem tráfico na zona sul? A conclusão é que a criminalização de drogas é um processo político que define que traficante é o cara na favela, fodido, descalço, com um fuzil nos ombros, e não o engomadinho que entrega a droga de carro na Barra". Mais uma vez a questão do preconceito, mais uma vez a nossa hipocrisia fazendo a justiça sempre arrebentar a corda no lado mais fraco. Ou alguém aqui acha que o varejista de droga que mora e trabalha na favela é o verdadeiro traficante? Seguramente, não. Ele é, no máximo, um acionista do nada.

Acionistas do nada pretos e pobres condenados a morrer. Será mesmo esse um eficiente plano de repressão ao tráfico? Colocar um policial fardado, mal preparado, psicologicamente conturbado, provavelmente ele mesmo usuário de drogas, para entrar em favelas dando tiro, matando pretos, pobres, e sendo ele também vítima? Qual a eficiência disso? É tão nítido que o suposto combate ao tráfico mata muito mais do que os problemas decorrentes do uso das drogas! É combate às drogas mesmo ou seria, sei lá, um papo furado para dar alguma satisfação para uma sociedade hipócrita? Como é isso na cabeça do policial que é jogado lá? "O policial sabe que está indo prum campo de batalha onde um traficante é o seu *inimigo. Dentro da política de combate às drogas se monta este cenário de campo de batalha, onde de um lado você tem os varejistas da droga fortemente armados, e eles não estão armados para combater a polícia, mas, sim, para proteger o seu território de outros varejistas, até porque com a polícia a conversa é outra. Se a polícia quiser entrar numa favela, ela entra e arrebenta na hora que quiser. Os varejistas sabem que não é possível evitar uma entrada da polícia se ela quiser. Aquela imagem do Complexo do Alemão é um exemplo disso. A polícia colocou todos os traficantes do Comando Vermelho para correr."* Sim, vimos essa imagem, mas ela é muito pouco eficiente! *"É aí que vou chegar. O armamento pesado só existe para proteger o território de outra facção porque o consumo é proibido. Nós não vemos ninguém protegendo uma choperia ou uma farmácia com fuzil na mão, ou vemos?"* Não, não vemos. *"A violência toda nesse mercado só existe porque ele é proibido. A polícia também só entra nisso pois existe venda de algo não regulamentado. Nada disso é diferente do que aconteceu durante a Lei Seca nos Estados Unidos. Imagina se as pessoas iam deixar de beber álcool? Passaram a comprar dos Al Capones da vida. Ou seja, toda a violência não é causada pelo consumo, mas, sim, pela proibição do comércio. Basta ver que quando cocaína era vendida em farmácia não existia esse problema. Maconha e cocaína só viraram problemas quando foram proibidas. Então, a política de segurança determina suas prioridades, e desde sempre a repressão ao tráfico varejista das drogas vem sendo uma dessas prioridades. E a sociedade é cúmplice disso. Lembra nos anos 80, governo Brizola, uma das críticas que se fazia a ele era de ser permissivo, pois realmente ele queria ir por um outro caminho que não a polícia subir morro atirando. Diziam, inclusive, algumas mentiras, como que ele proibia a polícia de subir em morro. Ele colocava limites, por exemplo, não querer incursões da polícia em horário escolar, mas aí começou uma campanha que dizia que aquele modelo defendia bandidos. A ideia de que defender direitos humanos é defender bandido vem lá de trás e, infelizmente, isso tem participação também da esquerda. Uma vertente da esquerda, para atacar Brizola, defendia esse discurso.*

Desde então seguimos neste caminho de confronto, e você vê até hoje que não se avançou nada." É fato. Achavam tanto que Brizola era conivente com o tráfico que seu nome virou apelido para cocaína. Mas será que é para avançar mesmo? Será que políticos e poderosos querem reprimir o tráfico? Isso não é fato. Para os interesses dos verdadeiros traficantes tanto de drogas como de armas, as políticas de segurança estão cumprindo muito bem o papel de gerar mais venda de drogas, de armas, não pagar impostos, matar preto e pobre, e ainda dar uma satisfação para a sociedade que corrobora tudo isto. *"Eu costumo dizer que o fracasso da política de segurança pública – parafraseando Darcy Ribeiro – é um projeto. Darcy falava que o fracasso da educação era um projeto no Brasil. Olha aí o que estamos vendo até hoje. A segurança pública passa pela mesma questão. Isso de abrirmos os jornais e vermos crianças, senhoras, cidadãos e também policiais sendo mortos é parte do projeto. O discurso vem de um fetiche, que é terrível, que diz assim: se a polícia está prendendo mais gente, apreendendo mais drogas e mesmo assim o problema não está sendo resolvido, então vão dizer que ainda não fizeram o suficiente e que precisa matar mais, prender mais, correr mais atrás do rabo do cachorro. Nunca será suficiente. É o projeto. Até hoje dizem que a polícia está limitada para agir. Que é isso? A polícia tem cada vez mais autonomia, sem nem passar pelo poder político, e mesmo assim a situação está cada vez pior. Então, se você só está acumulando cadáveres de pessoas em favelas, não tem como não dizer que esse não é um projeto genocida. Não tem como não ser."* Com essa constatação feita por um delegado de polícia, acho melhor fazer uma pausa. Que tal um copo d'água? Ou um tapinha na ponta? O que Orlando falou agora é muito sério! Nossas políticas de segurança pública, no que tange à repressão ao tráfico de drogas, são um empreendimento eugenista, são genocídio. Se vocês não precisam, eu preciso de um tempo. *"Isso não é um projeto de governo, é de Estado"*, ele ainda segue. E eu concluo: mais que de Estado, é um projeto da nossa sociedade! Positivamente eu preciso de um tempo.

Vamos voltar e encarar os fatos. Mudar o Brasil não será fácil nem rápido. O Brasil é o que é por ser um projeto para isso. Um projeto aceito por nós todos: querendo ou não, apoiando ou não, somos todos cúmplices. Mas e o policial que está ali com sua armadura, com seu fuzil, o que ele pensa? Ele se vê como este herói? Ele é um herói ou um fodido? *"Ele se enxerga como um herói, e o discurso da sociedade, capitaneado pela direita, também constrói esta ideia do policial como um herói. Essa ideia, infelizmente, veio como um contraponto, como uma construção contrária à imagem que setores da esquerda também tentam forjar do policial violento, corrupto, bandido. O que nós do Policiais Antifacismo tentamos mostrar é que ele não é nem bandido e nem herói, mas, sim, um trabalhador. Construir a ideia do policial trabalhador, fazê-lo sair deste pensamento de bandido ou herói, pois isso não condiz com a realidade do policial. A grande maioria dos policiais é de trabalhadores que saem da sua casa todo dia somente para trabalhar e, no entanto, são uma subcategoria profissional que não pode se juntar em associações, não pode fazer greve, e te garanto que o grupo que se corrompe é pequeno dentro da corporação. A maioria é de trabalhadores querendo cumprir sua jornada de trabalho. Inclusive, 30% do efetivo exerce cargos burocráticos, o que também é uma questão, a enorme burocracia. Eu garanto que a maioria dos policiais não está envolvida com nenhum ato de corrupção e nem de violência."* Orlando vai despejando conhecimento, informações, pensamentos, e temos que refletir. Até pouco tempo, eu nem sabia que policiais não podem se juntar em associações ou fazer greve. Por que isso? Porque nossa polícia militar é uma espécie de exército, tem na sua criação este gene, digamos, militar. Outro exemplo disso é que policiais militares não recebem vale-refeição, mas, sim, fazem suas refeições no quartel. Sim, podemos perfeitamente trocar o termo batalhão por quartel. Bem coisa de exército mesmo. O profissional policial militar tem, de fato, muito poucos direitos, mas ninguém se preocupa de verdade com isso. *"Você ter uma segurança pública que é gerida* em cima desse modelo militar já é algo que deveríamos questionar", e questionamos! *"Esse policial vai estar o tempo inteiro despido de seus direitos fundamentais, e se ele vê que não tem nenhum direito, ele vai tratar todos dessa mesma forma. Até por revolta."* Uma revolta que muitas vezes nem ele mesmo entende de onde vem. *"O policial militar não pode nem ser filiado a nenhum partido político. Ou seja, nem ser um cidadão querendo exercer, exercitar a política, ele pode."* Absurdo! *"Um policial militar, para participar de um livro como este que você está fazendo, vai ter que pedir diversas autorizações."* Absurdo 2! O policial que vai para a rua não tem direito a nada! E isso também faz parte do plano. O policial militar no Brasil é um subcidadão. E Orlando segue falando, detonando com sua experiência. *"E não é à toa que a corporação militar é onde você vai encontrar o maior número de negros na administração pública. Cinquenta e oito por cento dos policiais militares são negros e pardos. Se existe um lugar no Estado brasileiro onde os negros são maioria, é na polícia. Veja bem, no lugar onde se precisa de subcidadãos é onde os negros serão alocados. Tenha certeza de que mesmo aí eles não ocupam cargos de chefia."* Isto é Brasil, eu concluo. Nossa prioridade na política de segurança, que supostamente é combater o tráfico de drogas, revela-se mais uma vez um plano genocida e racista. Se é para matar, que morrem negros de ambos os lados, fardados e não fardados. *"Então você, considerando toda essa realidade, fica realmente fácil incutir na cabeça de um policial militar que ele é um herói e o outro negro lá é o bandido. É fácil colocá-lo nessa arapuca."* Nessa hora, Orlando me fala sobre uma charge do desenhista Latuff que mostra dois irmãos gêmeos, um policial e o outro varejista de droga. Bom, creio que não precisa nem desenhar para entendermos o ponto.

Será que esse subtrabalhador, será que esse cidadão, será que esse policial fuma maconha? *"Vou contar uma história que aconteceu comigo. Faz alguns anos eu estava saindo da Polinter e veio um policial falar comigo. Ele me reconheceu. Chegou junto e tirou um recorte de jornal com uma matéria em que eu falava sobre a Leap. Ele me mostra aquilo e me diz: 'Virei policial para poder fumar maconha. Eu fumava maconha e era o tempo inteiro reprimido, achacado, então eu fui fazer concurso e entrei na civil'. Ele continua me contando que fez dupla com um outro policial que também gostava. Um dia eles saem para dar uma ronda e acendem um beque na viatura. Aí o colega dele vê pelo espelho um camburão da militar e, assustado, manda um 'olha aí os homi!'. Aí o cara, esse que veio falar comigo, me conta que virou para o colega com o beque na boca e diz que os homi somos nós! Isso daria uma cena de filme."* Daria mesmo. *"Tem policiais que usam muitas drogas! Outro dia mesmo um veio me pedir ajuda para largar e... a droga dele é o Rivotril. Me disse que tem sempre um no bolso, um na viatura..."* Quem aqui não usaria Rivotril diariamente se fosse policial? Imagine só. *"Muitos policiais usam todos os tipos de drogas, mas, como em qualquer grupo social, a gente só fica sabendo do uso quando tem problema."* Em geral é assim. As pessoas usam drogas e tudo certo. Só vira caso, notícia, preocupação, quando tem problema. Na maioria das vezes pessoas usam e não acontece nenhum problema.

E o varejista de drogas? Quem é esse cara? *"Esses varejistas têm também uma hierarquia. Do jeito que a gente fala, parece que todos são soldados com arma na mão, e não é assim. Entre eles tem um grupo pequeno armado, mas tem também o endolador, o mula, o estica, o do radinho, uma série de "trabalhadores" inseridos nesse contexto e que não têm a violência no seu dia a dia. Nem todos buscam ascensão. Os que querem ascender são mais os que usam armas, mas o moleque do radinho, ele tá lá só pra ganhar uma grana, ajudar a sustentar a casa, muitas vezes ganha até mais que os pais. Ele, inclusive, acha que, por não portar arma, está numa situação de maior segurança. É um jogo cruel, pois a maioria está somente correndo atrás de um sustento possível. O varejista não é uma coisa só, mas do jeito que o Estado, a sociedade trata, parece que todos são violentos. A mídia reforça também essa imagem. Faz crer que o traficante é quase um enviado do capeta, e tudo isso reforça este suposto plano de segurança."* Não tem como não pensar no que ele diz, na questão de narrativas e narradores. Provavelmente, o jornalista que escreve matérias como essas é um consumidor de drogas, mas ainda assim reforça os estereótipos dos personagens.

Minha cabeça fervilha de ideias, conceitos, vontade de estudar mais o assunto, e o papo com o delegado Orlando Zaccone vai chegando ao fim. Chego ao fim dessa conversa ainda mais convicto de que o problema das drogas é a proibição, e não o seu consumo. Quer acabar com o tráfico, libere as drogas. Quer combater o tráfico efetivamente, comece em Brasília. O que mata é o plano vitorioso dos verdadeiros vilões de manter as drogas na ilegalidade para, assim, faturar muito mais. Os poderosos são mesmo poderosos, e a sociedade compra, aceita, corrobora, com esse poder. O mesmo cidadão que consome drogas vilaniza o varejista. Nada além do lucro justifica esse genocídio que assistimos há mais de décadas. Veja hoje se, nos países que legalizaram a comercialização, a violência de qualquer tipo aumentou. Lógico que não! O problema não é o consumo, mas a ilegalidade. Ninguém vai usar ou deixar de usar a droga por ela ser proibida. Você somente terá um consumo mais seguro com a legalidade. Tanto na qualidade do que é consumido como pela diminuição dos confrontos armados entre facções inimigas e entre "bandidos" e "mocinhos".

Ainda tem um pouco mais de Orlando. *"Mesmo que o Brasil seja resistente à legalização pela sua tradição conservadora, moralista, vai chegar um momento que não vai ter mais jeito. A própria bancada rural já viu o grande negócio que está por trás disso."* Sim, com certeza, e não exatamente por conta exclusivamente da flor da maconha, mas pela *commodity* que a maconha é. A maconha cresce rápido, o Brasil tem o clima ideal, da planta produzimos diversos produtos industriais, além do seu uso recreativo. *"Eu tenho uma irmã que é química e estava envolvida em questões do pré-sal. Ela estava pesquisando produtos anticorrosivos que funcionem nessa profundidade e viu que a semente da maconha tem potencial para isso. Existe tanto preconceito que nem estudamos todo o potencial da planta."* Ele segue falando sobre esse fracasso ser um projeto: *"O projeto de encarceramento dos pobres no Brasil passa pelo suposto combate às drogas. Dos 800 mil presos, 30% estão presos por condutas relacionadas às drogas. Ou seja, a proibição das drogas legitima no Brasil o projeto de encarceramento e de assassinato de pretos e pobres, e a gente deveria fazer esse enfrentamento, mas o problema é que a moralidade no trato da questão das drogas ainda predomina. Nossa sociedade ainda vê a droga como o mal, e não vê que o mal maior é a proibição".* Até quando?

Com tudo isso, com toda essa clareza de pensamento, como será que Orlando é visto dentro da polícia? *"Me chamam de Zaconha! E a maior curiosidade de todo mundo é saber se sou usuário, pois, na cabeça do policial, para eu defender a legalização como defendo, isso só se justificaria se eu fosse usuário. Minha mulher também trabalha na polícia, e muitos perguntam para ela se eu fumo. Para mim acabam nem tendo coragem de perguntar. É uma curiosidade. Ficam impressionados com esta minha coragem de assumir a pauta, e eu acharia ótimo que mais policiais participassem dessa questão. Não pode ser nenhuma surpresa policiais que fumem maconha. Em todas as categorias tem gente que fuma, advogados, médicos, arquitetos e também policiais",* conclui. E qual o problema nisso?

5.

Maria Lúcia Karam

*Maria Lúcia Karam, quando era juíza, não condenava usuários.
Criou jurisprudência, mudou a história. A questão dela não é a
maconha e nem nenhuma droga em especial. A questão dela
é até onde o Estado pode se meter na vida do cidadão. E
ela, inclusive, achou a ideia deste livro equivocada! É mole?*

Essas coisas e nomes que vão ficando na nossa cabeça e a gente não
entende bem o porquê. Eu me lembro deste nome, Maria Lúcia
Karam, desde que eu era bem jovem. Faz tempo. Não lembro exatamente em que contexto, só de saber que era uma juíza mais liberal e
tal. Ouvia falar. Eu devia ser adolescente começando a me ligar nos
assuntos. Talvez tenha guardado o nome por me parecer uma juíza
com nome de artista, sei lá. Para mim, ficou algo como uma
juíza liberal nos anos 1980.

Maria Lúcia Karam é, de fato, uma juíza de Direito aposenta-
da do Tribunal de Justiça do Rio de Janeiro, com uma visão bastante, digamos, crítica em relação a quanto o Estado deve intervir
na vida do cidadão. Uma juíza que pensa assim acaba sendo vista

como uma "juíza liberal". É mais uma profissional do Direito que pensa na legalização das drogas como política de segurança pública. Até antes disso, entende que a Constituição garante a liberdade individual do cidadão. Nesse caso, também para o consumo. Bom, antes de já ir entrando no assunto, Maria Lúcia Karam, a juíza liberal, acabou indo parar na vara de família, lugar longe do foco do seu interesse. Terá sido uma forma de punição à sua postura? Vai saber... O fato é que isso apressou sua aposentadoria na Justiça Civil e a levou a ser juíza auditora da Justiça Militar Federal. É autora de diversos livros, como *De crimes, penas e fantasias, Competência no processo penal, juizados especiais criminais: a concretização antecipada do poder de punir* e da coletânea *Escritos sobre a liberdade.* Durante muito tempo foi da diretoria da Law Enforcement Against Prohibition (Leap) e presidente de seu braço brasileiro. Integra ainda o Conselho Consultivo da Students for Sensible Drug Policy, é ativa no Instituto Brasileiro de Ciências Criminais (IBCCrim), no Instituto Carioca de Criminologia (ICC) e na Associação Juízes para a Democracia (AJD). Maria Lúcia Karam participa dos mais importantes fóruns mundiais sobre o assunto das drogas. Caramba, como me preparar para uma entrevista com uma pessoa com tanto saber?

Na hora marcada, surge na tela Maria Lúcia Karam. Surge o sorriso simpático de Maria Lúcia Karam. Um sorriso sempre nos conforta. Nervoso diante de uma juíza a ser entrevistada sobre esse assunto, começo lhe contando todo o percurso do livro até aqui. Poupo vocês de mais uma vez ouvirem toda a história de ser usuário, não me conformar com a hipocrisia da nossa sociedade, o gatilho que foi a matéria sobre a biografia do Nelson Motta e... tudo mais que vocês já sabem. Estamos juntos aqui nesta página. Ainda nesta introdução à conversa já deixo na mesa a provocação sobre toda a circunstancialidade da moral que existe por trás da expressão *"de cabeça de juiz, a gente nunca sabe o que vem".* O sorriso da juíza vira uma gargalhada concordante. Assim, creio, ela já entendeu o viés do papo. Para ganhar ainda mais a cumplicidade da minha entrevistada, falo do usuário que sou, desde quando sou, quanto fumo. Digo: eu fumo maconha todo dia e me vejo como um cidadão exemplar! É justo me colocar o mais verdadeiramente possível. Sigo nesta já longa introdução falando sobre quanto me incomoda o Estado insistir em me colocar na marginalidade, na conivência com um crime. Eu e todos os usuários termos que, supostamente, comprar maconha na ilegalidade e, assim, não ter garantido nenhum direito do consumidor. Compra-se maconha sem saber a procedência, a qualidade e outras garantias e informações básicas sobre o produto. Mesmo assim, ninguém deixa de fumar maconha por ela ser ilegal. Fato. E assim vou despejando para Malu – ela, simpática, me permitiu chamá-la de Malu, que é como seu nome aparece na tela – tudo o que penso e diversas facetas sobre o assunto. Esse tema me mobiliza, e então tome fala! Meus braços se mexem, meu tom de voz sobe, e segura minha empolgação, Malu! Ela escuta tudo. E escuta com atenção minha defesa de que quem fuma maconha deve falar que fuma maconha. Devemos expor com naturalidade esse hábito. Acho que assim ela já entendeu todas as pontas que formam a rede deste livro. Acreditem: Malu me escutou muito. Quando terminei minha enorme introdução, eu estava até constrangido. Ops, falei demais. Fale agora você, juíza! Como e quando foi a primeira vez que você ouviu falar em maconha?

"Primeiro, eu não gosto de falar de políticas de drogas centrando o assunto na maconha", ela começa já com esta primeira frase, e imediatamente eu, que estava a essa altura quase em pé na cadeira, me recosto. O papo é sério. *"Falar só em legalizar a maconha já é uma postura proibicionista. Você simplesmente tem essa divisão artificial entre drogas lícitas e ilícitas, e estará somente mudando a maconha de lado. Não muda nada. Só existir essa divisão já é uma violação ao princípio da isonomia. Então, querer centralizar o debate na legalização da maconha, ou de qualquer outra droga individualmente, reafirma essa mentalidade proibicionista, punitiva, e todos os seus efeitos negativos*

na sociedade continuam. *Eu nunca tratei dessa questão somente preocupada com a maconha, mas, sim, em relação a todas as drogas"*, ela fala com a maior das seguranças, sem alterar o tom de voz e mexer tanto os braços. Aprenda, Bruno! E eu querendo que ela me falasse de algum primeiro contato, uma primeira experiência como usuária ou algo assim. Como ela chegou nesse assunto? *"Cheguei a este assunto pelo meu caminho profissional. A criminalização viola princípios constitucionais. A minha primeira conclusão foi em relação ao que é mais evidente, a criminalização da posse para uso pessoal eu sempre vi como inconstitucional. O consumo para uso próprio, que não ultrapasse o ambiente privado, é evidentemente uma conduta que faz parte da individualidade, e o Estado não pode, não deve intervir. Da mesma forma que não se criminaliza a autolesão ou mesmo a tentativa de suicídio, você não pode criminalizar um mero perigo à sua própria saúde. Isso, de cara, me mobilizava. Eu sempre declarei essa inconstitucionalidade, que me parece evidente. É, inclusive, uma matéria que está parada há tempos no STF. Essa inconstitucionalidade já foi declarada por outros governos, como o da Argentina, da Colômbia etc. Foi sobre temas assim de inconstitucionalidade que eu sempre me debrucei desde que entrei na magistratura, quando fui defensora pública e juíza. Se eu pegasse processos desses já no meio eu absolvia, ou então nem aceitava a denúncia."* Assim ela começou a atuar no assunto, criando jurisprudência, e foi entendendo que a inconstitucionalidade não se resumia somente à questão da posse para uso individual. Malu, a juíza liberal, foi muito mais fundo num país que não parece ter muito interesse em discutir o assunto, muito menos em mudar a forma de atuação dos seus agentes. *"Também em relação à venda. Se um adulto quer comprar a um entendimento de um suposto ofendido, portanto, também o Estado não pode intervir"*, ela segue no seu caminho não liberal, mas constitucional. *"O mais importante é entender que a criminalização viola princípios garantidores de liberdades individuais conquistados em declarações de direitos internacionais já a partir desta divisão inicial entre drogas lícitas e ilícitas"*, deixa claro

Malu. *"Não é isonômico produtores, vendedores, consumidores de certas drogas serem tratados de forma diferente de outros de outras drogas."* Ela segue: *"Além da violação deste princípio de isonomia, além da violação ao que se chama de exigência de ofensividade da conduta proibida – o uso individual não causa danos a terceiros –, mais do que isso, fui entendendo que a proibição é absolutamente ineficaz. Essas drogas são proibidas desde o início do século XX, desde 1912, até hoje o consumo não diminuiu, e só a violência gerada por essa proibição cresceu. Passado um século, o objetivo desta política de eliminar todas as drogas, vê-se que hoje existem ainda mais drogas. Nem reduzir, reduziu. Essa política de guerra não deu em nada, muito pelo contrário"*, muito pelo contrário mesmo! Malu ilustra o que fala com diversos dados de órgãos internacionais. Diz que, segundo o mais novo relatório da Commission on Narcotic Drugs, da Organização das Nações Unidas (ONU), apresentado em 2021, estima-se que quase 270 milhões de pessoas entre 15 e 65 anos consumiram alguma droga ilícita, o que seria um aumento de mais de 20% em relação ao último relatório. Alguém aqui questiona que o consumo de drogas só cresce? Não só o consumo como o surgimento de novas drogas sintéticas. A humanidade usa drogas, e todas as políticas para criminalizar esse hábito de consumo são um fracasso. São mesmo um fracasso ou na verdade defendem outros interesses?

Malu, a juíza Maria Lúcia Karam, é extremamente bem informada no assunto, e quando você tem informação, evidentemente, sua forma de pensar é mais abrangente e, ao mesmo tempo, certeira. Depois de explicitar a inconstitucionalidade da proibição, ela vai ainda mais fundo para mostrar que o fracasso dessas supostas políticas de segurança pública é uma outra inconstitucionalidade em si. Ela explica: *"A atuação, qualquer intervenção do Estado nos direitos individuais só pode se dar se esta intervenção se mostrar adequada para atingir aquele objetivo que fundamenta a intervenção. Mais do que isto, esta política provoca danos ainda muito mais graves que os provocados pelas próprias drogas. A começar pela violência. Não tem* ninguém armado para combater plantações de uva, por exemplo", e são tantos exemplos da nossa hipocrisia. Proibir, criminalizar, fazer guerra às drogas é ilegal! *"Este pretexto de proteção à saúde torna a questão ainda mais profunda, dado que não existe nenhum controle de qualidade."* Ela segue detonando a política a que somos todos submetidos no Brasil. Temos então pleno amparo na lei, na Constituição, para combater a criminalização do uso de drogas.

Ela vai falando tudo isso, e vou pensando na estrada que temos até chegar ao que diz a lei no Brasil. Nossas leis sempre tão circunstanciais, mesmo quando não o são. A verdade é que, mais que as leis, circunstanciais somos nós, nossa sociedade, que não só justifica, mas também aceita e afirma que uma invasão como a recente, ocorrida no Jacarezinho, é uma "faxina" na bandidagem. Nossa sociedade aceita a morte de 28 pessoas em nome de um suposto combate ao tráfico, mesmo que todas essas mortes não tenham modificado em absolutamente nada o tráfico lá do Jacarezinho mesmo. Por que somos assim? *"Existe uma certa inércia na sociedade que alimenta esta fantasia de que o sistema penal pode resolver os problemas. Se é crime, está tranquilo, porque o sistema penal vai resolver o problema, e assim ninguém nem questiona a eficácia."* Eu não consigo ficar quieto, passivo, e com todos os meus braços em movimento questiono: como assim não percebem a ineficácia? Nesse caminho, uso a questão de ser burrice, mesmo para uma política proibitiva, combater no varejo, e não no atacado. Só de usar a palavra combater, quem já se manifesta é ela: *"Não se deve combater"*. Mais uma vez ela fala com toda a calma, e com toda a calma fala o óbvio: *"O sistema penal não foi feito para punir ricos e nem exatamente recuperar ninguém. Veja que agora mesmo, recentemente, o HSBC admitiu que movimentava dinheiro do tráfico e ninguém foi preso por isso. Estabeleceu-se uma multa ridícula, e esse dinheirão todo segue se movimentando pelo sistema financeiro do mundo. A política de guerra às drogas é mais que evidente que não é para pegar essas pessoas"*, é óbvio. Ela volta ao início do parágrafo: *"Além da inércia, é um instrumento de poder muito forte isto de criar uma imagem do inimigo, do traficante, o favelado. Por isso se matam 28 pessoas e ninguém acha nada tão grave assim. Eram traficantes, então podem ser mortos. Mesmo familiares dessas vítimas dizem que elas eram trabalhadoras, e não traficantes, e assim, mais uma vez, acabam justificando que traficante pode, e deve, morrer"*. Ela deixa evidente mais esse preconceito estrutural da nossa sociedade. Mais de 30% da população carcerária é oriunda do tráfico, e não me parece muito arriscado afirmar que a enorme maioria é de pretos. É uma política de segregação racial sem ter esse nome. Certamente é bem melhor chamar de política de segurança pública do que de eugenia, e isso vai muito além da guerra entre bandidos e mocinhos. É estrutural. É estrutural essa separação entre traficantes e consumidores. Essas divisões todas entre lícitas e ilícitas são justificativas para se matar pretos e pobres. É o que estou entendendo dessa conversa com a juíza.

Falar em mortes mal justificadas é um assunto bem pesado e nos leva a uma pequena pausa. Tempo suficiente para agora ela me provocar e dizer que encontrou em mim também esse preconceito estrutural. Estávamos falando sobre pessoas que plantam e assim falam com orgulho que não financiam o tráfico. Quem planta fala isso com muito orgulho! Na verdade, muitos começam a plantar justamente por isso. Para nossa juíza liberal, isso também reforça o preconceito e a política proibicionista. *"Qual o problema de pagar ao traficante? Quem bebe não paga ao dono da Ambev? Qual a diferença?"* Caramba, uma juíza falando isso? Eu tento justificar que, quando compramos uma cerveja e financiamos o dono da Ambev, nós temos direitos de consumidor, mas quando compramos drogas ilícitas, não temos a quem recorrer. *"Sim, então, o problema segue não estando em quem compra ou quem vende a droga, mas na criminalização. Quem vende droga não paga imposto, não se submete a políticas de direitos do consumidor, porque o Estado não quer. O Estado cria essa situação, o Estado permite essa realidade e é isso que deve ser mudado. A pessoa que planta não está modificando nada nessa estrutura."*

Como discordar? A verdade é que, sim, a juíza Maria Lúcia Karam encontra na lei, na Constituição, argumentos para ser muito mais liberal que eu! Eu aqui falando em plantar, pensando no carma social pessoal, e ela sempre pensando pelo viés da coisa pública. Acho isso bonito! Uma juíza!

Se estamos falando de plantação, estamos falando de planta, e este livro, mais do que das drogas como um todo, fala de maconha. Maconha é uma planta. Em sendo uma planta cujo consumo recreativo não depende de nenhum processo químico, laboratorial, não seria um erro chamá-la de droga? É uma planta assim como a alface, não? *"Não. Maconha é uma droga. Tem propriedades psicoativas"*, determina ela. Não, eu que sigo na provocação. O maracujá me acalma, eu bebo suco de maracujá e isso modifica meu estado. O maracujá então é uma droga? Eu vou mais fundo, e nem sei se deveria, já que o exemplo do maracujá é, digamos, bem doméstico. A folha de coca é uma folha de uma planta que passa por um processo químico para virar cocaína, enquanto a maconha não. É germinar, plantar, colher, secar e acender. Não tem química. Maconha, ainda assim, deve ser chamada de droga? Não me parece. Ao não me parecer, identifico aí mais um grande ponto de preconceito, o termo "droga". Se maconha tivesse sempre sido chamada somente de planta, arrisco-me a dizer que não teria sofrido tanto preconceito e nem estaria no foco do debate da Malu. A questão dela é a criminalização da venda e do consumo de drogas, na medida em que isso viola direitos individuais. Maconha poderia ser vendida na feira! Malu fica desconcertada com minha forma de argumentar. Por um lado, até parece aceitar meus argumentos, mas de fato isso não modifica em nada a questão constitucional para ela, e eu entendo. Entendo e admiro. Mostro para ela um "camarão" da planta, ela fica pensativa... Maconha é igual maracujá. Cocaína, heroína, morfina, drogas sintéticas, são bem diferentes de maconha. Para Malu, o que importa é o que dizem as leis sobre drogas no mundo. Que ótimo termos juízas como Malu. São juízas que deixam claro que se eu, branco, "bem apessoado", for pego com maconha, vou ser visto como consumidor, mas se um negro, de bermuda e chinelo, mesmo que traga no bolso seu salário de trabalhador em dinheiro e diga ser trabalhador, for pego com a mesma mutuca que eu, provavelmente será enquadrado como traficante. A circunstancialidade não está na lei, mas em quem a exerce. E não só em quem a exerce, está em todos nós.

Conversar com uma juíza como a Maria Lúcia Karam, mais uma vez, me coloca em choque com nossa hipocrisia. A lei é uma só, mas como pode ser tão diferente para cada um de nós? Não é de hoje que pensamos e temos certeza disso, mas ouvir isso na voz de uma juíza me soa diferente. E para você? Fico querendo saber como ela era vista dentro da magistratura. Não sofria preconceitos? Terá sido esse um dos motivos de sua aposentadoria? O que acontece num país como o nosso com uma juíza como ela? *"Preconceito eu não diria, mas quando eu fui promovida a juíza titular, eu fui para a vara de família, pois disseram que para a vara criminal eu não iria de jeito nenhum. Eu não queria ficar em família e fui fazer, eu já queria ter feito, concurso para a justiça militar, onde também fui juíza."* Mas isso em função da sua postura? *"É, sim, eu era vista como uma juíza muito liberal para a vara criminal, não só em matéria de drogas, mas eu sempre fui crítica do sistema penal em geral. Mas, ó, de fato, a minha aposentadoria foi por tempo mesmo. Comecei cedo."*

E como uma pessoa que começou cedo neste debate, neste assunto, como será que ela enxerga o momento atual? Será que avançamos em algo? *"Avançamos no debate, mas não na prática. O Brasil, mais uma vez, vai ficando lá pra trás. No mundo, os avanços são enormes, e no caso mesmo da maconha são vários que legalizam e várias formas de legalização."* Eu, tentando corroborar, falo do uso medicinal, e isso vira uma vírgula para Malu. *"O uso medicinal, na verdade, não precisava nem de legislação, pois as convenções internacionais proíbem a produção, o comércio e o consumo destas substâncias, exceto para usos científicos. Assim, para fins medicinais é absurda esta discussão"*, exclama a juíza liberal! *"Não basta a legalização da maconha, pois, ó, isto mantém a violação de direitos individuais, mas é um passo importante. Vale ressaltar que, por exemplo, todos esses estados americanos que legalizaram o uso recreativo em nenhum aumentou a taxa de consumo, de violência, nem nada. Legalizaram e não aconteceu nada. A vida continua normalmente. A diferença é a arrecadação que passa a ir para o Estado."* Eu complemento dizendo que o Estado passa a ganhar ao invés de gastar. E como não enxergar isto? *"Acho muito interessante que nos Estados Unidos, em quase todos os estados, a legalização vem por referendo, vem pela própria visão da sociedade que quer legalizar."* É certo que em termos mundiais avançamos muito, assim como é certo que no Brasil avançamos muito pouco. Por quê? *"Eu não sei, eu não sei. A desgraça que a gente nasceu no lugar errado. Eu não sei"*, ela fala isso dando gargalhadas. É, definitivamente, sob os olhos da lei e do mundo, o Brasil é uma piada.

Parecia que o papo acabaria na gargalhada, mas ainda falamos um pouco sobre a força do agronegócio. A maconha cada vez mais é uma *commodity* valiosa, e o Brasil pode ser um grande, o maior produtor mundial. Malu concorda, mas esse não é o foco dela. Mais uma vez ela lembra que nada disso valerá se não modificar a política de criminalização de qualquer droga. Mais uma vez, que bom ver uma juíza preocupada com o todo. *"Fomos a última sociedade a abolir a escravidão, somos uma sociedade que não se sensibiliza com 60 mil homicídios por ano, uma sociedade profundamente discriminatória e violenta, e mesmo quem não é assim não percebe que o problema está na criminalização. Dizem que criminalizam para proteger a saúde. Então se mata para proteger a saúde?"* Esta é uma das perguntas que não querem calar: mata-se em nome da saúde? Ela dá mais uma gargalhada, percebendo essa realidade brasileira. Gargalhamos juntos. Uma gargalhada amarela. Obrigado, meritíssima Maria Lúcia Karam! A Malu é uma simpatia!

6.

Marcos Kac

O promotor de Justiça Marcos Kac diz que a Justiça é inerte. Ela deve ser provocada para agir. Ok. No entanto, a sociedade está em constante movimento. Uma equação complicada, esta. Será que as leis atendem à sociedade que somos? Como promover leis que não mais nos representam? Bora provocar?

"A Justiça é inerte. Ela aplica a lei feita pelo Congresso. Lógico que paradigmas judiciários poderiam acelerar isso, e às vezes acontece, mas a princípio a lei é inerte e deve ser aplicada." Quando estava no papo com o promotor de Justiça Marcos Kac e ele falou essa frase, algo parou dentro de mim. Ele seguiu falando, mas parecia que eu estava num vácuo, numa câmara de eco, deu uma sensação parecida com aquela que temos quando sonhamos que estamos caindo. Vou tentar explicar melhor essa minha sensação.

Entendo que Justiça, para agir, deva ser provocada. Entendo que a Justiça, que nossas leis, sejam uma representação da nossa sociedade, e não há representação mais democrática da nossa sociedade do que o Congresso. Antes das leis, é o Congresso que representa a sociedade civil. Assim, obviamente, se temos o Congresso que temos e ele faz as leis que nos guiam, é ele, querendo ou não, que nos representa. Se nossas leis são circunstanciais, é porque faz parte da nossa estrutura enquanto sociedade a infindável capacidade que temos de "dar um jeitinho". Infelizmente, mais do que tudo, o que nosso Congresso representa é a capacidade das nossas elites em sempre deixar brechas para nunca serem pegas por ela, a lei. É para isso que ele atua. A lei não é igual para todos, e se ela é inerte, é porque assim age. Nossa lei muitas vezes parece não ser inerte, mas, sim, se fingir de morta, pois assim age em função dos interesses dos que a dominam. Vou pensando sobre isto, sobre a circunstancialidade das nossas leis, e seria fácil desviar o assunto do livro para seguir questionando nosso Jurídico e nossas leis. Melhor não desviar tanto do tema que nos traz aqui. E o Marcos não tem nada com isto.

Marcos Kac, antes de ser promotor de Justiça do Ministério Público do estado do Rio de Janeiro, antes de atuar em casos emblemáticos, como o caso Henry, o da Máfia dos ingressos da Fifa, o do MC Kevin ou do ex-PM e vereador cassado Gabriel Monteiro, é meu amigo de infância. Estudamos juntos no colégio. Era um amigo bem próximo! Daqueles que chegava mais cedo na escola para jogar bola comigo antes da aula, companheiro alvinegro de arquibancada do Maracanã, parceiro em diversas aventuras e momentos na época em que estávamos conhecendo o mundo, a vida, as coisas e as pessoas. Um amigo querido, desses com quem vamos perdendo contato. Quando voltei a saber dele, Marcos, que nem era tão bom aluno assim, como eu, já era um advogado de renome da área criminal e em seguida virou promotor de Justiça. Tenho muito orgulho desse amigo que se dedicou para ter sua carreira e ascensão profissional. Um craque! Marcos "Craque" era seu apelido. A habilidade com a bola era mediana, mas sua raça e disposição para buscar o gol eram seu diferencial. Imagino que seja assim até hoje.

O assunto deste livro e os papos que fui tendo com todos até aqui me levaram a pensar no Marcos; ter uma conversa com um promotor de Justiça que está na ponta do trato jurídico sobre nosso tema. Numa roda como esta que o livro propõe, é um caminho natural embasar mais a discussão em seus aspectos jurídicos. Essa foi a intenção quando liguei para o velho amigo, que agora está na tela, pronto para mais um papo desses.

Assim como fiz com todos, começo a conversa explicando a motivação que tive para este livro e o caminho percorrido até chegar aqui. Vou falando sobre as pessoas que já conversaram comigo, e ele, compenetrado, vai ouvido tudo. *"Maria Lúcia é uma das pioneiras lá dos anos 80 que adota a tese da autolesão, e por isso foi escanteada da Justiça estadual. Estive com ela em alguns momentos, demos algumas palestras juntos. Existia, assim como ela, um pessoal que já tinha caminhado mais nesse assunto, e o Tribunal, muito retrógado, fechado, não aceitava esse debate. Tinha a Lei 6.368, que vigorou até 2006, e depois a 11.343, que é a que vale hoje"*, ele comenta sobre a juíza Maria Lúcia Karam, já querendo entrar no assunto das leis em vigor. Ainda acho cedo para cairmos no aspecto jurídico do tema e quero provocá-lo ainda mais com as indagações que tenho. Começo explicando minha contrariedade com o termo "recreativo", que, para mim, já carrega preconceitos por remeter ao "maconheiro vagabundo". Sigo falando sobre o fato de a maconha ser somente uma planta com diversas utilidades. Tem a medicinal, tem os seus diversos usos industriais e tem também o seu uso social, que, de fato, me parece um termo bem melhor que recreativo ou uso adulto. São tantos esses usos que incluem até o uso para trabalhar! Tem tantos jovens que fumam! É somente uma planta, uma planta criminalizada. Seguindo ainda nas provocações, faço a comparação com o maracujá, já que muita gente bebe o suco ou toma remédios feitos à base dessa fruta para se acalmar. Por esse viés, o maracujá tem suas propriedades medicinais, mas muita gente bebe seu suco somente para se refrescar após uma boa partida de futebol recreativa, por exemplo. Muita gente também fuma maconha para se acalmar, muitos fumam para dormir, para aplacar a ansiedade. Assim, não seriam todos os usos da maconha medicinais? Vejo que ele não está se aguentando e quer falar. Vai fazendo pequenas considerações. *"O uso medicinal é superbem justificado, mas a maconha também dá barato."* Sinto-me provocado! Sim, maconha dá barato! Açúcar também! Óbvio que de formas e com intensidades diferentes, mas é fato que o consumo de açúcar causa muito mais danos à saúde das pessoas do que o uso da maconha. Qual é o mal que o usuário de maconha causa à sociedade por fumar o seu cigarrinho? Ele faz sinal de concordância. *"A despesa médica do Estado com maconha é irrisória"*, complementa. É ele falar isso e, imediatamente, faço o contraponto, questionando o quanto se gasta com o suposto combate ao tráfico. Gasta-se muito mais dinheiro com esse suposto combate. Vai muito mais dinheiro para esse tipo de política de segurança pública do que com a saúde dos usuários, e aí nem falo só de maconha, não! O Estado gasta muito mais dinheiro para combater o tráfico do que para cuidar de dependentes de drogas. Que distorção é essa? A quem o tráfico interessa? Nosso Estado segue, há anos, promovendo e fazendo incursões bélicas em favelas, e, assim, matando pretos e pobres, sem com isto diminuir em nada a venda de nenhum papelote de cocaína ou mutuca de maconha. Penso em tudo que o Zaccone já nos disse aqui. Minhas provocações chegam aonde eu queria levar o papo. Falo tudo isso com a minha veemência, e me parece que o meu amigo promotor de Justiça fica meio acuado com toda minha verborragia. Ele, que fuma cigarro, dá uma tragada e fala: *"São dois enfoques: a macrocriminalidade, localizada onde estão os atravessadores, os vendedores, que hoje em dia estão nos morros e comunidades do Rio de Janeiro, e tem também todas as organizações criminosas que dominam tudo. Tudo seguindo uma hierarquia organizacional. Tem Fernandinho Beira-Mar, o Marcola, o Tuchinha, Marcinho VP, Aldair da Mangueira, Nem, e outros que são grandes e vendem no atacado, e vão ter mais* milhares e milhares de pessoas engajadas nas mais diferentes funções do varejo. Muitos desses grandes capos estão presos", ele justifica. Mas e os grandes *capos* que estão no Congresso, em diversas prefeituras, que são grandes empresários, que estão ainda acima dos Marcolas? Ele entende bem aonde quero chegar. Sou ainda um pouco mais provocador quando digo que Marcola e Beira-Mar só devem estar presos por terem invadido uma área do negócio que, a princípio, não deveriam ocupar. Os grandes importadores de drogas, os grandes atacadistas, são bem mais poderosos que esses bandidos encarcerados. Não só os grandes não vão presos como, para piorar, fazem nossas leis no Congressos ou estão em grandes funções no Executivo desse Brasil sem fim em suas mais de 5 mil prefeituras, especialmente nas cidades de fronteiras. Ele entende bem o que estou falando e também se indigna. *"O megatraficante preso com uma tonelada é o que ganha* habeas corpus *do ministro do Supremo. Tem vários assim. Tem casos em que o cara foi prefeito, vereador e, mesmo solto por um* habeas corpus, *o cara é preso novamente. É perseguido por caças da Força Aérea, faz um pouso de emergência, e a Polícia Federal o prende no chão. No avião tinha 450 quilos de pó. No ato o mesmo ministro do Supremo manda soltar o cara novamente"*, ele fala com uma legítima revolta e segue: *"Eu acho que o Supremo, o STJ, têm dado decisões muito ruins em termos penais de uns dez anos pra cá. É realmente complicado você pegar o pretinho ali com alguns gramas de pó e soltar o megatraficante com toneladas"*. É complicado do ponto de vista moral, mas quem disse que nossa elite se preocupa com moral? Eu sigo falando, provocando, que prender um pretinho no morro, matar sei lá quantos pretinhos, é fácil, e, assim, a lei, a polícia, o político vão dando sua justificativa para uma classe média sanguinária, hipócrita ou, no mínimo, muito mal-informada. Esse tipo de ação bélica chamada de Política de Segurança Pública justifica sempre um aumento de verbas para a compra de mais armas, blindados etc. Quem ganha com isso? Se a polícia compra mais armas, se o Estado diz que os bandidos estão cada vez mais armados, a quem isso interessa? Quem vende as armas para o tráfico? Quem importa tanto armamento? Vou ainda adiante e falo do grande número de encarcerados, e lembro que, mesmo encarcerados, isso em nada diminuiu o comércio. A quem interessa tantos encarcerados? Quem vende as quentinhas para nossos presídios? E quando se fala em privatizar o sistema carcerário, a quem interessaria isso? Certamente ele nem precisa responder a essas tantas indagações. São só provocações para aprofundarmos o papo. Todos nós sabemos as respostas. Entendo que, para meu amigo Marcos, promotor de Justiça competente, todas as respostas devem ser dadas pelas leis, e, se assim não tem sido, ele me aponta caminhos para esse fracasso. *"Quando o Supremo tinha credibilidade... Independente de Bolsonaro ou Lula... Quando o Supremo começa a cercear jornalistas, calar congressistas... Se o cara quer falar mal da urna, deixa falar. Qual o problema de a pessoa falar o que quer? Já existem mecanismos legais para que o mal não prospere. Por essas e outras o Supremo hoje está ridicularizado, perdeu credibilidade. Há uns dez anos, estava criando precedentes judiciários a uma série de assuntos que assim passavam a ter efeito vinculante em demais tribunais, e todos tinham que acatar o que o Supremo decidisse. Assim avançamos na questão do aborto e até mesmo sobre a legalização das drogas, que foi pautada e a votação iniciada. Mas o Supremo foi perdendo a mão e se desviando dessas suas funções legítimas, e começou a andar para um lado mais político que o faz perder credibilidade perante à população, ao meio jurídico, e começa até a ser ridicularizado. Se criasse um precedente em relação à maconha, esse assunto já teria avançado muito mais."* Ele prossegue nesta toada: *"Veja o caso dos bebês anencéfalos... Foi um dos motivos pioneiros para a concessão de autorização para aborto. Ali, naquele momento, a gente avançou mesmo nessa sociedade tão católica. Avançamos em não submeter a grávida ao constrangimento de carregar por nove meses uma criança que não sobreviveria. No jogo, o pôquer avançou e já tem até campeonatos voltando a acontecer. O Campeonato Brasileiro de Pôquer. Eu estive lá".* Ele vai trazendo temas tão ou mais polêmicos que o consumo da maconha nos quais nosso Jurídico avançou. *"A maconha é tipo o jogo do bicho, o jogo em geral. Veja que o Estado mesmo é promotor de muitos jogos, como loteria, megassenas etc. O Estado sempre praticou o jogo, assim como os bicheiros sempre existiram com o jogo do bicho e as máquinas de videopôquer e caça-níquel. Estão bilionários. Muita gente joga diariamente, semanalmente. Você tem cassinos clandestinos! Cassinos maravilhosos! Na prática, a sociedade joga, e o Estado deixa de arrecadar milhões. Isso poderia gerar empregos, fomentar o turismo... Olhe quantos brasileiros vão para os Estados Unidos, para Punta del Este, Bahamas, Caribe, Chile para jogar. Até na Argentina, que não pode ter cassino em terra, fizeram em navios. Toda América Latina tem cassino! Olhe aí também quanto o Estado deixa de arrecadar, mesmo sabendo que isto, o jogo, é uma prática corriqueira na sociedade. Com a maconha não é muito diferente"*, ele prossegue. Se é assim, qual o caminho jurídico para a legalização? *"É simples. Basta o Congresso revogar o artigo 28 da Lei 11.343 de 2006"*; ele traz a lei e o caminho para a roda. A tão falada Lei 11.343 de 2006. Chegamos a ela.

Embasado em todos os papos e pesquisas que venho fazendo até aqui, mostro meus superficiais conhecimentos jurídicos sobre essa lei. Se minha função nesses papos é provocar o assunto, caio pra dentro, falando e questionando sobre os artigos 28, 33 e 35 da lei. Falo sobre as brechas, as circunstancialidades que ela permite. As dúvidas que a lei, propositalmente, deixa. Ele, promotor de Justiça, melhor do que ninguém pode explicar: *"As pessoas ficam num limbo entre entender se houve a descriminalização, a despenalização, ou se ficamos na mesma. Eu costumo dizer que não houve a descriminalização, pois ela ainda está apontada numa lei penal extravagante, tipificada na lei como um crime, isso no artigo 28. Em termos técnicos ainda é crime. Só que entre a descriminalização e a inexistência do ilícito penal há uma figura intermediária que podemos chamar de despenalização. Assim, você tem a lei penal, que prevê como crime, mas ela não tem uma pena propriamente dita. Tem uma pena de admoestação verbal que eu considero uma grande bobagem. O seu pai, se te pegasse fumando na adolescência e te desse uma bronca, é uma coisa, mas você, com 50 anos na cara, levar bronca do juiz é uma bobagem. Uma grande bobagem fazer um juiz dar bronquinha ou mesmo uma pena alternativa para quem é usuário de maconha"*, ele explica, define, sintetiza. Ainda questionando a lei, provoco dizendo que tudo bem ninguém mais ser preso pelo artigo 28, mas que ainda assim pode ser preso como tráfico mesmo que tenha em posse a mesma quantidade de um usuário. A diferença entre ser enquadrado no 28 ou no 33 pode ser somente a cor da pele ou a localização geográfica em que o cidadão foi pego. Provoco dizendo que quase ninguém é enquadrado no 35, que é lavagem de dinheiro, associação criminosa, o artigo que poderia pegar os grandes atacadistas. Marcos me traz uma outra visão, uma experiência da prática. *"Tem muita gente presa pelo 35. Hoje tem até mais denúncias no 35 do que no 33, por uma série de razões. No tráfico organizado na comunidade dificilmente você pega o flagrante de grandes quantidades, mas você apreende material de contabilidade, embalagens, e assim acabam presos pelo 35"*, ele explica, e me parece claro que, mais uma vez, mesmo que no 35, o Estado, a polícia, continua pegando o varejista, e não o grande importador atacadista de drogas. Ele, professor que também é, segue em um ótimo tom professoral, com bastante didática, explicando as aplicações da lei: *"A lei já trouxe um parágrafo no artigo 33, parágrafo 40, que diz ainda que as penas poderão ser reduzidas entre um sexto a dois terços, contanto que o indivíduo tenha bons antecedentes e não integre organizações criminosas"*. Já falamos sobre isto, mas ele caminha para uma conclusão: *"O Brasil precisa ser estudado. Por um lado, a nova lei (já nem tão nova assim, já que é de 2006) coloca penas maiores para o traficante do que a antiga, mas, ao mesmo tempo, ela permite que o juiz as reduza em até dois terços. Isso para qualquer substância ilícita. Na prática, a pena para o traficante de primeira viagem fica em 1 ano e 4 meses, o que significa que ela vai acabar virando prestação de serviços comunitários. O traficante de primeira viagem acaba não indo preso"*.

Assim, entendemos os caminhos para que alguém ainda possa ser preso por drogas. Ele vai além: *"Tem muitos juízes garantistas, que são os mais pró-acusados, que têm dado essa medida mais branda para casos que não seriam exatamente este. Outro dia teve um caso de um cara com 200 gramas de cocaína na Vila Kennedy. Poxa, na Vila Kennedy com 200 gramas, só estando envolvido com o tráfico, com associação criminosa".* Ele segue trazendo outros exemplos de drogas diferentes da maconha. *"A lei entende como droga qualquer substância proibida pela Anvisa. E não só. Tem um grande tráfico de remédios legais, mas que têm uso controlado, por exemplo. Teve um caso desses de uma única farmácia que vendeu 80% de um medicamento que era para consumo restrito, um medicamento pesado. Foram denunciados e pegos. Como pode uma única farmácia vender 80% desse medicamento no mercado? Certamente se trata de tráfico."* Mas e a maconha e o usuário de maconha com isso? É a pergunta que fica. *"Para descriminalizar o uso é muito simples, muito fácil. Basta o Congresso revogar o artigo 28. Só isso. Tá descriminalizado o uso. Agora, como você vai desassociar o uso da aquisição? Permitir o uso e não a venda?",* agora é ele quem questiona. Falamos então de vários exemplos pelo mundo de países que já regulamentaram esse comércio. Atenho-me a explicar o que aprendi do exemplo uruguaio, que permite que o cidadão plante na sua casa, ou, se preferir, que se associe a um clube de consumo, ou então que se compre nas farmácias. Ele escuta atentamente e brada: *"Tem que deixar plantar!".* Concordo. Ele reflete mais um pouco e segue: *"Mas as pessoas são acomodadas e vão preferir comprar do que plantar. É só então regulamentar como o usuário poderá comprar. Nas farmácias, por exemplo. Não é difícil. O Brasil deve ser o país que mais farmácias tem no mundo! Bota pra vender na farmácia e acabou o problema! O Estado arrecada, o usuário consome",* ele finaliza. Simples assim.

Ele finaliza, e nosso papo está chegando ao fim. Ainda assim, não me sai da cabeça que a "Justiça é inerte". Aproximadamente 20 milhões de brasileiros fumam maconha e são todos fora da lei.

Até quando? Até quando o Brasil vai ficar tão distante do que vem acontecendo no mundo? O primeiro país a proibir será mesmo o último a descriminalizar? Provavelmente sim. A proibição atende a diversos e poderosos interesses. *"O preto e o pobre são 90% da mão de obra do tráfico; assim, óbvio que serão as maiores vítimas do combate do Estado. Se formos entrar por aí, que voltemos à escravidão e à forma como foram libertos."* É bem por aí mesmo. *"A vida do preto pobre vale muito menos que as nossas, brancos privilegiados. A lei existe para deixar isto claro, por mais escuro que isso seja"*, ele considera. É preto no branco! Literalmente. Sociologicamente. Antes de nos despedirmos, ainda constatamos que ninguém comete crimes por estar sob efeito de maconha – ou então esse número é desprezível. Ninguém faz merda, ninguém causa danos ao Estado, por fumar maconha. *"Veja o cara que só bate na mulher quando bebe, mas ele bebe toda semana! Esse cara precisa ser preso. Eu nunca peguei um caso desses por uso de maconha!"* Assim é o usuário de maconha. Ele não faz mal a ninguém. No máximo causará algum dano a si mesmo. Cabe ao Estado se intrometer nisso? A mim me parece que não.

7.

Eduardo Faveret

Quando o Dr. Faveret, neuropediatra, formou-se e fez seu juramento, ele não imaginava que por tê-lo feito um dia colocaria o seu CRM em risco. Ele é o cara que receitou canabidiol quando ainda era proibido. Receitou porque estudou e sabia o que estava fazendo. Sentiu-se um "supermédico" quando viu os resultados nos seus pacientes! Um super-herói! Viva!

Nesta pandemia, isolado aqui na minha casa na serra do Rio de Janeiro com minha família, tenho fumado muito. Fumado e trabalhado. Além deste livro, estou envolvido com vários trabalhos de redação, criação, e a maconha me ajuda bastante. Se o Nelson já tá nessa há 55 anos, eu, como seu discípulo, chegarei lá! A maconha me ajuda não só pelos efeitos que produz, mas gosto do tempo que dedico ao ritual todo de ficar desberlotando, com calma, colocar na seda – sim, sou *roots*! –, ficar com o beque na mão enquanto vou refletindo sobre questões práticas de trabalho e sobre o mundo, a vida, o tempo e tudo isso sobre o que precisamos refletir para termos algo melhor quando tudo isso passar. A pandemia

86 BASEADO EM PAPOS REAIS - MACONHA

e a maconha têm me feito refletir ainda mais. A cabeça não para. E assim, refletindo sobre este livro, vendo quem já entrevistei e para onde as conversas vão me levando, vejo-me com a necessidade de agora trazer para a roda a voz da ciência. Já ouvimos um usuário, já ouvimos um delegado, um militante da vida pública, uma juíza, um historiador, um promotor de Justiça, e agora sinto a necessidade de escutar um médico, um cientista, alguém que use a maconha como receita medicinal, que nos conte como médicos e pacientes vêm reagindo a essa nova possibilidade de tratamento. Se no fundo, no fundo, o que está sendo discutido aqui é o preconceito, a hipocrisia, o moralismo, vamos então agora ver como tudo isso se manifesta no ambiente médico, científico, no consultório do doutor.

Ele é neurologista pediatra, formado pela Universidade Federal do Rio de Janeiro (UFRJ), com especialização em epilepsia pela Universidade de Bonn, Alemanha – um dos maiores centros de referência no tratamento de epilepsia no mundo; é criador da Liga Brasileira de Epilepsia, trouxe a Associação Brasileira de Epilepsia para o Rio, é diretor da Associação de Apoio à Pesquisa a Pacientes de Cannabis Medicinal e médico e pesquisador do Centro de Epilepsia do Instituto Estadual do Cérebro Paulo Niemeyer, além de médico e consultor de algumas associações de pacientes e pesquisadores do tema. Estou falando do médico Eduardo Faveret. Desde as primeiras coisas que li algo sobre maconha medicinal no Brasil, lá vinha o nome do Faveret junto. É um profundo pesquisador e militante do assunto. Não à toa, quando reparo melhor no vídeo desta entrevista, ele está vestindo uma camiseta que diz: "*Cannabis* – Planta medicinal". Na trajetória pela legalização e uso medicinal da *Cannabis* no Brasil, Faveret esteve presente em algumas situações bem emblemáticas, como o caso da advogada e mãe Margarete Brito. Hoje ela é presidente da Associação de Apoio à Pesquisa e Pacientes de Cannabis Medicinal (Apepi), que ensina famílias a cultivar a maconha, faz a ponte entre médicos e pacientes e tem parceria com a Fiocruz em eventos e pesquisas sobre o tema. Margarete entrou nessa causa por ser mãe da Sofia, criança que tem uma síndrome rara e foi a primeira paciente do país a obter o aval da Justiça para cultivar em casa e, assim, extrair o remédio para aliviar as convulsões de sua filha. Muito antes disso, em 2013, Faveret já era uma referência no estudo e tratamento para epilepsia, quando ela o procurou perguntando se ele teria coragem de receitar canabidiol para sua filha. Faveret, que já estudava o assunto desde sua passagem pela Alemanha, pediu-lhe tempo para estudar um pouco mais – *"o óleo de canabidiol estava surgindo no mundo"* –, até que, sim, prescreveu para Sofia, pela primeira vez no Brasil, o óleo de canabidiol para uso medicinal. Certamente, um marco! *"Depois veio o caso da Anny Fischer, em Brasília, que inclusive recebeu as seringas da Margarete, já que com a Sofia o tratamento não deu tão certo e ela mudou de óleo"*, conta o doutor, sem esconder os riscos que correu pela sua ousadia e conhecimento. E, assim, uma história foi inspirando outras, as pessoas se juntando, até surgir a Apepi. Cabe ressaltar muito o trabalho da Apepi, que fornece o óleo também para diversas famílias sem condições de arcar com os altos custos do tratamento. Margarete, advogada, é uma pessoa ousada, corajosa, que há anos vem pregando, e promovendo, o que chama de "desobediência civil pacífica", indo à Justiça para se autodelatar neste "crime" e assim ressaltar quanto a hipocrisia, a moralidade, o preconceito atrapalham a vida de tantas famílias e deixam milhares de pessoas sofrerem desnecessariamente. Margarete é gente que faz! Recentemente, no dia 15 de julho de 2020, a Apepi recebeu autorização judicial para cultivar a *Cannabis* e assim poder atender ainda mais famílias, além das sessenta que atende atualmente dentre os seus mais de seiscentos associados. Hoje, enquanto escrevo, ao tentar entrar no site deles, deparo com um aviso dizendo que não podem atender a mais pessoas, considerando que na última abertura de inscrições receberam mais de trezentas. Por que estou falando tudo isso? Porque me dá esperança ver que cada vez mais a ciência, a busca pelo bem-estar de pessoas que precisam do cultivo dessa planta, está pragmaticamente forçando a barra pela legalização. Se Margarete Brito é uma pessoa fundamental nessa causa, Eduardo Faveret, o cara deste nosso papo aqui, também é. Se a vida é mesmo feita de coragem e cautela, um salve para os corajosos!

Tenho pra mim que durante nosso papo ele desberlotou e apertou um beque. Será? Acabei não perguntando, e pela câmera não deu para ver. Não importa. Importa. Não importa. Lógico que importa! Eu devia ter perguntado! Perguntei muitas outras coisas: como é o preconceito na área médica? Pacientes deixam de usar o tratamento por preconceito? Esse papo de tentar separar o canabidiol do THC não é uma forma de afirmar o preconceito? Qual é o bem medicinal que a maconha traz? E os malefícios? Bom, imagine se fosse você tendo à frente um especialista no assunto que você esteja pesquisando. É este meu caso. Não me faltam perguntas. Vamos às respostas.

Começo nosso papo falando do porquê e dos caminhos do livro. Lá fui eu falar do Nelson Motta, que fuma maconha há 55 anos... *"Eu também li essa matéria e achei ótimo! Seria muito bom que outras pessoas falassem dessa forma"*, ele já me interrompe, demostrando empolgação para o papo que teremos. *"Seria muito bom outras pessoas falarem. Olha, eu sou médico e fumo maconha socialmente. Pra mim atrapalha um pouco meu rendimento em termos de pragmatismo e tal... A maconha, o THC, me inspira, me dá prazer..."* Esse doutor é dos meus e quer falar! Evidentemente, acho ótimo já começarmos com o médico falando da sua relação social, e pessoal, com a maconha. Segui contando o caminho do livro, que depois do Nelson veio o Gabeira, o delegado Orlando Zaccone. *"Conheço o Zaccone, um doutorado... Ele, inclusive, já foi Hare Krishna, né?"* É, o delegado Hare Krishna que é a favor da legalização da maconha é um cara conhecido. *"Ele tem essa capacidade incrível de transitar, ter uma consciência muito apurada de todas as implicações do assunto"*, complementa o médico. Falo do Gabeira e de sua contribuição. *"Gabeira foi, é, uma referência"*, sem dúvida, justamente.

BRUNO LEVINSON **89**

Por fim, conto sobre o professor Henrique Carneiro e da profundidade para a qual ele levou o assunto, até que chegamos ao médico, ao pesquisador científico, um neurocientista, alguém que receita maconha. Sim, maconha com receita! Tudo bem que se fale *Cannabis*, mas é maconha, ma-co-nha!

Estando com um médico, a primeira questão que me vem para começar a conversa é justamente sobre o choque do preconceito. Um médico que trabalha com maconha medicinal testemunha em seu consultório reações espontâneas e pessoais no trato com a dita-cuja. Lógico que para muitos pacientes isso pode não ser nenhum tabu, mas para outros pode ser sim, e é nesse momento que vemos, o médico vê, na sua frente, o preconceito acontecendo. Faveret, já te aconteceu de receitar canabidiol para um paciente e ele, por preconceito, recusar? Como pode a maconha, o "cigarrinho do diabo", trazer algo benéfico? *"Eu lembro de uma paciente evangélica, bem religiosa, com limitação de ciclo social, ensimesmada, que se vê diferente, tem pouco contato social e que encontra na igreja algo que lhe sustenta de relações e tal. Apesar de a família, o irmão que sempre a acompanha nas consultas, explicar para ela o uso, os benefícios e tal, ela era tipo 'vade retro satanás'. Com certeza o acesso à informação é fundamental, e ainda é muito forte a comunicação que vem desde a década de 60 e tal. Isso ainda incide fortemente, culturalmente. Agora, tem também muita gente que muda de opinião rapidinho na hora em que precisa. A maioria das pessoas. Quando a pessoa recebe a informação correta e, mais do que tudo, já passou por diversos outros tipos de tratamento sem ter conseguido grandes melhoras de saúde, aí, vendo os estudos e as possibilidades, ela logo se convence."* Eu escuto isso com esperança. Mais ainda por causa da história que ele me conta seguindo a conversa: *"Tinha um pastor, daqueles que falavam que maconha mata e esse tipo de coisa, aí ele tem um filho com epilepsia, com crises diárias, com repercussão enorme no dia a dia, na vida do menino, o menino entra em depressão, uma vida estagnada, numa situação bem ruim, até que ele chega até mim como um especialista em epilepsia e não em* Cannabis, *e aí, com ele o óleo do THC simplesmente zerou as crises. Melhora tudo! Ele volta a ter qualidade de vida. A última notícia que eu tive é que o pastor estava decidido a plantar".* Escutando uma história dessas, é ou não é para ter esperança? Um pastor desses vai poder levar agora para o seu rebanho de ovelhas uma outra mensagem, uma outra informação. E quem há de negar a força de comunicação de um pastor na sua igreja? Se, por um lado, o capitalismo está forçando a barra pela legalização da maconha, os resultados comprovados de sua eficácia medicinal irão ajudar pelo outro. Mas me parece tão estranha esta distinção "canabidiol é do 'bem'" e "THC é do 'mal'"! *"Uma informação a respeito da maconha passada por um pastor é mais forte que qualquer outra informação",* completa Faveret, com conhecimento de causa. E continua: *"A gente precisa debater e mostrar a eficácia nesses meios, nesses lugares. Não adianta só pregar para simpatizantes".* Sem dúvida nenhuma o preconceito de pacientes pelo Brasil é enorme, até porque somos todos pacientes, mas é ali na frente do médico que a ilustração, o momento, o embate do cientificamente comprovado com a moralidade obtusa acontece.

Falemos então dos médicos. Existem médicos preconceituosos? Pode parecer quase ingenuidade minha perguntar algo assim quando deparamos com tanto negacionismo científico, mas da parte de médicos? Médicos podem ser preconceituosos com tratamentos comprovadamente eficientes? Sim, podem. Não deveriam existir, mas existem. *"Tem muito médico preconceituoso. Olha, eu fui dos primeiros a receitar quando ainda não era legal no Brasil. De 2013 até 2015 era ilegal. Quase ninguém prescrevendo, todo mundo com medo. Eu também com medo de perder o CRM... A partir do momento em que começam a surgir associações, mais médicos simpatizantes vão adquirindo conhecimento de um universo de complexidade científico que reage com sistema nervoso, imunológico, metabólico etc. Existiam várias barreiras para o médico passar. Primeiro entender o sistema canabinoide; segundo entender a complexidade do óleo, aqueles componentes; depois entender que tipo de óleo para cada caso, e ainda a dosagem e o que fazer se alguma coisa der errado. Então, existia uma grande distância, que gerou uma latência de alguns anos, até que só alguns anos depois, lá para 2018, 2019, que a gente começa a ver mais adesão. Lembro de um evento médico ao qual fui em Búzios e me senti um popstar numa sala com umas quinhentas pessoas para ouvir e perguntar."* Nunca tinha parado para pensar sob este aspecto, o de um médico que durante toda a sua carreira acredita em um caminho e, de repente, a ciência lhe mostra que tem um outro que pode ser bem mais rápido e eficiente. Sem dúvida, deve haver algo muito empolgante nisso, mas também é natural que gere desconfiança. Melhor mesmo que seja assim. Mais uma vez me deparo com a questão coragem e cautela. Valorizemos também a cautela! No caso médico, a coragem me parece um propulsor, algo que nos leva para a frente, mas, em se tratando de vidas, uma dose de cautela será sempre saudável. Não acha? *"O cara, o médico desconfiado, se bloqueia até para ler artigos que falam sobre o tema. Isso é muito ruim. Como também é ruim o cara que é simpatizante e não admite a possibilidade de malefícios para certas pessoas. Eu mesmo já vi pessoas que se deram muito mal com esse tipo de tratamento, que não foi adequado. O THC pode causar problemas para alguns adolescentes com dificuldade de aprendizado, de atenção. Não é recomendado para todos os casos."* Ouço isso e a palavra adequação fica reverberando na minha cabeça. Ok, posso acrescentar mais uma palavra à máxima da vida? Coragem, cautela e adequação.

Dr. Faveret falou em malefícios. Malefícios do THC. Hummm... Lá vem esse papo de "THC é do 'mal'" e "canabidiol é do 'bem'". Sei que ele não me fala isso com preconceito, mas insisto que maconha é a planta e dela fazem parte ambos, o canabidiol e o THC. Bom, acho que o pastor evangélico que quer plantar não deve ter nada mais contra o THC, mas o fato é que, sim, existe essa distinção e ela não me parece saudável, com perdão pelo uso desse termo, no debate sobre preconceito à maconha. Eu pensando isso tudo e ele segue falando sobre os malefícios que pode causar na atenção de adolescentes ou em casos de paranoia, esquizofrenia e tal. É imediata minha reação em pensar que esses distúrbios são da pessoa, e não da planta. Demonizar a planta por isso seria similar a demonizar o amendoim pelo fato de me provocar alergia. Amendoim não é para mim, assim como maconha pode não ser para outro. É imediato esse pensamento e é imediato comparar com o álcool. *"O álcool, com certeza, para a grande maioria das pessoas é muito mais danoso. Em diversos aspectos. Para o fígado, o córtex, o cerebelo, o pâncreas... Um acidente de carro é muito mais fácil ser causado pelo álcool, agressividade, o álcool é muito mais danoso. No entanto, para um subgrupo específico de pessoas que tenham esquizofrenia, por exemplo, a maconha pode ser mais danosa."* Entendo perfeitamente, assim como, evidentemente, entendo que o THC tenha certos princípios ativos e o canabidiol, outros; só não entendo distingui-los da maconha. Bom, vale muito aqui ressaltar que não existe "a" maconha, mas, sim, as maconhas. Existem diversas variedades genéticas de maconhas, e, assim, existem maconhas com mais certos princípios ativos que outros, com mais canabidiol ou THC que outras, tem maconha índica, sativa, fora as impurezas que também somos obrigados a fumar devido à ilegalidade, que faz com que não exista nenhum controle de qualidade na maconha, nas maconhas, que fumamos no Brasil. Quem já viajou para países onde o consumo é legalizado e foi a algum *coffee shop*, ou loja do ramo, já viu cardápios de maconhas. Você compra sabendo o que está comprando, e assim pode comprar a erva, a planta, o fumo, mais adequada para a sua saúde ou o seu estado de espírito. *"Então, se por um lado o THC pode ser um gatilho para a esquizofrenia, o canabidiol pode ser muito adequado para o tratamento da própria esquizofrenia".* Então me diga você: é ou não é tudo maconha? Faz sentido dividi-la em "do bem" e "do mal"? Maconha, nesse sentido, é como o álcool. Chamamos tudo de álcool, mas um absinto é bem diferente de uma batida de coco. Então, mais uma vez, tudo é uma questão de adequação e, em se tratando de uso medicinal, podemos entender adequação como conhecimento. O Dr. Eduardo Faveret sabe do que fala. *"Eu já passei mal fumando maconha. Quem nunca teve uma dor de cabeça mais forte por causa de um fumo?"*, adoro relatos pessoais, bem pessoais, neste livro. É isso, tratar maconha como uma coisa normal. *"A falta de informação, a falta de controle de qualidade não pode ser motivo para a proibição, mas, ao contrário, para a sua regulação"*, conclui.

Vamos mudar o foco desta prosa. Falo dos Estados Unidos, da força do capitalismo que vem liberando a maconha em busca de grandes lucros; falamos das experiências em diversos países, falamos da maconha como uma *commodity* e também sobre o bom serviço pela legalização que a área medicinal vem prestando. É o momento certo para indagá-lo, então, sobre esta questão do "bem" e do "mal", o canabidiol e o THC. *"É verdade, também percebo o que você está falando. Vamos queimar o filme do THC para liberar o canabidiol. Uma questão estratégica assim."* Não tenho como não fazer uma piadinha com a frase "queimar o filme do THC". Ele prossegue: *"Vamos fazer passar o cultivo do medicinal, pois isso vai desestigmatizar, e depois libera de forma mais abrangente"*. Entendo isso perfeitamente como estratégia numa sociedade hipócrita e moralista. *"Penso que não podemos mais ter eleições, ano que vem tem eleição, e os candidatos não falarem sobre isso. Espero que o Lula traga esse assunto e fale que o cultivo da maconha possa ser o principal propulsor econômico, gerador de trabalho, receita, saúde, e com redução de custos de penitenciária e tal."* O doutor se empolgou e eu vou junto. É isso mesmo! A maconha pode ser a mola propulsora para o futuro econômico do Brasil, e seria bem confortável seguirmos a conversa por este viés econômico e político, mas calma lá. Falemos mais do preconceito contra o THC, coitado! Falemos do que o THC provoca, a questão do acesso ao inconsciente e de quanto isso pode ser visto como o fator gerador do preconceito. Já falamos bem disso com o professor Henrique, mas a discussão também cabe aqui com o médico. E o médico fala de história! *"A Cannabis era um grande alento para os escravos. Desinflamava a dor das chibatadas, tirava a dor crônica de quem trabalha na lavoura e toma porrada e tal. Já era um uso totalmente medicinal! Fora que ajudava também na depressão dos escravos!"*, mas se era coisa dos escravos, não podia ser bom para os brancos. Eu achando que nosso papo iria agora para uma parte mais de história, mas não. *"O THC atua como um ativador do sistema endocanabinoide. O sistema endocanabinoide, ou seja, o canabinoide que temos já no nosso organismo, além da importância dele no desenvolvimento do sistema nervoso e no nosso equilíbrio interno, atua também nas questões adaptativas e nas questões de recuperação do estresse. O THC faz tudo isto. Então imagina isso para os escravos!"* Estamos falando de medicina ou de história? De ambas, mas não quero falar com o doutor sobre história! Quero ouvi-lo sobre a questão do inconsciente, do subconsciente, que alimenta o preconceito contra o uso da maconha, contra os efeitos do THC. *"São desejos reprimidos, recalcados, e a nossa educação é repressora. Você tem o desejo, mas deve reprimi-lo. As pessoas têm medo de liberar, expor seus desejos, e a gente vive desta persona, desta máscara social. As pessoas precisam se enquadrar numa moral vitoriana como fossem iguais, virtuosas, que só trabalham, que não usam drogas. As drogas são vistas pela sociedade não como algo que possa dar* insights *criativos, mas, sim, como algo deturpador do ideal de homem que a nossa sociedade busca, cria."* Precisa falar mais alguma coisa?

Não tenho como falar com um médico e não o questionar sobre a maconha, uma planta que consumimos sem que passe por nenhum processo químico, ser chamada de droga. *"A linhaça, que é um superalimento, você coloca numa cápsula e ela vira medicamento. É mais ou menos isso. Foi testado para depressão e memória e então virou um medicamento, pois foi testado, mas é o oleozinho que tá lá. É uma questão bem abrangente que envolve a indústria farmacêutica, que é outra geradora de preconceito e de verdades científicas que estão sempre sendo demolidas pela próxima verdade científica"*, e, vale lembrar, gerando grandes lucros! *"Gerando grandes lucros, inclusive reprimindo a indústria fitoterápica. A Anvisa agora está sendo ainda mais rigorosa com isso, de forma que não é nem razoável considerando que são medicamentos com conhecimentos milenares"*, ele diz, e eu complemento mais uma vez falando nos grandes lucros da indústria farmacêutica e de como agem até pela questão de reserva de mercado. Bom, esse é seguramente um questionamento muito adequado para fazermos em tempos pandêmicos, quando os laboratórios produtores de vacina estão tendo recordes de lucros e o debate sobre a quebra de patentes fica em segundo plano. Não custa lembrar que o governo Bolsonaro foi contra a quebra de patentes das vacinas contra a Covid-19, indo de encontro inclusive à nossa tradição de conquistas históricas, como no caso do combate à aids e a conquista dos medicamentos genéricos. O Brasil de Bolsonaro foi uma vergonha total!

Não quero terminar nossa conversa sem ouvi-lo falar de forma ainda mais clara e direta sobre as utilizações terapêuticas da maconha. Queria ouvir, assim, quase feito uma lista. *"O primeiro benefício foi termos conhecido mais do nosso corpo, os endocanabinoides. De fato, pelo fato de o canabidiol causar um efeito e o THC outro, isso permite que possamos modular o sistema endocanabinoide de cada pessoa. Isso também é muito bacana e nos gera cada vez mais conhecimento de todos os componentes da maconha. Dito tudo isso, podemos dizer que o canabidiol é o melhor composto para tratar epilepsia de forma geral; atua nas crises, na ansiedade, na questão do humor, da atenção, hiperatividade, tem efeito protetor de memória. Ele protege, trata comorbidades psiquiátricas, como psicose, ansiedade, depressão, fobias, e tudo isso é um grande fator de queda de qualidade de vida. O canabidiol é o melhor tratamento para epilepsia por ter essa abrangência toda. Outra coisa, não existe componente melhor disponível no planeta para tratar enxaqueca. Muitos especialistas em cefaleia ainda não usam a Cannabis por preconceito. Vale dizer que, antes do proibicionismo, a Cannabis já era usada para tratamento de enxaqueca, mas o preconceito fez cair em desuso. Para enxaqueca, dores crônicas, dores nevrálgicas, dores de origem oncológica, algumas utilizações oncológicas!"*, eu fui ouvindo isso tudo, todos esses benefícios, e já tinha uma frase pronta na cabeça, só esperando o Faveret dar a deixa para eu interrompê-lo. Sem me dar essa deixa, ele mesmo falou o que eu estava pensando: *"A Cannabis faz você se achar um supermédico!"*, tá dito. *"É muito estimulante, é muito gratificante. Eu já vi, sei lá, pequenos milagres acontecendo. Eu já vi crianças com espectro autista tratadas. Inclusive, é fundamental começar o tratamento o quanto antes. A gente vê muitos, diversos casos de melhoras! Pode ter efeito contrário também, o que é uma minoria da minoria, mas é uma questão de adequação. A Cannabis ajuda a controlar a autoagressão, a hipersensibilidade aos barulhos... É muito estimulante para um médico"*, ele fala isso quase pulando na cadeira de empolgação! É muito cruel ver quantas pessoas são privadas desses benefícios pelo preconceito. É cruel demais ver o moralismo, a hipocrisia, o preconceito não deixando pessoas, crianças, terem uma vida com muito mais qualidade e perspectivas. É cruel! *"A gente vai se dar conta quando estiver no futuro escrevendo um livro, daqui a dez anos e... Daqui a dez anos estes estudos estarão tão mais desenvolvidos e aceitos que a gente vai olhar para trás e teremos vergonha."* Não tenho dúvida dos avanços que a ciência nos trará, mas não sou tão otimista com a questão moral. O que você acha?

Faveret segue falando com empolgação desse sentimento quase divino, dessa sensação de superpoder que a medicina cria nos médicos. Ainda mais para um pesquisador como ele, que se depara com os melhores resultados possíveis no que estuda. É bem bonito ver, sentir e ouvir a sua empolgação. Nada como um ser humano apaixonado pelo que faz. Já me sinto realizado com a entrevista feita, mas o doutor ainda me vem com poesia: *"Eu lembro daquela música do Caetano, 'um índio descerá de uma estrela colorida, brilhante'... Como é que aquilo ali pôde estar por tanto tempo oculto, quando já era o óbvio?"* Com uma citação dessas, com essa imagem ancestral, com uma frase tão perfeita de Caetano, eu não preciso falar mais nada. Vamos em frente nessa busca pela origem do preconceito à maconha. Obrigado, doutor!

Estou aqui escrevendo e não me custa mandar uma mensagem perguntando se ele estava desberlotando um beque durante nosso papo. *"Era um tabaquinho"*, ele me escreve. Isso não era óbvio.

8.

Margarete Brito

Se não fosse por esta mãe, Margarete Brito, muitas outras mães não seriam as mães que são para seus filhos. Margarete lutou pela melhora de vida da sua filha e assim melhorou a vida de inúmeros filhos de tantas outras mães. Uma guerreira que faz do amor sua rotina. Se o amor transforma, Margarete deveria ser verbo. Eu margareteio, tu margareteias, ele margareteia...

Saio do papo com Faveret com a cabeça cheia de caminhos. Se o meu compromisso com este livro é deixar o assunto me levar, parece-me bom que eu fale com mais cientistas, médicos – seria ótimo falar com o pastor ativista –, mas antes de mais nada, com quem mais quero falar é com a Margarete Brito. Preciso ouvir esta mãe que foi capaz de mover montanhas para extrair um óleo e assim melhorar a qualidade de vida da sua filha, abrindo caminho para tantos outros filhos e filhas de tantas outras mães. Se o amor transforma, o amor dessa mãe me parece que, além de transformar, transborda. Preciso falar com a Margarete!

Por meio do Faveret chego a ela. Mensagem enviada com uma explicação sobre meus passos nessa busca do livro, deixo explícita a necessidade urgente de falar com ela, mãe, advogada, e que se transformou numa ativista capaz de juntar tantas outras mães e pais e, assim, incansavelmente, lutar contra uma moralidade absurda, obtusa. Mais do que lutar, vencer. Esbravejar, questionar, saber lutar muda um país.

Mensagem rapidamente respondida, papo marcado para a semana seguinte. Tempo suficiente para ler o que ela me mandou: um capítulo do seu livro *Cultivo individual*. Na verdade, tempo mais do que suficiente. Devoro o capítulo e vou atrás de várias referências mencionadas por ela. Uma delas foi o documentário *Ilegal*. Assistam a *Ilegal*! Assistam correndo a esse documentário! Só de escrever já me arrepio novamente, os olhos se enchem de lágrimas e respiro. Olhos cheios de lágrimas farão parte deste capítulo. O filme é uma produção da revista *Superinteressante*. Certa vez, o jornalista Tarso Araújo foi fazer uma matéria para a revista sobre o uso do canabidiol. Foi assim que chegou até a Katiele Bortoli Fischer, uma mãe feito a Margarete. Katiele é mãe da Anny Fischer. A criança, nascida com uma síndrome que desencadeia um tipo incurável de epilepsia, tinha 5 anos na época. Ela chegava a ter oitenta convulsões por semana. Oitenta convulsões por semana! Não é por ano, não é por mês. É por semana! Um assombro! Umas onze convulsões por dia! Imagine se isso não tira a qualidade de vida de uma criança! Da família! Vou levantar somente um aspecto: imaginem o medo de ter uma crise a qualquer hora, em qualquer lugar. Você deixaria sua filha ir brincar na casa de amiguinhos? Como uma criança assim vai para a escola? Oitenta convulsões por semana que levaram essa família a buscar todos os tipos de tratamento legais possíveis. Imaginem a montanha-russa de emoções ao começar um novo tratamento e, mais uma vez, ver que foi ineficaz. O que você seria capaz de fazer por um filho? A Katiele fez. A Margarete fez. Mães e pais fazem. Nessa busca, chegam ao canabidiol. Introduzem o canabidiol, mesmo ainda proibido no Brasil, no tratamento de seus filhos. Das oitenta convulsões semanais, a criança passa para somente quatro. De oitenta para quatro! Vou repetir: uma criança que tinha oitenta convulsões por semana, ao tratar com canabidiol passa a ter quatro. Ok? Você, vendo um remédio desses melhorando a vida do seu filho dessa forma, o que faria? Katiele, além de importar ilegalmente e assim, perante à Justiça, virar uma traficante, junta-se com a Margarete e outras mães e pais, e, incansavelmente, eles começam o périplo na luta pela legalização do uso medicinal da maconha. É esse percurso que acompanhamos em *Ilegal*, o filme dirigido por Tarso Araújo e Raphael Erichsen. É de chorar. Eu choro vendo a luta incansável dessas mães. Na verdade, choro vendo os adversários dessas mães e seus discursos hipócritas, covardes, zero empáticos. São políticos, parlamentares, legisladores, diretores e presidentes de órgãos reguladores. Se, por um lado, eu disse aqui que é no consultório do médico que o preconceito se materializa quando um paciente é confrontado com a eficácia do tratamento, o que vemos em *Ilegal* é a hipocrisia, a covardia, o preconceito se manifestando não mais individualmente, mas no âmbito da sociedade como um todo, na sua representação máxima, o Estado. Katiele, Margarete e tantas outras mães são muito fodas! Mulheres de uma bravura, de uma retidão no seu propósito, capazes de amar tanto. Positivamente um Amor Transformador e Transbordador. É de emocionar.

Termino de ver o filme e me é ainda mais imediato falar com Margarete. Ainda faltam alguns dias para nosso encontro, e vou lendo, estudando, pensando e sentindo o amor daquelas mães. Vejo-me nelas. Quando meu filho tinha uns 13 anos, ele teve duas únicas convulsões. Foi assustador! Amedrontador! Pânico! Você vendo seu filho se contorcendo, sem o menor controle do corpo, músculos travados com uma força que parece sobrenatural. São segundos que duram uma eternidade, e só te cabe protegê-lo para que não se machuque batendo o corpo, e querer muito que essa eternidade

102 BASEADO EM PAPOS REAIS - MACONHA

passe rápido. Passa, mas não passa. Aquela imagem nunca mais sairá da sua vida. É uma cena que vai te acompanhar pela eternidade. Felizmente, o caso do meu filho era leve, fez um tratamento, digamos, convencional, fomos controlando com remédio e exames e ele recebeu alta. Nunca vou esquecer como vi meu filho. Nunca! Não consigo imaginar o que seria passar por isso oitenta vezes na semana. Eu me vejo em todas aquelas mães, enxergo minha mulher em todas aquelas mulheres, sinto como senti por meu filho conhecendo a história de todas essas crianças que sofrem. É inaceitável que crianças, que pais, tenham que passar por isso simplesmente porque, por causa de uma moralidade absurda, não podem dar um medicamento para seus filhos somente por ele vir de uma planta dita "maldita". Maldita! A planta que cura! E assim me sinto nutrido de informação e sentimentos para me encontrar com esta mãe, com esta advogada, com a ativista Margarete Brito.

Começamos o papo, eu contando, mais uma vez, o caminho do livro, o Nelson Motta, o Zaccone, o Gabeira, o professor Henrique, chego no Faveret, e estamos aqui. Bom, prometo que nos próximos papos pouparei você, leitor, desta introdução.

Vou falando e falo de mim. Que sou usuário, que fumo praticamente todos os dias, deixo evidente o viés pró-legalização do livro e seguimos por aí com ela interessada em saber o que faço, o que penso, e assim, creio, vou conquistando a confiança da Margarete. É a primeira vez que nos falamos, e me parece desigual eu já a conhecer muito melhor do que ela a mim. Eu sei bem aonde quero chegar com este papo. Na verdade, sei bem que emoção não faltará, e acredito que quanto mais ela puder me conhecer neste início de conversa, mais longe chegaremos no final. Falo de mim, da minha percepção sobre ela pelo que li e vi em *Ilegal*. Só de lembrar, só de falar assim com ela aqui à minha frente já me embarga a voz. Estar diante dessa mãe me faz sentir a vergonha que senti ao ver o filme. A vergonha do Brasil e, se o Brasil é feito por nós, a vergonha de ser brasileiro. Vou me indignando e me inflamando, falando muito mal do Brasil, e ela só me olha atentamente. Eu já assim e ela ainda assado. Ela me vê com olhos atentos pela tela. Eu me sinto em dívida com aquela mulher, aquela mãe. Que jeito estranho de ser patriótico! Eu me sinto brasileiro pela vergonha.

Minha primeira pergunta é sobre como foi a primeira vez que ela viu, ouviu falar em maconha. Ela me conta sua origem e que *"não lembro exatamente o ano, mas eu devia ter uns 19 anos. Mais tarde do que a maioria das pessoas que eu conheci aqui no Rio. Eu sou de Jaraguá, São Paulo. Lá não era* cult *fumar maconha. Maconha para pobre era marginalizado. Minha primeira vez foi numa festa com amigas do bairro e pessoas que a gente nem conhecia direito. Me lembro que não senti nada, mas minhas amigas tiveram uma* bad trip. *Na segunda vez, não me bateu bem. Onde eu morava, quem fumava maconha eram pessoas marginalizadas. Assim ficou até eu conhecer o meu marido. Tinha acabado a faculdade de Direito, e num carnaval em Paraty a gente se conheceu, mas nem falamos de maconha. Eu me mudei para o Rio, vim morar com ele e ele fumava. Eu sou seis anos mais velha que ele. Quando eu comecei a conhecer os amigos dele, de outra classe social, comecei a perceber a diferença entre fumar maconha na zona sul do Rio ou num bairro da periferia de São Paulo. Aqui no Rio eu via maconha em todos os lugares. Na praia, na Casa da Matriz... E assim eu fui convivendo com a maconha, mas não fumava. Sempre preferi mais beber do que fumar"*. Ela vai contando, e eu me vendo nos lugares que ela cita e adorando saber que ela não é usuária como eu ou o seu marido. Margarete segue contando desses primeiros tempos dela no Rio, do Marcos, o marido sempre fumando, e que isso nunca foi um problema para ela. Não fumava, nas vezes que fumou nem foi tão bom, mas nunca teve preconceito.

Casaram, engravidaram, e ela nunca pensou que maconha poderia ser remédio. Sofia nasceu e, 35 dias após seu nascimento, começou a ter convulsões e a tomar os remédios legais. Mas a síndrome CDKL5, a da Sofia, era refratária a todos os medicamentos. É uma desordem genética que prejudica a produção de uma proteína fundamental para o bom funcionamento do cérebro. Numa certa madrugada, Margarete estava dormindo, Marcos na internet lê sobre o caso de uma criança nos Estados Unidos com a mesma síndrome de Sofia que estava se tratando e tendo bons resultados com canabidiol. No dia seguinte, já pela manhã cedo, ele conta tudo o que leu e Margarete começa seu caminho, sua jornada. Imagine uma mãe recebendo a notícia de que uma criança que sofre tanto quanto a sua filha está evoluindo graças a um medicamento novo. O que menos vai te importar nesse momento é se ele é proibido ou não no seu país. Você vai atrás da informação. Seu filho é a sua nação! Ou não é? *"Talvez se essa notícia tivesse chegado, tivesse caído para uma outra mãe que tivesse preconceito com a maconha, tudo isso não teria sido tão disseminado"*, ela me fala com naturalidade, como se tudo fosse mesmo parte de uma história chamada destino. Mas é fato: a disseminação da boa informação, fazer a informação correta chegar às pessoas que mais precisam, é determinante na luta pela legalização da maconha e, principalmente, do seu uso medicinal. Estamos falando de vidas! Um remédio capaz de diminuir a quantidade de crises convulsivas em uma criança de oitenta para quatro! *"Poxa, eu já dou tanto remédio para a minha filha, e se eu puder dar um que é de uma planta, que bom! Nunca tive preconceito"*, simples assim. E esse foi o início da jornada e do ativismo da Margarete por essa causa. Vale ressaltar que Margarete tem mesmo o olhar atento, uma simpatia na cara, carisma quando fala, e ser comunicativa lhe é natural. Foi assim conversando com várias mães, foram se juntando, ela passando a informação da menina nos Estados Unidos. *"No Brasil, não existia nada sobre isso"*, uma boa frase para anteceder um ponto. No Brasil, nem se falava sobre isso, mas se o que Margarete está escrevendo mesmo é o seu destino, é aí que entra o Faveret na história. Ele já era o médico da Sofia, e Margarete não teve dúvidas em compartilhar com ele o caso da criança americana e instigá-lo a, como médico, saber mais. *"O Eduardo, graças a Deus, era um cara de cabeça aberta e topou pesquisar mais comigo"* – curioso ela falar em Deus. Deus, destino. Mas este livro aqui sou eu que estou escrevendo, e resolvo parar um pouco e voltar na conversa. Quero saber da emoção, do momento específico da emoção, de se deparar com a possibilidade de mudar a vida da sua filha para melhor. Fico eu imaginando o momento do eureca! *"É assim até hoje... Esse momento sempre existe. A gente já tinha tido essa emoção antes com outros remédios e, como te disse, é assim até hoje. A maconha não foi tão eficiente para a minha filha."* E ainda assim o ativismo da Margarete só aumentou. *"Eu já tinha dado de tudo para a Sofia e sim, quando eu li sobre essa garota americana com a mesma síndrome da Sofia, eu pensei que agora vai",* ela se empolga contando. *"Preenche de novo o coração de esperança de que você vai melhorar a vida da sua filha, e nem me importei se era legal ou não quando fiz o contato com uma empresa americana e comprei para enviarem para a gente."* Ela entrou em contato com a fabricante do medicamento por e-mail e a resposta foi que mandariam uma amostra grátis e, se desse certo o tratamento, voltariam a conversar. Sim, é isso mesmo; no Brasil, nem se falava no assunto, não existiam nem fontes de informação e pesquisa, e nos Estados Unidos o fabricante enviando amostra grátis. *"Era uma seringa com uma resina preta. Uma coisinha dura que se dissolvia com azeite morno. Dissolvia e colocava na boca da criança. A gente não sabia dose, não sabia nada. Eu só sabia que uma criança estava tomando e dando certo nos Estados Unidos e eu tinha esperança de que funcionasse também para a minha filha. A gente não sabia nada, só que tínhamos que tentar."* E quem não tentaria? Muitos não tentariam, com certeza. Mas a Margarete tentou. Apesar de saber que era ilegal, ela não teve esse registro de achar que isso era uma questão. Era legítimo querer cuidar da filha.

Fico imaginando esse tempo de espera entre a resposta do fabricante falando do envio e a chegada do medicamento. Dias de ansiedade preenchidos com a pesquisa possível aqui no Brasil. Durante essa espera, o médico, Faveret, também foi se preparando para o grande momento. Um médico esperando uma grande novidade e tomando coragem e ciência do passo que daria junto com essa mãe, Margarete. Sempre ciente dos riscos que estava correndo como médico, pesquisando algo ilegal, não titubeou em dar forças para Margarete seguir em sua busca. Quando a amostra chegasse, poderia mandá-la para análise em laboratório e assim conhecer mais sobre o produto, o medicamento, a maconha em sua forma medicinal. Margarete foi seguindo seu caminho, passando a informação para diversos médicos – quanto mais médicos, melhor. Vários responderam, vários queriam conhecer e saber mais. E assim Margarete foi aumentando sua rede, abrindo sua roda e falando com mais cientistas, mães, pais, advogados, e foi justamente um advogado, o Dr. Emílio, um ativista, quem falou sobre a Growroom, uma plataforma que oferece dicas para o cultivo da planta. Foi ainda o advogado Emílio quem lhe falou sobre um médico, o Dr. Ricardo, que, além de plantar, sabia fazer o óleo e o ministrava para a sua sogra, que tem fibromialgia. *"Eu acho que fui a primeira pessoa que ligou para o Ricardo querendo saber sobre o uso da maconha medicinal. Ele ficou muito assustado. Eu falei que pagava a consulta, e ele dizendo que não, que era proibido. Ele ficou muito assustado!"* Consigo imaginar o susto do Dr. Ricardo sendo procurado como um "traficante medicinal". Nada que, como já disse, o carisma de Margarete não fosse capaz de arrefecer. Marcaram um encontro. *"Ele não quis marcar no consultório dele, mas num café"*, segue ela me falando do medo que provocou no doutor. Essa Margarete é um perigo! Tá querendo provocar a perda de CRM de médicos brasileiros! *"A conversa com ele foi ótima e me deu muita segurança."* Era isto que mais importava. Ele não sabia nada sobre epilepsia, mas sua especialidade era dor. Mais do que tudo, ele deu para Margarete segurança sobre o produto. *"As pessoas me achavam louca por querer dar maconha para a criança"*, ela fala, e eu só penso no Amor Transformador. *"Eu saí mandando mais ainda a matéria da criança nos Estados Unidos para todo mundo ver que eu não era louca e muito menos a única mãe querendo dar maconha para seu filho."* Uma dessas mães foi a Katiele, mãe da Anny. *"Ela era a mãe mais desespe-rada, pois a filha dela tinha muitas crises"*, imagine. *"Ela foi a pessoa que ficou mais interessada, esperando chegar"*, imagine. Oitenta crises por semana. A Katiele queria já pedir também. Imagine. Mas será que nenhuma dessas mães tem o preconceito? Nenhuma mãe des-sas te questionou por ser maconha? Margarete me diz que não, que na sua frente nunca ouviu nada assim das mães que tinham filhos com problemas. Ouviu de outras. Imagine. O que eu sei é que nada disso pararia a Margarete!

Um belo dia o remédio chega e começam a dar para Sofia. *"Demos durante um mês, e os resultados não foram legais. Ela ficava mais agitada, eu via que o abdômen ficava mais dilatado, e eu não ti-nha com quem trocar ideias."* Imagino. Logo depois a Katiele tam-bém começou a ministrar o medicamento para a Anny, e com ela o resultado foi fantástico. *"Por que com a Sofia não está dando cer-to e com a Anny deu? Por que com a minha filha...?"*, como não fa-zer esses questionamentos? Margarete fez todos. Como não é de desistir, insistiu, só que, em vez do óleo fabricado, foi atrás do óleo artesanal sobre o qual o Dr. Ricardo havia comentado. E ele, agora já sem nenhum tipo de desconfiança, fez a sua parte e deu a ela um óleo muito rico em CBD, canabidiol. *"Quando eu usei esse óleo artesanal com a Sofia, foi o mês que ela menos teve convulsões. Ela, que tinha umas quarenta, cinquenta crises por mês, naquele mês teve treze."* Margarete fala isso e dá uma suspirada. Suspiro junto. Ela segue falando que isso já era 2014, e que naquele momento o as-sunto da maconha medicinal já era mais falado. É então que vem a matéria do Tarso na *Superinteressante* e o caso da Katiele vai parar no *Fantástico*, da TV Globo. *"Quando eu me vi em tudo isso, vi que já estava no meio dessa história e sendo capaz de passar muitas informa-ções relevantes para muita gente. Eu sabia pouco, mas era das que mais sabia no Brasil"*, conta ela do seu destino. *"O Faveret também foi um médico importante nisso, pois sempre foi um promotor desse assunto e pesquisa"*. Ele correu riscos, eu digo. *"O Faveret é meio maluco, né?*

Um pesquisador!", define a sã Margarete! De fato, ao prescrever medicamentos ainda não legalizados, ele correu riscos, sim. Teve bem mais coragem que cautela. Amém! *"Ele nunca se mostrou com medo. Ele sempre quis ajudar e ajudou muita gente"*, ela finaliza o parágrafo.

Como será para uma mãe, uma mãe feito a Margarete, ter lutado tanto, ter corrido tantos riscos para conseguir um medicamento para sua filha e, no final das contas, o medicamento não ter sido tão eficaz assim? *"Pois é. A minha esperança não se esvaiu. Quando eu vi que o óleo artesanal ajudava a Sofia, eu vi que a maconha poderia ser mais um ingrediente no tratamento dela. Se reduzisse uma, duas, quantas fossem as convulsões da minha filha, tava valendo."* Ela segue falando que a maconha é mais uma ferramenta para ajudar a sua filha. E não só a sua filha. Ou melhor, ajudar a sua filha, ajudando também a si própria. *"Eu tinha que ter paciência."* Ela teve. Teve, e promover o assunto virou um propósito na sua vida, uma missão. E agora quem se emociona é ela. E eu. *"Me fez muito bem poder ajudar tanta gente, poder juntar mães e pais, criarmos a Apepi, e tudo isso me completou muito."* Ela fala e a gente vê o transbordamento. Ela segue falando das atividades da Apepi, de pais do Brasil inteiro, da alegria de ver a informação circulando, os seminários que organizam e de quanto tudo isso enriqueceu sua vida. Margarete é uma grande ativista! *"Minha vida foi transformada por isso tudo."* E eu pensando no destino.

Não quero me deixar levar somente pela emoção e volto à pauta. Como não falar com a Margarete, especialmente com a Margarete, sobre a questão de o THC ser "do mal" e o canabidiol "do bem"? É isso, Margarete? *"Isso é uma questão quando a gente começa a desmitificar a maconha. Dá muito trabalho desmitificar anos de preconceito. O preconceito é quase uma proteção para a sociedade. Mães se sentem protegidas quando veem seus filhos com medo da maconha. Parece que o medo os afastará do consumo e, no entanto, a maconha é a droga ilícita mais consumida no mundo"*, ela vai falando e dá pra ver pelo seu olhar que vai pensando enquanto fala, vai tentando buscar as palavras certas para descrever toda a sua vivência no assunto. Margarete é absolutamente consciente. *"Eu entendo que mães tenham hoje essa percepção da maconha como algo perigoso, danoso. Tudo pela falta de informação, mas eu entendo"*, ela entende. *"Eu descobri muito rápido que o THC também poderia ser usado como medicamento. Quem fala o contrário é por puro preconceito ou até mau-caratismo científico. Como parece difícil falar em legalizar a planta como um todo, criou-se este mito quase feito uma estratégia."* Pensamos absolutamente igual, e afirmando nossas igualdades de pensamento seguimos falando mais sobre o preconceito, mau-caratismo científico e a hipocrisia da nossa sociedade. Nosso papo segue até que ela solta a bombástica questão: *"Como eu me tornei maconheira?"* Eu até já tinha esquecido que ela disse que não gostava muito de fumar. Então, sim, como assim você virou uma maconheira? Olha, a resposta que vem a seguir contém muitas doses de emoção e amor transformador. Lá vou eu chorar escrevendo.

"Virei usuária muito recente." Eu não perco a oportunidade de fazer a piada de que ela começou primeiro como traficante. Ela ri. *"Eu comecei a usar por necessidade, para experimentar os óleos que eu e meu marido fazíamos para a Sofia. Assim fui experimentando doses, misturas, e comecei a ver os benefícios. Foi assim que eu vi que o THC me fazia muito bem. Ele me deixava com humor melhor e... eu consigo me conectar melhor com a minha filha do jeito que ela é"*, a Margarete segue falando, mas eu não consigo ouvir mais nada. Fico somente com esta frase: *"Eu consigo me conectar melhor com a minha filha do jeito que ela é"*. Precisa dizer mais alguma coisa? Não é para termos vergonha de um país que, somente por preconceito, priva uma mãe de vivenciar melhor a sua filha, a sua vida? Essa frase fica ecoando e... lá vou eu chorar. Caramba, lá vou eu chorar na frente da entrevistada. É isso mesmo, Bruno? É. *"Eu senti muito mais em mim os efeitos do THC do que nela. Me fez bem para estar mais com ela. Eu sei o quanto me fez bem, mas não sei o tanto que faz nela. Minha filha não fala. Sei que para ela o tratamento diminui o número de convulsões, e*

sei que, para eu aceitar esse limite de quanto o remédio pode ser bom para ela, o THC faz bem para mim." Ela fala isso com olhos meigos. Sinto o bem nela. O THC faz mais bem para a mãe e o canabidiol para a filha. E quem há de negar que em ambas o uso não é terapêutico? *"Olha, durante esta pandemia, eu não consigo imaginar o que seria minha vida sem a maconha, sem o THC"*, mas você aperta um beque e fuma ou só toma o óleo? *"Uso das duas formas, depende do momento. Quando você fuma, demora mais para fazer o efeito, e no óleo é mais rápido. O efeito com o óleo também dura mais, e como eu fumo tabaco, prefiro colocar menos fumaça no meu pulmão. Mas tanto o óleo quanto o fumo são a mesma planta, é a mesma coisa"*, Margarete é uma usuária muito consciente mesmo. *"Hoje, como sei usar, não tenho mais* bad trip*"*, finaliza ela. A maconha faz a Margarete ser ainda mais amorosa, mais conectada com a filha, uma mãe, segundo ela, melhor. Que *good trip*! Que *marvelous trip*!

Quero falar mais sobre *Ilegal*. Quero falar mais sobre nosso país. Quero falar mais sobre como ver o filme me encheu ainda mais de vergonha das nossas leis, dos nossos líderes. Faço um discurso inflamado falando desta podridão que o Brasil é, virou, está. Margarete segue me olhando pela tela com olhos atentos e meigos. Não te dá essa vergonha, não? Como se manter firme e forte nessa luta? *"Quando eu entrei nessa história, comecei a ir para Brasília e fui vendo essas loucuras todas, a questão religiosa, a desinformação, mas não sei. Eu olho tudo isso como observadora, mas não acho que na essência alguém seja mal. Eu amo meu país! Eu sou apaixonada pelo Brasil! As pessoas são ignorantes, mas não são ruins. Quando eu vejo pessoas falando essas coisas, aumenta a minha vontade de tentar explicar. Eu amo meu país e quero mudar aqui. Quando eu começo a explicar, vejo que é muito fácil convencer as pessoas de que podemos fazer do limão uma limonada. As pessoas têm preconceito com o uso recreativo, mais do que com a planta. O uso medicinal as pessoas conseguem entender, mas se você falar do recreativo, pode colocar tudo a perder. Não dá para chegar com o pé na porta. A pessoa cresceu ouvindo* que a maconha é do diabo e isso não vai mudar do dia para a noite". Margarete tem calma, estratégia e não lhe falta patriotismo. Eu sigo falando da minha revolta com o Brasil. Falo dos grandes ganhos que os estados americanos estão tendo, falo do capitalismo liberando a maconha assim como o uso medicinal. O mundo lá na frente, e a gente, mais uma vez, ficando aqui pra trás, com todos os nossos preconceitos e a coleção de oportunidades desperdiçadas. A maconha, com todas as suas utilidades, é só mais uma dessas oportunidades que vai se esvaindo feito fumaça no Brasil. Não tenho como falar com mais calma sobre o Brasil. Margarete consegue. Eu admiro. *"Não me agrada tanto a maconha sendo liberada somente pela questão financeira, pois isso está gerando monopólios e a maconha é somente uma planta. Não podem grandes marcas produzir, plantar, e o cidadão seguir sem poder plantar na sua casa"*, ela toca num assunto extremamente importante. O capitalismo não pode proibir, impedir, o cultivo individual, caseiro. Que fique sempre claro, maconha é uma planta que dá até em vaso.

Eu já passei por toda a minha pauta, falamos de todos os pontos que me pareciam relevantes. Margarete fala mais: *"Eu sigo fazendo a minha parte. Falo sem medo. Não sou corajosa, sou honesta. Não sou hipócrita. Nunca tive vergonha de falar para ninguém que eu planto maconha, que eu uso maconha, que eu leio sobre maconha. As pessoas que usam deveriam falar mais! Eu não tenho medo do preconceito. O preconceito não me ofende, ofende a quem tem. Temos é que falar com amor, com jeitinho, com entendimento. Eu não tenho vergonha e acho até que todos os usos são terapêuticos. Até o recreativo"*, Margarete vai ao ponto, ao ponto da verdade, de verdade. O que gera ainda mais preconceito é a hipocrisia e o medo. O medo de não assumir quem somos e o que fazemos. Todos que fumam maconha devem falar que fumam maconha.

Eu vou me alimentando com o otimismo da Margarete, com o seu jeito tolerante de aceitar os outros, o seu "jeitinho". *"A maioria dos ativistas é revoltada, pois sempre sofreu preconceito, mas eles não podem falar com este ódio, tem que ter jeito"*, explica ela. Não é só o preconceito, mas, principalmente, a hipocrisia que joga o Brasil no fundo do poço. O Brasil é diferente da Margarete. Margarete não tem medo de ser quem é, de assumir o que faz. O Brasil não. O Brasil tem vergonha de ser o que é. Lá vou eu me inflamando novamente para falar mal do Brasil, e agora parece que ela tenta me convencer de que a coisa não é tão ruim assim. Eu a vejo tentando me confortar e... choro. Quem sou eu para me revoltar com isso diante de Margarete, Katiele e tantas outras mães e pais do Brasil? Margarete ama, o amor dela transforma e transborda. O país faz a filha dela sofrer, mas o amor dela é ainda maior. *"Você quer ser otimista, mas não está conseguindo. Tudo tem um lado bom"*, ela me conforta. Eu agradeço por tanto otimismo dela, vou me emocionando, e, mais uma vez, aqui está o entrevistador chorando na frente da entrevistada. Agradeço muito a ela: *"Margarete, você faz o país melhor"*. Faz mesmo! Agradeço muito a ela, e com os olhos escorrendo peço para ela mandar um abraço meu para a Sofia. Eu nem conheço a Sofia. Ela sorri, diz que eu não preciso chorar e que dá muitos abraços todos os dias na sua filha. Menina de sorte essa Sofia. Olha que mãe da porra ela tem! Viva as mães do Brasil! Viva as Margaretes do Brasil! Obrigado, Margarete! Obrigado a todas as mães que, cheias de afeto, seguem fazendo a sua parte para termos um país melhor. Eu saio deste papo com muito mais vontade de escrever. Obrigado, Margarete!

9.

Francisco Bosco

Até aonde vai o pensamento humano? E se esse pensamento estiver sob o efeito da maconha? Aí vai longe, vai para a frente, para trás, olha para os lados e abre caminhos. Pensar assim é sentir. Francisco Bosco fala com razão e pensa com sentimento. Um grande e profundo papo. Papo cabeça!

A sensação que tenho escrevendo os papos até aqui me faz parecer que percorremos já uma primeira etapa. Cercamos o assunto já por vários lados. Quer dizer, ainda falta trocar uma ideia com os varejistas, vendedores de maconha, os chamados traficantes. Seguimos na busca. Mas, ainda assim, quando vejo que tudo começou com um usuário como o Nelson Motta e já passamos por tantas outras pessoas e suas relações com a maconha, me parece que tudo fez sentido. Do usuário à lei, passando por mãe, médico, historiador, delegado... A questão da maconha, da descriminalização dessa planta, é um assunto social, um assunto da sociedade como um todo, mas a sua utilização é individual mesmo quando feita em roda. Para cada um, a maconha trará uma sensação diferente, única, pessoal. Somos assim. Cada um é um, e cada um busca, realiza e sente da sua forma. Vale ainda ressaltar que a maconha também não é uma única maconha. Assim como rosas brancas e vermelhas, existe mais de um tipo de maconha. Existem vários! São diversas variedades genéticas, e cada uma pode promover sensações diferentes. É justamente essa individualidade da planta e as diversas formas possíveis de utilização que fazem dela ainda mais especial. Mais uma vez: a questão é social, a prática é individual. Nunca tinha chegado a esta conclusão assim de forma tão clara. Será que faz sentido? Faz sentido para você? São tantas as questões envolvidas nesse tema. Do seu uso individual a todas as questões sociais, comportamentais, jurídicas, medicinais, industriais, financeiras implicadas e muito mais. Tudo isso por causa de uma planta. Tudo isso por causa de uma planta? Que poder é esse dado a esta planta, maconha?

Fico com este primeiro parágrafo alguns dias na cabeça enquanto penso em quem devo entrevistar agora. Tenho a certeza de que essa pessoa deve ser o Marcelo D2. Acho que ninguém nunca se colocou tanto, no Brasil, publicamente, neste papel de usuário, consumidor, como ele, o "inimigo público número um da família brasileira", como certa vez foi chamado pelo juiz Siro Darlan. Marcelo e seus camaradas de banda do Planet Hemp foram tão longe nesse tema que, no Brasil hipócrita, era natural que acabassem na prisão por isso. Foram nove dias presos em Brasília por apologia. Por todos os motivos, D2 é ótimo para estar no livro. Fora que é próximo – meu biografado! –, e, por mais furão de encontros que seja, não devo ter tanta dificuldade para marcar o papo. Vai ser bacana trocar uma ideia fumando um pelo Zoom. Tudo certo.

Tudo certo nada! Todas as questões do primeiro parágrafo não me saem da cabeça. Muitas pontas acesas! E, assim, concluo que antes do D2 ainda está faltando uma amarra, uma visão global sobre tudo, um enfoque mais filosófico. É isso. É por este caminho que vou. D2 pode esperar; antes dele vou ligar pro Chico, pro filósofo Francisco Bosco.

Tem uns quinze anos que conheço o Chico. Fomos apresentados por um grande amigo amado em comum, o Yuri Almeida, que trabalhava comigo na Rádio MPB FM. De cara gostei do Chico. Assim como eu e Yuri, um grande apreciador da música brasileira! Foi esse nosso assunto imediato, ainda antes de imediatamente o Yuri mencionar que Chico é Chico Bosco, filho e parceiro do João Bosco. Já achei foda! Porra, o cara é parceiro do João Bosco, que era parceiro do Aldir Blanc! Um cara que tem como parceiro o Aldir Blanc coloca o sarrafo lá no alto. Só por isso, o Chico já é foda. Enfim, algumas vezes nos encontramos no contexto da música brasileira em shows, festas, eventos da rádio. Circulávamos próximos. Essa coisa de zona sul carioca. Ele já estava neste caminho de se tornar teórico, jornalista, filósofo, ensaísta, gestor cultural, que veio a desaguar numa vitrine maior: ser um dos apresentadores do *Papo de segunda*, programa do canal GNT. Chico foi virando e hoje é o sempre lúcido e rico pensador Francisco Bosco.

Mando mensagem, prontamente Chico responde com a habitual simpatia e carinho. Marcamos. Desmarcamos. Marcamos novamente. Desmarcamos novamente... A vida anda atribulada, com pandemia, seus três filhos, a mãe de uma com Covid, outras questões familiares, trabalhos por fazer e essas coisas do mundo ansiogênico como vocês já, já irão entender melhor. Marcamos!

Pronto, com o primeiro parágrafo deste capítulo e com o Chico na cabeça, fui montando a pauta, organizando as questões para poder viajar melhor na hora que ele começar a falar. Tenho certeza absoluta de que ele vai se esparramar. Então, bora mergulhar em mais este papo real. Numa terça-feira fria, pontualmente às 22h, surge na minha tela Chico Bosco!

Botamos o papo do dia a dia em dia. Simpatia pura. Carinho grande entre nós que fazemos aniversário no mesmo dia. De certa forma, acho que temos muito em comum. Um jeito. Tenho um outro amigo que faz aniversário neste mesmo 5 de outubro que me dá esta mesma sensação. Seremos uma espécie de gêmeos? O papo

116 BASEADO EM PAPOS REAIS - MACONHA

segue ótimo, mas temos um assunto a tratar. Começo minha, cada vez mais longa, introdução explicativa do livro, seu propósito e o caminho até aqui, com quem já falei e com quem mais pretendo falar. Ele escuta atentamente. Passo-lhe a palavra. Vambora!

Nosso papo começa pela hipocrisia que nos cerca e representa. Fins justificam meios. Não à toa, sou acometido por um grande engasgo! Engasguei de verdade mesmo. E o Chico do outro lado da tela. Que situação! Calma, pior que o engasgo é ficarmos sempre engasgados com expressões como "farinha pouca, meu pirão primeiro" e tudo isso que ilustra como estamos distantes de sermos, de verdade, uma nação. Por todos os lados vemos a hipocrisia, convivemos com a hipocrisia, normalizamos a hipocrisia. Quanta hipocrisia poderíamos desanuviar se, por exemplo, admitíssemos publicamente, normalmente, que fumamos maconha? Cada vez mais, quanto mais converso, mais certeza tenho de que este livro não propõe debate, ele não é um debate, mas, sim, uma voz, um coro de vozes em uníssono, justificando que a maconha, essa planta, deve ser descriminalizada. Se existe um debate estabelecido na sociedade, que este livro seja uma voz com uma mensagem e um lado claros. Vou falando, vou falando, e agora é o Chico quem fala.

"Maravilha, Bruno! Muito interessante e bem urdido esse percurso que você vem fazendo e fico feliz em tentar colocar meu tijolinho aí. De tudo que você falou, eu começaria pegando pela diferença no trato do THC e do canabidiol. Como se fosse um statement, *eu te digo que não acredito em distinção entre uso recreativo e medicinal. Fica parecendo uma espécie de álibi a que a gente recorre para a sociedade aceitar melhor uma finalidade que ela chama de medicinal. Isso, por si só, reforça o preconceito",* Chico começa por um caminho parecido com o da juíza Maria Lúcia Karam. Entendemos que o caminho da legalização para o uso medicinal é uma estratégia no sentido de ser algo moralmente que nem deveria ser discutido, e, assim, sua indubitabilidade traz um benefício "médico" para curar a forma de pensar da sociedade para com esta planta. Seguramente,

além dos benefícios no tratamento de inúmeras doenças, o uso medicinal da maconha traz mais esse. *"O uso recreativo está associado a uma experiência de alteração da consciência ou da economia libidinal do sujeito e isso entra no campo que o conservadorismo repele, e então isso justifica a estratégia política de ir pelo caminho do medicinal, mas vale ressaltar que nem sempre estratégia corresponde a verdade. Por exemplo, no caso da maconha mesmo, todo o uso, como de qualquer droga, é medicinal. Em qualquer civilização usar droga é algum nível de autocontenção, de recusa da plena realização das pulsões do indivíduo."* Ele está falando de Freud. E segue... *"Estou falando do recalque. A ideia de que se cada indivíduo se permitir a plena vazão de suas pulsões, não há capacidade de uma sociedade, de uma civilização florescer. Para isso acontecer, você, o indivíduo, precisa recusar suas pulsões. Só pelo prazer não se faz uma civilização. Toda civilização impõe ao indivíduo uma espécie de desprazer que vai se acumulando no nosso inconsciente. Pagamos um tributo à civilização sob a forma de recusa aos nossos prazeres que vai produzindo uma pressão no inconsciente, e as drogas, uma certa família de drogas, trata desse detrito civilizacional, ajuda a gente a limpar esse acúmulo, a despressurizar."* Chico é dos meus! Começa a falar, pega o fluxo e vai embora! Muito bom esse ponto que ele traz sobre o aspecto "positivo" do uso das drogas nas sociedades. *"As drogas têm uma função vital no bom equilíbrio da civilização, das sociedades. A cada vez que um indígena usa uma planta, é um processo curativo. Não necessariamente um processo curativo medicinal, como a gente sempre pensa. Tem um efeito curativo para além disso. As drogas ajudam o indivíduo a ser capaz de conviver com esses desejos recalcados. Elas não são anticivilizatórias, diferentemente do que o conservadorismo prega. As drogas, na verdade, não representam ruptura nenhuma, por mais que possam ter essa imagem. As drogas, na verdade, ajudam o bom funcionamento social, purificam os detritos sociais e aliviam toda a violência e dureza da vida. As drogas são uma estação de tratamento cognitivo pulsional"*. Eu ouço tudo isso, e uau! Tinha certeza de que o Chico seria ótimo para amalgamar tudo que já falamos até aqui, colocando o seu tijolinho a mais. A sociedade para sobreviver cria os recalques, vem a droga para aliviar essa pressão e isso é um benefício, um óleo na engrenagem, mas, em seguida, essa mesma sociedade combate a droga. Como assim? *"Justamente. Isso é um erro. A má compreensão dessa dinâmica. O centro disso está em considerar que a droga pudesse ser um elemento disruptivo. Não é. A droga é um óleo na engrenagem. As drogas ajudam o indivíduo a pagar o preço social."*

Tudo que Chico fala faz total sentido para mim, e, imagino, para você também neste caminho aqui comigo. Percebo uma contradição quando ele usa o exemplo dos indígenas. Se então usamos as drogas para aplacar a dor desse recalque social, o indígena também é um recalcado? Será que a busca do ser humano pelo estado alterado da mente não viria antes da ideia de Freud? *"Não. Freud descreve o que vem muito antes dele, descreve a origem da civilização lá onde ela se distingue da barbárie, onde prevalecia a lei do mais forte, sem restrições às pulsões. Se você é o mais forte, você faz e pode tudo. De fato, o exemplo dos indígenas não é o melhor, pois abre outros caminhos"*, Chico para, pensa e fala. Eu também. Ele segue: *"É uma hipótese filosófica minha. Existem duas famílias de drogas, dois grandes paradigmas, as drogas do real e as drogas da realidade. Realidade é o registro do humano. Nós, humanos, normais, neuróticos, vivemos na ordem da linguagem, do simbólico, da lei, tudo isso forma o que entendemos como realidade. Realidade é a soma total das representações que todos os indivíduos fazem do que há. Como diz o poema do João Cabral de Mello Neto, que fala dos galos que vão tecendo a manhã, sabe? Um galo vai cantando, outro mais, outro mais e assim tecem a manhã."* É lindo esse poema! *"Realidade é a soma dos galos, a soma de tudo que cada um de nós cria como algo, o que todos nós juntos estabelecemos como coisas. Outro exemplo, agora: eu vejo pela tela você, o fundo da sua casa, você de óculos, casaco, objetos, este é o mundo humano, da realidade. Agora, tenta imaginar um urso aqui no meu lugar, te olhando. Ele não estaria vendo o Bruno Levinson, óculos, uma casa. Ele estaria vendo coisas sem nomes, sem função. As coisas, antes de serem interpretadas pelo humano, são o que a psicanálise lacaniana chama de real, o mundo pré-humano. Então existem as drogas do real e da realidade. As drogas da realidade são aquelas cuja função é equilibrar a economia pulsional do sujeito com a sua realidade. Quanto mais avançado na lógica incessante do lucro, do capitalismo, mais ansioso a gente fica, mais preocupado com o futuro, mais desequilibrado a gente fica. As drogas da realidade servem para ajustar essa nossa relação com a sociedade.*

"Elas afrouxam o nó da gravata. Então o seu senso moral é alterado, e daí vem a ressaca moral, já que sob efeito da droga você alterou seus parâmetros comportamentais. Já as drogas do real são aquelas cuja substância nos atinge cognitivamente de tal forma que agem neuronalmente na gente de forma a estremecer nossa relação com a realidade. Vivemos em estado normal, percebendo a realidade como se ela fosse natural. Isso nos torna humanos, mas a realidade não é natural. Quando a gente usa as drogas do real, a realidade se desnaturaliza, e o que é familiar para nós perde a familiaridade. Temos a experiência de vermos coisas quase que pela primeira vez. É com drogas da família dos opioides que vemos coisas. A gente não desaperta o nó da gravata. A gravata já virou outra coisa", tudo vai fazendo total sentido para mim. Continue. *"O mundo dessas drogas eu comparo a uma moeda, que tem o lado do sublime e o da angústia, o do encantamento e o do nada, de perceber que a realidade não é natural, mas, sim, um teatro, e que a realidade é somente uma construção, um nada, e isso é angustiante. O álcool é uma droga do real, a ayahuasca, da realidade. A maconha acho que é ambígua. Talvez a dimensão do THC seja algo da família da realidade, e o canabidiol, do real. Eu, pessoalmente, já tive ambas as experiências com a maconha."* Muito bacana essa tese filosófica do Chico. Freud, Lacan...

Não quero desperdiçar a visão do Chico para dar uma olhada em todos os aspectos de que já tratamos aqui em todos os papos que já tivemos. Bora falar da relação entre Estado e cidadão. Pegando o ponto principal da juíza Maria Lúcia Karam: até onde o Estado pode se intrometer na nossa vida? Sabemos que o Estado se coloca no direito de nos tutelar e, no caso das drogas, essa tutelagem vem com a etiqueta de Política de Segurança Pública, segundo a qual sempre, em todo o espectro político, da direita à esquerda, o primeiro item é o combate ao tráfico, o suposto combate ao tráfico. Desde que estamos aqui, é óbvio, estatístico, científico, comprovado, que essas políticas de segurança pública, bélicas, matam em nome do suposto combate ao tráfico e são um tremendo insucesso. Eu já inflamado, e o Chico segue no gancho. *"Não é racional a manutenção da atual mentalidade de combate às drogas. Ela só causa danos! Produz dinheiro para a compra de armas, produz violência, impacta o sistema de saúde, o sistema penal, penitenciário, e é revoltante quando você vê que a maioria são presos provisórios relacionados à posse de drogas. É todo um universo de problemas que evidentemente não está sendo solucionado."* Ele é mais um a mostrar o óbvio. *"Eu vejo duas razões principais para esse modelo se perpetuar. Uma é pelo obscurantismo mesmo, preconceito racial, conservadorismo brasileiro, uma má compreensão do que são as drogas em diversos aspectos. Não compreendem nem o que acontece com o indivíduo sob o efeito das drogas. Não tem como justificar o risco do efeito quando se compara o álcool com a maconha, por exemplo. Os tabus não são amparados por racionalidade. Um outro lado disso é que é muito diferente o que é maconha para nós e para uma mãe que vive na favela. Quem vive numa favela vai relacionar a droga com perdas. A perda dos filhos para o tráfico, para a polícia. E isso tem uma dimensão que é da relação entre o Estado e o cidadão. Tem ainda uma outra dimensão que é a dimensão da racionalidade do Estado, que tem a ver com o conceito de necropolítica do filósofo camaronês Achille Mbembe, que designa a gestão de uma espécie de resto demográfico que o capitalismo no seu atual estado neoliberal não é capaz de absorver. Para esses contingentes demográficos, para essas populações, a política de assassinatos estabelecida pelo* estado é aceita. É a necropolítica" – até então eu a chamava de eugenia. "Isso faz permitir que o Estado encarcere ou mate, como acontece aqui no Brasil com a população negra." Tá claro, Chico.

Sim, tudo muito bem dito e explicado, mas vamos deixar a sociedade nos parágrafos aqui de cima e falemos da relação do cidadão Chico com a maconha. *"Tenho uma longa história. A primeira vez que fumei foi com meu pai, que sempre teve um uso terapêutico e imaginativo com a maconha. Cresci vendo meu pai fumando um à noite para ir tocar violão. Um dia, eu tinha 14, 15 anos, fumamos um juntos. Bom, antes de o livro sair, eu pergunto a ele se posso falar disso..."*, aqui estamos nós! *"Ainda na adolescência eu me tornei um usuário assíduo e num certo momento se tornou uma experiência ruim. A maconha potencializou muita angústia em mim e parei de fumar, e assim fiquei por muitos anos. Muitos anos depois retomei o uso e, de uns anos para cá, sou um usuário assistemático e em geral uso maconha para ouvir música, para dançar e mais recentemente comecei a usar para diminuir minha ansiedade, esse grande mal do século. A ansiedade está associada ao capitalismo, que é uma inflexão da humanidade rumo ao futuro. Com o capitalismo vamos perdendo a relação com o presente e estabelecendo uma relação maior com o futuro. O lucro é o futuro. Viver sob a lógica do lucro é viver sempre olhando pro futuro. A dinâmica social do capitalismo é o lucro, e nós temos dois polos na nossa forma de viver. O polo do lucro, do futuro, do acúmulo, o arquétipo do burguês, que é o não gastar, mas acumular. O Tio Patinhas mergulhado na sua banheira de futuro. O que se opõe a isso é o impulso do gasto, que é o viver o aqui e agora. Quando gastamos dinheiro ou quando gastamos somente o que somos. Quando fazemos sexo, música, estamos conversando com os amigos, fazendo tudo que não é dedicado ao acúmulo do lucro. O contrário do burguês não é o proletário, mas, sim, o boêmio. Sempre confundo quem disse isso, se foi Brecht ou Walter Benjamin".* Para mim é o Chico falando. *"O contrário do Tio Patinhas é o Vinícius de Moraes."* Não tenho dúvidas em dizer que Vinícius foi muito mais rico! *"Tudo isso para dizer que mesmo um filósofo como eu também* está submetido ao processo da sociedade capitalista, que é hiperansiogênico, e isso numa sociedade violentíssima como a brasileira, em que o Estado não te garante nada nem hoje e muito menos no futuro. Vivemos o tempo todo acossados, e isso gera ansiedade, uma pressão psicológica enorme, vários sintomas como, no meu caso, a insônia. A maconha tem me ajudado muito nisso. Tenho três filhos! Fico muito ansioso mesmo!" É muito fácil compreender e perceber tudo o que o Chico fala. É muita dureza mesmo viver no Brasil. E nem fumar um beque em paz a gente pode!

Chico tem um complicador a mais. Como filósofo, criativo, a sua força criativa é a mesma que a do seu ócio. A percepção do mundo é o trabalho do Chico, e isso a gente faz o tempo todo sem ter hora, não tem botão de liga e desliga. É, ele não tem muito como se livrar da ansiedade. Que não lhe falte uma boa maconha! Ou um *hobby*! Fico achando que quem tem um *hobby* deve ser menos ansioso, já que tem algo que o desliga da realidade. Algo como jogar uma pelada de futebol. Na hora em que estamos jogando, ninguém consegue ficar pensando em outra coisa. Eu quero muito ter um *hobby*! Não tenho. Tenho plantado, cuidado da terra, mas não chega a me tirar de mim. *"Perfeito. Tem um psicólogo húngaro chamado de forma verdadeiramente impronunciável, Mihaly e mais umas vinte consoantes"* – Mihaly Csikszentmihalyi –, *"que tem o conceito de flow, que é uma experiência que a gente tem quando estamos profundamente concentrados numa atividade que nos engaja totalmente no presente. Isso é contra a lógica ansiogênica do capitalismo. Tenta pensar que estrutura de sociedade fez Balzac produzir seus romances. Certamente, ele teve muito menos estímulos, o que lhe permitiu ser quem foi, escrever o que escreveu. Agora pensa nos dias de hoje, a quantidade de estímulos que recebemos somente no Instagram. Hoje tudo tem uma fala, uma barra de informações, um texto, um áudio, e tudo isso estilhaça nossa concentração, nosso foco, e tudo isso é ansiogênico e traz uma quantidade absurda de efeitos degradantes. É uma loucura total, e, voltando ao seu livro, Maconha, é evidente que é um remédio civilizatório neste momento, mais do que nunca. É um antídoto contra esse arsenal de dispositivos ansiogênicos. Para todos os efeitos, está mais do que claro que a maconha é um poderoso antídoto!"* Dito tudo isso e finalizando dessa forma, fumemos maconha! Um ótimo antiansiogênico.

10.

Marcelo D2

Ele já foi apontado como o inimigo público número 1 da família brasileira só porque cantava "legalize já", "D2, mas mantenha o respeito", "não compre, plante", porque apertou um baseado no Globo Repórter, foi preso com sua banda em Brasília e fez uma carreira artística baseada no tema maconha. No fundo, ele é só um pai de família que "se desenvolve e evolui com seu filho". Seus cinco filhos. Haja evolução! Com vocês, uma vez mais, Marcelo D2 falando sobre maconha até a última ponta.

Agora sim, bora bater um papo com D2. Chico Bosco deixou tudo no seu devido lugar. Falamos da relação ancestral que temos com as drogas, falamos da sua função e impacto social, o aspecto da segurança pública, relação Estado × cidadão, o uso que é sempre medicinal, falamos de Freud, Lacan, Walter Benjamin, Brecht, falamos tanto de tantos aspectos que tudo segue e seguirá ecoando na minha cabeça. Como diria um outro Chico, o Science: *"organizando para desorganizar"*.

D2 não tem academia, é da rua. A base do seu conhecimento vem das esquinas, dos rolés. Fez do seu estilo de vida uma carreira muito bem-sucedida e dos seus assuntos diários, uma bandeira. Não conheço ninguém que tenha sido mais "o maconheiro" do que o Marcelo. Ele não se fez de rogado e levou isso ao extremo. Se o Gabeira foi quem trouxe o assunto para o debate público, D2 foi quem, com sua banda Planet Hemp, apertou e fumou um beque no *Globo Repórter*. Levou o debate da maconha para outros patamares, outras vozes, ouvidos e imagens. Ninguém tem uma banda com o nome Planet Hemp impunemente. Rimando suas verdades, ganhou projeção, virou voz forte no tema, foi pro mundo e, muito mais que sua carreira, assim criou seus filhos! Marcelo soube se fazer. E fez bem! Bom, não preciso ficar aqui apresentando o Marcelo. Já fiz isso em outro livro! D2 foi meu biografado! Só o fato de ter querido biografá-lo já denota todo o respeito e interesse que tenho pelo meu amigo. Sempre foi assim, com muita curiosidade e amizade, que já trocamos muitas ideias. As primeiras vêm de quando nos conhecemos nas tardes em que, durante as passagens de som, Marcelo passava pelo Espaço Cultural Sérgio Porto, onde eu produzia o festival Humaitá Pra Peixe. Foi, inclusive, após uma apresentação no festival que o Planet foi contratado pela Sony Music. Essas tardes e esse show foram só os primeiros encontros e paradas que fizemos juntos. A banda foi contratada no camarim do festival que eu produzia, depois fui trabalhar na Sony, onde fiz o lançamento do *Eu tiro é onda*, seu primeiro disco solo. Juntos produzimos o CD *Hip Hop Rio*, escrevi o livro biográfico *Vamos fazer barulho – Uma radiografia de Marcelo D2* e muito mais. Só de *releases* para o Planet escrevi uns vinte. Nosso carinho é grande, mas Marcelo dá muito mole com seus amigos. Mole mesmo. Dá mole e não percebe. Ou percebe, sei lá. Mas não é para lavar roupa suja que vim aqui. O fato é que tem tempo que não nos falamos, justamente por ele ter dado dois moles grandes profissionais comigo. Não foi legal. Senti o golpe. Fiquei bem triste e fui prejudicado por ele e seu empresário na época, Marcelo Lobato. D2 é gente boa, mas vacila! Vai ser bom falar com ele. Bora lá. Depois de idas, vindas e das já usuais sumidas dele, eis que conseguimos. Na hora combinada, o meu amigo Marcelo Maldonado Peixoto, Marcelo D2, surge no link.

Mais uma vez, lá vou eu contar toda a trajetória do livro até aqui. Fazer da trajetória parte do livro vai me dando a sensação daquele ditado que diz que "quem conta um conto, aumenta um ponto". D2, o que você me conta? Continua queimando tudo até a última ponta? Mas, antes disso, quando foi a primeira vez que você ouviu falar em maconha? *"Maconha era uma parada meio que comum nos lugares onde eu morei, no Andaraí, Maria da Graça. As pessoas tinham mais medo da polícia que da maconha. Eu nem lembro da primeira vez que fumei."* Não, calma aí. Não é possível. Não lembra a primeira vez? Lembra aí! *"Tinha um campo no Andaraí, na rua Rosa e Silva, tinha um terreno abandonado onde tinha um campo de futebol. A molecada mais nova ficava na rua, e a galera mais velha, lá no fundo do campão. Eles sempre fumavam um lá no fundo, e a gente, a molecada, ficava só olhando admirados, achando aqueles caras o máximo. Até que algum dia eu estava lá com os caras. Não lembro o dia"*, ele vai recordando e a gente consegue perfeitamente imaginar, visualizar, essa cena tão típica dos morros e ruas do Rio de Janeiro. Para Marcelo e sua galera no subúrbio, assim como para mim em Copacabana, ver os mais velhos fumando, em rodas, conversando, rindo, era admirável. *"Essa coisa de ser fora da lei me agradava muito"*, continua. *"Aqueles caras lá eram a galera maneira, que chegava do trabalho, se reunia no campão, tinham tênis maneiro"*, a cena é clara. *"Meu pai, minha mãe, nunca foram daqueles de recriminar. Eles não fumavam, mas meu pai era tranquilo pra caralho. Meu tio Gentil fumava e lembro da família, nos encontros, comentando, brincando"*, ele vai em frente falando do tio Gentil. Quem leu a biografia do Marcelo sabe: o tio Gentil, o irmão mais novo da mãe do Marcelo, a Paulete, teve uma influência muito grande na sua infância. *"Eu tinha uma idolatria por ele! Ele jogava bola pra caralho, fumava maconha, era o mais novo da família, para onde eu olhava."*

Deixando a família e seguindo em frente no caminho das ruas, ele vai lembrando. *"Antes da nossa geração, não se via tanto as pessoas fumando maconha. Era mais escondido. A gente começou a explanar mais mesmo. Tinha essa coisa de falar que maconheiro era vagabundo, que não quer nada com a vida. Isso nunca me pegou. Eu sempre achei que os caras que fumavam maconha eram maneiros, criativos, buscavam trabalhar com o mínimo de esforço e o máximo de resultado, sem ser robozinho. Achava o máximo! Esse rótulo de maconheiro é mais um exemplo dessa coisa hipócrita que você falou no começo."* Sem a menor dúvida, chamar alguém, reduzir alguém a ser "maconheiro" diz muito mais da mente preconceituosa de quem diz do que da pessoa que fuma maconha. Sigamos.

Agora que está ilustrado de onde Marcelo vem e como foi o início do assunto maconha em sua vida, cheguemos logo aos dias de hoje. Converso com Marcelo não mais na casa dos meus pais em Copacabana, mas na minha própria casa, na serra do Rio de Janeiro, e ele sentado na sala de seu apartamento no Leblon. Marcelo já morou em muitos lugares! Desde que o conheço, lembro dele morando no Catete, na Lapa, São Paulo, Jardim Botânico, Leblon, Gávea, Recreio, Cosme Velho, e agora novamente no Leblon. Hoje, principalmente hoje, nesses tempos pandêmicos, é pela vista dessa janela, andando nessas ruas, que Marcelo vê o mundo. *"Hoje eu moro no Leblon. Durante minha vida inteira eu pegava o 434 que vinha lá do Andaraí e faz ponto final aqui no Leblon. Essa trajetória toda, passando por todos os lugares que passei, eu aprendi muito como é esse preconceito. Eu sei que as pessoas se agarram ao que elas podem para se livrar do medo delas, de quanto você pode ameaçar os privilégios dela. Aí elas te chamam de tudo. Lá no fundo do campão eu já percebia isso vendo que aqueles caras eram especiais, não eram os que andavam direitinho, tementes a Deus, entregues ao sistema. Eu tive o privilégio de sacar isso cedo. Esse sentimento de achar que aqueles caras eram os espertos e não os manés que acordavam cinco da manhã para enriquecer o bolso do patrão",* Marcelo expressa com clareza seus pensamentos.

Não precisamos ser próximos do Marcelo para saber, imaginar, que ele já experimentou e usou muitas drogas. *"Maconha para mim é a melhor de todas. Tem uma psicodelia de leve, dá um relaxamento... Estou sem beber há dois anos. Pra mim o mais completo é a maconha."* Mas você lembra dos primeiros beques? O efeito que fazia quando fumava no papel de Hollywood, no papel de pão, folha de Bíblia? *"Hoje tem até seda com meu nome!"*, ele para e pega um pacotinho de seda exibindo ele e sua *tag* na capa. É, Marcelo sabe, sempre soube, se apropriar do tema. Mas e as primeiras sensações? *"Eu busco sempre voltar a elas! As ondas dos primeiros beques... Eu lembro que eram momentos introspectivos, de pensar na vida. Me vejo como um cara sensível, que sente o que está em volta, acho que a maconha potencializou isso em mim. Eu estudei pouco, tive pouco acesso à cultura, só comecei a me alimentar de cultura e conhecimento quando comecei a ganhar dinheiro e poder viajar. Naquele pequeno mundo em que eu vivia, a maconha me dava algo assim. A maconha até como terapia! Não tinha dinheiro para pagar terapeuta, então era fumar e ter pensamentos profundos, altos papos com os amigos."* Mais uma vez, é fácil visualizar essa cena, e mais uma vez me vem a ideia da maconha como interseção, já que, mais uma vez fazendo um paralelo comigo lá em Copacabana, a maconha teve esse mesmo papel. *"Você fumando com seus amigos, você fica livre falando do que quiser, do que vier, viajando, e eu lembro de um dia que disse que queria ir para a Califórnia andar de Jeep. Os caras começaram a me zoar, rir da minha cara, que eu nunca poderia ter isso. Lembro de ficar bolado, puto! Por que eu não poderia?"* Lógico que Marcelo D2 já foi diversas vezes para a Califórnia, e o Jeep é um detalhe. Se formos mesmo acreditar que maconheiro é sinônimo de vagabundo, esse vagabundo aqui na tela do meu computador conquistou bastante coisa. *"Eles me zoavam que eu nem sabia falar inglês..."* Marcelo aprendeu sozinho. *"A maconha sempre me ajudou a voar. Isso o álcool não dá, a cocaína não dá, isso é a maconha"*, ele contextualiza. Maconha é a droga da roda, e na roda todo mundo fala e escuta. *"Maconha era ligada ao sonho, a tal da viagem"*, ele fala, e lembra que nunca parou de fumar. E lá se vão uns quarenta anos fazendo fumaça. É, positivamente, um desses maconheiros que passam a vida fumando e não fazem nada! Gente como Marcelo D2, Nelson Motta, uns vagabundos!

A maconha foi muito além de ser um hábito para Marcelo. Virou tema, lema, estilo de vida e pretexto para muita coisa em sua vida. Mas como? *"A gente faz coisas que nem sabe o que está fazendo. Eu sei que por trás da maconha tem muito preconceito, mas nunca me senti xingado quando me chamavam de maconheiro"*, ele segue e fala do Skunk, seu parceiro primordial no Planet Hemp. Para quem não leu a biografia, vale aqui uma apresentação. Skunk foi para Marcelo uma espécie de anjo. Uma amizade feita nas ruas por conta do gosto similar pela música. Foi Skunk quem incutiu em Marcelo a possibilidade de um dia terem uma banda, ser artista, escrever. Skunk colocou Marcelo neste caminho que nos trouxe até aqui. Skunk morreu de aids antes de o Planet Hemp fazer sucesso. Toda essa linda amizade está retratada no filme *Legalize já – Amizade nunca morre*, do diretor Johnny Araújo. Marcelo segue falando no Skunk e em como eles ficavam vendo a revista *High Times*, vendo as coisas acontecendo no mundo, e que foi Skunk quem mais queria sacudir a hipocrisia da sociedade. *"A gente sabia muito bem que a forma como a gente falava de maconha seria um tapa na cara."* E assim, o primeiro disco, chamado *Usuário*, tinha as músicas "Legalize já", "Não compre, plante", "Mantenha o respeito", verdadeiros hinos canábicos, cantados aos berros até hoje por plateias no Brasil inteiro. *"A gente queria puxar a corda, e, com 20 e poucos anos, vindo de onde eu vim, era muito divertido chegar no palco do Canecão e cantar 'eu canto assim, porque eu fumo maconha', era o máximo! Eu me sentia o guerrilheiro da vida. Quando a gente começou o Planet, não sabíamos nada sobre o tema da legalização. Éramos arrogantes mesmo! Aí tive que ir estudar mais para saber o que falar nas letras, nas entrevistas. A primeira vez que fui para a Europa, foi para a Cannabis Cup, eu tomei um choque! Caralho, mano, esse mundo é possível?"*, Marcelo volta a narrar sua história. E era assim mesmo como ele descreve. O Planet Hemp era nosso porta-voz; D2 era uma espécie de herói quando estava em cima do palco com o microfone na mão. Shows do Planet eram uma grande experiência, uma vivência inesquecível, ainda mais considerando que estávamos todos no início do exercício libertário pós-ditadura. *"Era um assunto que ninguém falava, era libertador e um exercício maravilhoso para mim que estava começando a escrever"*; era um exercício de cidadania completo. Fazemos um paralelo com os Racionais, seus contemporâneos. Os Racionais falavam sobre a questão racial, a desigualdade social, com uma "cara" mais de São Paulo. O Planet falava sobre maconha, liberdade de expressão, e com um jeito positivamente carioca.

Nesse caminho, por toda a sua carreira, e lá se vão uns trinta anos, muito já foi dito, berrado, cantado, rimado por Marcelo. Mudou algo? Avançamos? Antes mesmo de perguntar, só de pensar se avançamos, me bate um desespero em achar que, em muitos sentidos, regredimos. *"Nesses quase trinta anos que falo sobre isso, já passei por muitos sentimentos. Já acreditei que estávamos perto de legalizar, longe, e hoje em dia eu tenho certeza de que o Brasil será o último país a legalizar, igual fomos o último a acabar com a escravidão."* Pensamos igual. A sensação que eu tenho é que o agronegócio vai legalizar a maconha. Aí começamos a falar do que está acontecendo nos Estados Unidos, e, pode ter certeza, para quem tinha o sonho de ir à Califórnia, hoje D2 é praticamente local lá. Inclusive, passa longas temporadas morando. *"Tinha um tempinho que eu não ia, e a última vez que fui, no início de 2020, eu tomei um baque. Como a planta é forte! Tem tudo de* Cannabis! *Não é mais uma coisa exótica. Na CVS, farmácia clássica, não tá mais lá no canto, mas tá lá no meio do* Aloe vera, *do mint, normal. Muito foda!"* Uma planta da qual se fazem diversos produtos que ficam em gôndolas do mercado, da farmácia, cada vez mais normalizada na vida. Uma planta com mil e uma ótimas utilidades. Por que aqui no Brasil andamos para trás? *"O momento político no Brasil, mesmo que não se concorde com o que Bolsonaro diz, as pessoas não* querem mais se expor tanto nas redes sociais por conta dos robôs, dos fanáticos e tal. Eu mesmo, minha mulher grávida sendo ameaçada, sacou?" Realmente vivemos um momento de trevas. "As pessoas vão lá pra fora e fumam nos parques, tiram fotos nas lojas, mas chegam aqui no Brasil e não querem tocar no assunto. Uma sociedade de isentões!" Isentões que, sei lá como, parece que não percebem que toda a violência causada pela não legalização se volta contra todos os isentões ou não. "O que resume tudo é hipocrisia", finaliza ele. O que resume tudo é a hipocrisia! Coloco o ponto parágrafo.

"Farinha pouca, meu pirão primeiro", eu queria parar de falar na hipocrisia, tentei fazer um parágrafo, mas é essa aí a frase que Marcelo cita. Infelizmente, essa frase vem me perseguindo, nos perseguindo. Uma frase que resume bem a não nação que somos. "Essa frase é muito triste. Muito triste um povo pensar assim", ele fala e fica pensativo. "A gente vive um momento que, se a gente tem um problema na rua, constrói um muro e vive dentro de um condomínio. O máximo que faz é pegar uns dos de fora do muro e botar para limpar a rua da tua casa. A hipocrisia da maconha, do que está por trás de todos os preconceitos da classe média... É muito foda... Aqui não temos nem o sentido de classe social. O operário quase defende os direitos, os privilégios do patrão! Aí eu volto lá pro começo da nossa conversa, e aqueles caras do fundo do campinho não eram desses, não eram os que defendiam o patrão." Marcelo volta às suas origens, e acho bacana ver quão digno com sua história é tudo o que ele diz mesmo hoje, morando, e se sabendo morador, do Leblon.

"As grandes empresas nos Estados Unidos é que estão estabelecendo o grande mercado da Cannabis. Não são mais os pequenos produtores", a maconha lá já é um mercado se estabelecendo e mostrando todo o seu potencial. O capitalismo age rápido, e nosso papo já entra em outro aspecto do momento canábico mercadológico "É, mas a maconha é uma planta que para o seu uso individual, principalmente recreativo, você pode plantar na sua casa. Só não planto aqui, pois tenho medo de a polícia bater e tal. Isso é horrível. Tenho amigos *conseguindo* habeas corpus *para plantar"*, ele conta. O jeitinho brasileiro atua novamente. Que se arrumem *habeas corpus*. *"Farinha pouca, meu pirão primeiro"*, ele finaliza o assunto novamente com essa maldita frase.

Volto o papo para o momento isentão do Brasil. Será que num momento como este veríamos o D2 com sua banda apertando um beque num programa de grande audiência na TV aberta brasileira? *"Nem sei mais se a gente precisa disso. Foi importante e marcante lá, mas agora... Quando eu estive com o Mujica, ex- presidente do Uruguai, conversamos muito sobre o quanto ele acha que eu deveria me preocupar mais com o povo do que com as leis. Quanto mais usarmos, falarmos, normalizarmos, mais as leis terão que ser mudadas. Até por isso o caminho de legalizar primeiro o uso medicinal é estratégico. Não dá para ter preconceito com algo cientificamente comprovado."* Marcelo fala essa frase, e é impossível não cairmos numa gargalhada irônica, cínica. Dizer que *"não dá para ter preconceito com algo cientificamente comprovado"* no Brasil de hoje pode te fazer ser "xingado" de "comunixta". Deixando o negacionismo de lado, deu para entender o que ele quis dizer. Este livro vai nesse caminho, no caminho de normalizar o assunto. *"O fato é que o país de isentões reforça os preconceitos. Hoje eu ando aqui pelo Leblon e vejo o jeito que as pessoas me olham nesse bairro. Eu nem tanto, pois sou famoso, mas mesmo eu sou muito mais amigo dos porteiros, do jornaleiro, das pessoas que trabalham aqui, do que dos que moram. Eu sei que a maconha não é a causa disso. Se não fosse para me chamar de maconheiro, me chamariam de alguma outra coisa para colocar para fora o medo de perder os privilégios, se sentirem ameaçados pelo cara que não estudou nada"*, Marcelo sabe muito bem expressar seus pensamentos. Gosto do rumo da prosa e a apimento, dizendo que o pior, o mais hipócrita, é que até o cara que o chama de maconheiro, provavelmente, fuma maconha. *"Total!"* A verdade é esta: quando alguém "xinga" outra pessoa de maconheiro, na verdade está xingando quase de qualquer coisa; o xingamento em si não faz diferença. O que faz diferença é justamente ser diferente, pensar diferente, viver diferente. *"É como você falou, uma sociedade assim, não sei se pode ser chamada de nação."* Essa pergunta eu também me faço cotidianamente. Temos tantas e tantas expressões tenebrosas, do tipo "farinha pouca, meu pirão primeiro". Até quando? *"E, seguindo neste preconceito todo, que começa somente com este suposto xingamento de maconheiro, se permite que se mate tanto, que se mate tanto preto e pobre."* Incrível como mais uma vez neste livro voltamos a este triste ponto. Se o Marcelo ainda morasse no pé do morro no Andaraí, poderia ter na porta da sua casa um pé de um policial batendo; no Leblon, não. *"Por isso que eu moro aqui"*, ele cai na risada. É triste. É triste como os isentões compram esse discurso do combate ao tráfico como política de segurança pública. É tão óbvio que não estamos falando de drogas. É inacreditável o jeito como se mata preto e pobre jovem no Brasil. *"Enquanto existir maconha, comunismo, satanás e veado para poder alimentar a cabeça das pessoas com esse medo, tudo permanece como está. O cara do Leblon tem esse preconceito todo por medo de perder seus privilégios, e eu detesto, mas entendo. O que não entendo é ter esse preconceito todo quem nem tem esses privilégios."* E quem há de entender? O que será que ainda faz a nossa tão achatada classe média se sentir muito mais próxima dos valores da classe alta do que da classe mais baixa? A classe média está muito mais próxima da baixa que da alta.

Vamos mudar o rumo desta prosa, deixar de falar da sociedade e falar mais da relação individual do sujeito com a planta. *"Hoje em dia fico cansado de apertar um beque. Eu fumo um baseado por dia. Tô fumando pouco. Fico com um beque e vou fumando o dia todo. Começo lá para meio-dia, uma hora..."* Como é na sua casa? Você fuma na frente dos filhos? *"Sim. Aqui todos já fumam. Nunca teve segredo. Eles acabam fumando aqui até porque eu sempre tenho uma maconha melhor, né? Mas eles misturam com tabaco e eu detesto. A nova geração faz isso!"* É, o Brasil tá perdido mesmo! Onde já se viu misturar maconha com tabaco? E como será que o Marcelo D2 consegue? *"Ué,*

*eu compro. Compro maconha da melhor qualidade. A mesma maco-
nha que tem lá fora, tem aqui também. Tendo dinheiro para comprar,
você compra maconha boa. Às vezes uso vaporizador."* Usar vaporizador é outra parada, não é fumar um beque. Como o nome já diz, é
vaporizar. Evidentemente, entendo sua função e adequação, mas,
particularmente, gosto muito de apertar um. *"Outra vez eu fraturei
o pé antes de ir para uma turnê, e o médico disse para eu operar antes
de ir, mas eu não quis. Eu tava me tratando com morfina e não estava
sentindo dor, mas não teria como tomar tanta morfina. Então o médico
me receitou canabidiol e foi excelente. Na Europa, comprei muito óleo
de CBD. E, vou te falar, te juro, voltei para cá e o osso tava colado!"*
Marcelo e suas histórias! Agora então CBD cola osso! *"Minha mãe
tinha lúpus e eu dei muito para ela, foi ótimo! Tem também a minha
ex-cunhada que tem uma filha que tinha muitas convulsões por dia, ela
começou a se tratar com CBD, foi morar na Califórnia e parou de ter
convulsões. Parou! Acabou!",* é empolgante mesmo! *"Então, atualmente, tenho ingerido maconha dessas formas. Hoje acho que fumo
mais profissionalmente que recreativo. Fumo mais quando estou no es-
túdio, fazendo shows, e agora até fazendo lives. Tem umas que acabo e
estou chapadão. A verdade é que atualmente é das fases que eu menos
estou fumando na vida."* E ficar sem fumar? Consegue? Ficar sem
ter maconha? *"Eu mato um! Tô brincando. É tranquilo. Me angustia
não ter em casa, mas fico na boa sabendo que tenho e não fumar. Mas
ficar sem ter...",* entendo perfeitamente. *"Não dá para ficar sem maconha na pandemia. Foi essencial."* Como é se ver como o maconheiro
mais famoso do Brasil? É um valor agregado? *"Não sei. Ainda uso
essa frase no palco como um grito contra esse preconceito todo. É uma
frase para cutucar. Ainda hoje essa frase choca. Mesmo num show do
Planet Hemp. Eu acho que eu estava no lugar, na hora e com a pessoa
certa, o Skunk, que sempre foi um cara muito visionário que nos fez
falar de maconha. Ele dizia que as pessoas ficariam apavoradas. Tinha
pessoas que já tinham falado de maconha, mas a gente gritou! Para
mim, estar neste lugar foi uma missão, me fez sentir cidadão, ser parte*

do mundo. Outro dia eu falei para o meu biógrafo..." Rimos. *"Até uns 20 anos, antes do Planet, eu era um perdido no mundo. Depois, com a banda, ganhei um sentido. Um dia as pessoas vão entender o quanto essa planta é forte, o quanto ela pode salvar. Tem uma frase do Ariano Suassuna que eu tenho usado muito que diz assim: 'O otimista é um tolo, o pessimista é um chato. Prefiro ser um realista esperançoso', e eu tô nessa de ver avanços pelo mundo, mas entendendo que o Brasil pode ser o último mais uma vez. Tem pessoas fazendo trabalhos incríveis, como essas mães, mãeconheiras, que estão lutando para cuidar dos seus filhos, e esse é um caminho lindo! Eu sinto que meu trabalho foi feito, tá aí, mas não quero ser o cara para sempre com esta responsabilidade. Eu, por exemplo, nunca vou numa Marcha da Maconha. Eu sou um militante da maconha, mas não só isso, e não quero ficar só nisso. Eu só vim aqui falar de maconha, dar mais uma entrevista sobre maconha, porque era para você. Quero e tenho que falar de outras coisas. Tanta coisa no mundo! Para mim já deu! Cansei! Tô há trinta anos vendo tanta merda nessa coisa. Quero falar de outras coisas. Até de amor eu já falei, seguindo o que um dia um amigo me disse",* ele brinca lembrando de mais uma passagem da nossa amizade, quando, lá atrás, ele gritava para o mundo e eu dizia que ele ainda falaria de amor. Marcelo sempre foi um cara amoroso. Vendo-o ontem e hoje, sei que para todo o sempre o amor lhe será transformador. Seja no assunto que for, no lugar que for, na hora que for, Marcelo D2 vai estar queimando tudo até a última ponta.

11.

Molusco

*Até aonde nosso poder de criação é capaz de nos levar?
O poder criativo do publicitário Ulisses o deixou mascarado.
Para poder contar sem papas na língua as histórias que viveu
tendo a maconha inserida no contexto, ele colocou uma máscara de
lutador mexicano na cara e virou o Molusco, um dos personagens
mais inventivos do universo canábico brasileiro. Neste papo,
ele se revela revelando muito mais do que dando a cara.*

Vila Valqueire, subúrbio do Rio de Janeiro. Início da noite. Na rua, um grupo de crianças corre atrás da bola, fazendo daquele campinho improvisado um verdadeiro estádio. Na porta das casas, algumas mães conversam. Já, já seus maridos chegam cansados e famintos do trabalho, e assim tudo vai fazendo sentido, seguindo o rumo natural das coisas. Mais um dia naquele pacato bairro de classe média, até que, no momento em que um dos meninos ia bater um lateral, tudo muda de lugar! Em disparada entra pela rua uma moto sendo perseguida pela polícia. Escarcéu! Mães gritam, os filhos parecem perdidos no meio de um filme de ação, a moto acelera, a polícia vai fazendo o cerco, a moto cai. Tá lá o corpo estendido no chão. Uma cena típica, normal, corriqueira no Rio de Janeiro. Era no final dos anos 1970 quando tudo aconteceu. Com o cara da moto caído no chão, um dos policiais vai até a moto, arranca a lente do farol, puxa um saco cheio de uma erva, uma planta seca. É maconha. Com o flagrante na mão, bastou dar um aceno de cabeça para os outros policiais começarem a meter a porrada no motoqueiro caído no chão. Foi muita porrada! E o povo na rua, nas sacadas das casas, pedia mais. Foi muita porrada que o motoqueiro levou. Motoqueiro não, o maconheiro! Era assim que as pessoas gritavam. Ma-co-nhei-ro! Foi assim a primeira vez que o menino Ulisses, com uns 7 ou 8 anos, ouviu falar sobre maconha. Ele nunca mais esqueceu. *"Achei ilógico desde lá essa repressão toda. Ele apanhou muito. Até hoje não entendo. Todas aquelas pessoas gritando para ele apanhar porque estava com maconha. Ninguém questionou se a moto era roubada, se ele tinha matado alguém, era só porque ele estava portando maconha. Até hoje não entendo"*, me conta ele, iniciando mais um papo pelo Zoom para este livro.

Ulisses Oliveira, muito antes de criar, ser, o Molusco, foi uma criança do subúrbio carioca, vindo de uma família com um pai policial. *"Meu pai sempre foi um cara tranquilo, mas com uma cabeça proibitiva. A falta de diálogo era mais até pela falta de conhecimento do que por disciplina ou coisas assim. Se era proibido, era proibido e pronto. Não se discute. O discurso que era raso. Mas era raso pra todo mundo, e não só pra ele. Basicamente era: é proibido, vicia, então fica longe de droga"*, conta. Ele foi criado dessa maneira em casa, mas o tempo passa e a escola é sempre um novo mundo, um ir pro mundo. *"Fui cair num colégio que era uma fauna de seres inusitados, o GPI de Madureira. Tinha o que roubava toca-fitas de carro, o outro que era delinquente, o que vinha dirigindo o carro do pai com 15 anos, o que cheirava pó, uma fauna! E eu era o moleque cabeção, sem saber das maldades do mundo, vindo de Valqueire, família militar... Aí fui percebendo que a galera que eu mais curtia, os que andavam de skate, que se ligavam em rock, eram os que fumavam maconha. No meu bairro também, mesmo sendo filhos de milicos, a molecada começou a fumar"*, vai seguindo descrevendo sua formação. Ele não é o primeiro e nem o único que tem esse fascínio pela transgressão que sempre representou fumar maconha. Será que esse desejo, essa pulsão por querer transgredir, alargar os limites da liberdade, expandir o conhecimento de vida, tem algum aspecto genético? Por que algumas pessoas têm essa sede mais que outras? Fato é que, em geral, quem fuma maconha tem. Quem começa a fumar maconha é buscando esse novo lugar, esse novo degrau na vida. Ulisses é um desses. *"Eu sempre tive curiosidade, mas tinha muito receio, não de ficar doidão ou viciado, nem nada disso, mas de tomar porrada igual ao cara da moto. Meu medo era apanhar igual ao que eu vi o cara apanhando"*, ele me fala isso, e sou obrigado a parar e pensar. É fato. O medo da repressão, o medo da violência que cerca a maconha é muito mais amedrontador do que o medo de experimentar a sensação causada ao fumar. Alguma coisa está fora da ordem.

Se a vida se divide entre momentos de coragem e outros de cautela, pra quem tem esse gene da curiosidade, da vontade de viver mais, de conhecer, acaba chegando o dia, o grande dia, o grande momento do primeiro beque. Mais do que o primeiro, os primeiros. Sim, óbvio, lógico que o primeiro, o perder a virgindade, é especial e marcante. Na primeira vez perde-se o medo, rompe-se a fronteira, mas é nos beques seguintes que, de fato, vamos tendo as primeiras sensações e momentos especiais. *"Um dia um amigo me chamou e fomos pro cemitério Jardim da Saudade pra fumar. Foi meu primeiro baseado. Estava com o Dentola, meu camaradaço e personagem conhecido dos contos do Molusco. Foi legal demais, e até nessa hora eu lembrando e pensando: 'Caralho, pessoas tomam porrada por causa dessa porra?'. Eu rindo pra caramba, supersocializando com a galera, me sentindo superbem e... tomar porrada por isso?"* Realmente não faz o menor sentido. Você tomar porrada por estar tendo um bem-estar sem fazer mal a ninguém?! Não faz mesmo o menor sentido.

"A maconha tem isso pra mim. De fazer o cara que não dança dançar. Socializar", ele continua. Eu fico pensando.

"Antes de fumar pela primeira vez a minha irmã saiu com um camarada meu que fumava e eu não sabia. Um dia ela chegou com um camarãozinho lá em casa e disse que foi meu amigo quem deu. Assim eu fiquei sabendo que ele e a galera fumavam e liberaram pra mim o acesso. Começamos a fumar direto. Todo mundo fumava! A gente arrumava o carro de um pai e ia dar um rolé. Todo mundo rindo pra caralho". Ele me conta e eu lembro dos meus primeiros beques também. A mesma coisa. Muitas vezes em rolés nos carros dos pais com os amigos e sempre todo mundo rindo muito. Curioso como tanta gente fumou seus primeiros beques dirigindo. Dirigindo? Outro dia mesmo estava lendo uma matéria falando das diferenças entre dirigir depois de beber e dirigir depois de fumar. Depois de beber a pessoa tem a tendência de correr, já depois de fumar, de ir mais devagar. Essa comparação entre álcool e maconha é descabida, eu sei, mas é frequente no debate, principalmente entre pessoas mal-informadas. Outro aspecto que me parece curioso é que nas relações sociais o álcool tem muito mais protagonismo que a maconha. Para o bem e para o mal. O álcool mata muito mais que qualquer droga e, mesmo assim, é também usado para celebrar grandes momentos da vida. Na próxima vez, bora brindar com um beque!

Sigamos com o relato do Ulisses. Já, já ele vai virar Molusco! *"Todos os dias eu chegava com cheiro de maconha em casa. Eu estava sempre fumando com os amigos, mas nunca ia lá pegar. Até que fui uma vez e vi que tinha um outro mundo, o mundo de conseguir, o mundo que tem leis próprias e onde é preciso ter toda a sagacidade para não dançar igual o cara da moto"*, ele sempre volta à história do cara da moto. Parece mesmo um trauma. Não demorou para Ulisses perceber que para consumir maconha, para comprar maconha, você não precisa ir a lugar nenhum. Basta ter um traficante que ele vem até você. O fato de a maconha ser proibida dificulta minimamente o comércio. Ninguém deixa de fumar por ser proibida ou criminalizada. Você liga e a maconha, assim como qualquer droga comercializada no Brasil, chega à sua casa.

E assim Ulisses foi seguindo sua vida de novo maconheiro. Vivendo e aprendendo, foi passando de fases. Uma foi esta de aprender que você pode comprar sem correr praticamente nenhum risco. Outro aprendizado foi entender que não precisava esperar o dia acabar, cumprir suas funções para com a sociedade, e só então poder ser premiado com a sua sardinha, ou, como bem diz o Molusco, a sua "sardola". Ulisses estudou História da Arte na Universidade do Estado do Rio de Janeiro (UERJ) e assim foi parar na publicidade como diretor de arte. Um de seus primeiros empregos foi na agência Artplan. *"Na Artplan, eu comecei a perceber que os momentos bacanas que eu tinha com os amigos podiam ocorrer em outros momentos do meu dia, como trabalhando. Quando fui pra Artplan que eu vi a galera fumando antes de ir trampar. Eu não imaginava isso"*, fala com a alegria de quem fez uma grande descoberta, como quem descreve um grande portal se abrindo. *"Se eu puder estar chapado o dia inteiro eu vou achar melhor. Me faz sentir tudo melhor. É óbvio que fico sem fumar, é óbvio que posso na boa ficar sem fumar, mas eu descobri que vejo tudo melhor com. Sem eu fico uma pessoa mais ranzinza, sinto mais o peso do mundo. Com a maconha eu levo o mundo melhor"*, ele vai me falando dos seus hábitos e, mais uma vez, ao ouvir uma pessoa falando de como se dá bem com o consumo da maconha, quanto lhe é prazeroso, quanto de bem-estar gera, penso no que é uso medicinal ou recreativo. Ter a sensação de bem-estar não é algo relacionado ao saudável? Seria medicinal? É no mínimo um tratamento preventivo a pessoa viver tendo mais bem-estar, não? Por que essa separação entre medicinal e recreativo? E como assim recreativo, se o que o Ulisses aqui está nos contando é, na verdade, um uso profissional? Parece que este termo, recreativo, cumpre um papel na sociedade repressora. Recreativo pode facilmente se associar ao "vagabundo", que é também tão associado ao "maconheiro". Ok que pessoas possam usar – e usem

– para se divertir, mas também usamos para trabalhar. Um melhor termo me parece ser uso social. Dito isso, ele continua: *"Eu percebi que eu me trato com a maconha. Eu sou uma pessoa melhor com a maconha. Para mim tudo é melhor com maconha. Trabalhar, surfar, ver um filme, ir num restaurante, cortar o cabelo."*

Como praticamente tudo na vida, o consumo da maconha está relacionado com um autoconhecimento. Cada um deve saber o seu momento, a quantidade e tudo mais. *"Não sou um cara que fuma dez baseados por dia. Um baseado dá pro meu dia todo. Eu fraciono. Quando sinto que já deu o brilho no cerebelo, eu travo. Vou fumando. Às vezes erro a mão e dou uma patinada. Me incomoda sentir que patinei. Quando erro a mão me sinto um mané. A maconha me ajuda muito a ter foco em alguma coisa. Pra mim é assim. O que me tira o foco é o meu TDAH não diagnosticado, e não a maconha. Vacilou eu levanto da cadeira e nem percebo como. A maconha me ajuda a não levantar, a focar."*

Está tudo muito bom, o papo está ótimo, mas cadê o Molusco? Quando ele surge? Quando e como veio a ideia de criar um personagem maconheiro, que usa uma máscara dessas mexicanas, que se envolve nas maiores aventuras com os amigos mais malucos e tendo sempre a maconha envolvida na história? *"Nunca pensei em ser personagem de maconha nem me associar a isso. Foi na Artplan, eu com uns 23 anos, morando na Vila Valqueire e trabalhando na Lagoa. Tudo acontecia na zona sul. Eu acabava ficando por lá e dormia na Artplan. Tomava aquele banho de pia e ficava lá morto no sofá até a hora de começar a trabalhar. Aí começaram a me chamar de maluco. Maluco e eu largadão foi virando molusco e quando eu vi, ficou: Molusco, o maconheiro da agência. Fui ficando com essa identidade de 'o maconheiro' e fui topando. Levei isso também pra universidade, e lá eu já me via contando histórias, aumentando, inventando, e a galera ia se amarrando. Eram coisas que aconteciam comigo e meu amigo Dentola que eu ia contando e a galera se amarrando"*, ele vai se empolgando, e eu destacando que mais uma vez a maconha teve esse papel socializante. *"Eu fui aquele que começou na minha galera a normatizar a maconha, tirar a maconha só dos assuntos pesados, criminosos. Nas minhas histórias a maconha é igual a cerveja. Minhas histórias não são centradas nos conflitos relacionados com a maconha, mas, sim, e somente na forma como eu usava, uso. É igual uma cervejinha"*, ele descreve o personagem e os enredos. Provavelmente está aí uma das grandes sacadas do Molusco e seus contos, o fato de a maconha não ser o principal, mas sempre um caminho. Para o Molusco, a maconha sempre traz graça, diversão, promove amizades. O tempo foi seguindo, e ele vai contando que depois da Artplan resolveu abrir uma agência com dois amigos. No início um grande sucesso. Clientes, contas, a possibilidade de viver a vida dos sonhos, acordando todo dia para surfar e depois ir trabalhar com amigos na sua própria agência, onde podia fumar e trabalhar com total liberdade. Chegaram a ter doze funcionários! Até o dia em que tomaram um cano enorme do maior cliente da agência. Sonho que vira pesadelo, com questões jurídicas, financeiras e psicológicas. *"Quebramos e deprimimos. Perdi minha identidade profissional, não consegui me recolocar, fiquei meio perdido, sem saber mais o que eu era. Tenho certeza de que, se não fosse a maconha, eu teria entrado numa* bad trip *muito foda. Eu tava fodido, mas criando muito nas minhas pinturas, e comecei a pegar novamente os contos, as histórias, e aí eu ri. Fiquei amarradão. Mandei para algumas produtoras, mas ninguém quis. Então eu lá, fodido mesmo, resolvi fazer o vídeo sozinho. Fiz, mostrei pros meus sócios, todo mundo fodido, eles se amarraram, mas achavam que a gente já tinha problemas demais para agora um de nós ficar contando histórias de um personagem maconheiro. Aí eu comecei a ter pesadelos com isso. Sonhava que estava em reuniões e as pessoas me reconheciam como 'o maconheiro'. É incrível como até hoje o usuário da maconha tem esse estigma. Mesmo entre meus sócios, minha galera. Aí, então, eu resolvi usar uma máscara. Pronto. Começou a repercutir. Eu não pensava em grana, mas em me ocupar, produzir, sair da depressão. Graças também a minha família, minha namorada, que hoje é minha esposa, um amigo* que virou um empresário fodão que me deu uma força enorme. Eu estava muito fodido com a volta que esse cara nos deu. Ele tinha uma puta dívida com a gente e, na Justiça, ainda conseguiu nos foder mais ainda. Foi isso que eu aprendi com um cara que foi meu cliente, que fiz a empresa dele crescer, que me recebeu na casa dele e me fodeu. Foi a maconha que me fez sair disso e criar, e quando eu fiz o primeiro vídeo e virei o Molusco isso me ajudou a viver, ter novos amigos, e ainda me recolocou profissionalmente", ele chega ao ponto de sua trajetória quando o conheci. Isto de se recolocar profissionalmente tem nome, ele foi ser roteirista na produtora Conspiração Filmes. "Eu fui bem claro com o Renato Fagundes, o cara lá, olha, você está levando cavalo de Troia, eu nunca escrevi na vida. Ele disse que não importava, que eu podia ser analfabeto, mas que eu sabia contar história." E como sabe! Ulisses, Molusco, é fera! Dos melhores contadores de histórias que eu já vi. Vale muito a visita ao seu canal no YouTube. É fumar um, sentar com conforto e ter tempo para dar muitas risadas. Garanto. "Eu detestava escrever. Gostava de contar as histórias. Quando eu via, tinha umas vinte, trinta cabeças prestando atenção. Eu fui fazendo isso também lá na minha área, nos churrascos da galera. Quando eu vi, passava a noite toda contando histórias pros amigos. Tudo no free style. A cada vez que eu ia contando, ia melhorando, aumentando a história. Fui virando um contador de história graças à maconha. A maconha me deu protagonismo." Ele está empolgado, falando das portas que a maconha lhe abriu, e nem parece mais pensar no cara da moto que tomou tanta porrada. Deixemos esse trauma lá adormecido e sigamos neste caminho, de fato, relacionado ao uso da maconha. Ela desperta a criatividade. Isso é medicinal? "Esse experimento criativo eu comecei com as telas que eu pinto, e foi demais. Eu tenho certeza de que fiz coisas que não faria. Me dava uma capacidade de abstração maior do que sem. Na arte eu comecei a arriscar coisas que eu não arriscaria." E assim, pela arte, a arte de contar histórias, o Molusco foi ganhando uma dimensão enorme na vida de Ulisses. Lá se vão 12 anos de vida do personagem. Ele segue firme e forte contando suas histórias esfumaçadas no YouTube e também faz parte do podcast *Barca furada,* no qual recebe convidados para conversas periféricas à maconha. Os contos do Molusco ganharam uma edição em livro maravilhosa, *Moluscontos,* com direito a capa dura, páginas coloridas, papel especial. Eu ainda pilho que ele deveria fazer um *stand-up comedy* ou um show do Molusco. Um personagem vivo, atual e muito querido por muitos e muitos maconheiros como eu.

Doze anos fazendo um personagem é muito tempo. Doze anos de vida de um personagem essencialmente maconheiro é tempo demais. Nesse momento lembro do papo anterior aqui com o D2. Há anos ele brada: *"D2, mas mantenha o respeito",* e pouco avançamos neste respeito a quem dá um dois. Doze anos de um personagem que para falar sobre maconha teve que nascer mascarado. *"Se não tivesse a proibição eu não usaria a máscara. Mas se não fosse proibido eu também não teria tantas histórias."* Este dilema deixa claro a inteligência do Ulisses. Primeiro, ele soube tirar proveito de um hábito seu para transformar em trabalho, e, segundo, teve a ideia de proteger sua identidade usando a máscara. Nascia assim um verdadeiro herói. Um herói que diverte seu público e que salvou seu criador da depressão. Usar a máscara foi o caminho, e hoje é uma questão. *"Hoje estou num dilema e não sei como me posicionar, se sou Molusco ou Ulisses. Fico já na dúvida se, por exemplo, no* Barca furada, *eu vou mascarado? Vai lá o Marcelo Freixo, eu tenho que estar mascarado?",* ele me questiona. Penso que sim, ele deve estar mascarado. O Freixo e qualquer outro convidado não estão indo lá para falar com o Ulisses, mas, sim, com um herói. Vejo que esse dilema está mesmo bem presente na cabeça do Ulisses. Para esta entrevista, uma entrevista que é para o livro, que não pretende ter seu vídeo revelado, ainda assim, quando o convidei, ele trouxe essa questão: *"É para ir com a máscara?",* ele me perguntou, e eu não respondi. Ele veio sem máscara. Veio com um boné da marca Bem Bolado, que tem na aba a ilustração de várias folhas de maconha. A identidade secreta desse nosso Clark Kent é também maconheira escancarada. Sigo com os doze anos na cabeça, os doze anos de vida do personagem que precisou ser criado para seu criador poder falar sobre maconha usando uma máscara. Em doze anos avançamos bem pouco na normatização deste produto tão consumido na nossa sociedade. Eu vou falando, viajando sobre esse aspecto do tema, e Ulisses escuta atentamente, concordando. Ficamos em silêncio. Até que ele me conta uma história vivida recentemente. Um dia, diz ele, estava saindo do trabalho já de madrugada, depois de uma jornada daquelas cabulosas. No seu trajeto para casa, sozinho no seu carro, acendeu um beque na Linha Amarela. Seguia fumando, relaxando, quando avistou uma blitz. Mais uma blitz em sua vida. Resolveu nem dixavar e seguiu. Foi parado. Cansado, sem saco, voltando do trabalho às duas da manhã, mandou logo a real para o policial. *"Ó só, eu estava fumando mesmo. Tô cansadão, vindo do trabalho. Você está aí fazendo o papel do Estado e eu sou um cidadão. Você também é um cidadão vivendo neste país de merda e sabe tanto quanto eu que para viver aqui só podendo beber, ou tomar uns remédios ou fumar um beque. Não sei o que o senhor faz, mas eu fumo um. E agora?"* E agora que o policial compreendeu tudo, ouviu a verdade do Ulisses e mandou ele seguir em frente. Essa história ainda não vi o Molusco contando. E a verdade é que ela nos mostra que, de verdade, evoluímos mesmo muito pouco. O Estado segue sendo opressor, o cidadão segue sendo oprimido, este país continua sendo uma bosta, e a gente ainda continua correndo o risco de ser pego numa blitz policial somente por estar fumando uma planta. Agora mesmo neste momento deve ter alguém, provavelmente preto, tomando muita porrada somente por estar portando maconha. Por trás da máscara do Molusco, o Ulisses é branco.

Antes de terminar este papo, ele volta lá atrás, meio que para fechar a conversa. *"Quando eu vi a cena do cara da moto tomando porrada, eu era uma criança, não tinha nenhum conhecimento político, científico, acadêmico sobre a maconha, mas já logo vi que tinha algo muito errado em as pessoas que consomem esta planta serem tratadas do jeito que são. Eu não entendia, não entendo, e ninguém nunca soube me explicar. Hoje vejo que aquelas pessoas da minha infância muitas se tornaram pessoas com graves desequilíbrios emocionais. São pessoas preconceituosas que, sem saber nada, transformaram algo em verdade absoluta, e assim seguem sem querer saber mais nada."* Ele é certeiro. Cabe ainda constatar que, sim, em geral, essas pessoas preconceituosas que criaram essa péssima imagem para quem fuma maconha nunca tiveram contato com a erva. Para todas essas pessoas, maconha é "tóxxxico". Infelizmente, ainda vivemos sob as regras desse tipo de gente. Até quando?

12.

Matias Maxx

Diga-me aonde seu avô te levava para passear e te direi quem és. Foi Matias Maxx quem me disse isso, e assim me disse muito mais sobre quem é. Ele é o Capitão Presença, editor da revista Tarja Preta, um dos criadores da Marcha da Maconha, jornalista com matérias na Trip, Vice, Agência Pública e por aí vai. Matias é assim: ele vai, foi e sempre está indo. Vamos juntos?

Algumas das primeiras memórias que tenho são dos domingos em que meu avô passava na nossa casa e nos levava para passear de carro. Lembro do cheiro do seu Aero Willys e de sentar na janela para ter o vento batendo na cara enquanto deslizávamos pelas pistas do Aterro do Flamengo. Lembro também que em Teresópolis, nas férias, ele sempre deixava meu irmão e eu andarmos mais de meia hora a cavalo. Convivi pouco com meu avô, com meus avós em geral, mas deste, o pai da minha mãe, tenho ternas memórias.

As lembranças que Matias tem dos domingos com seu avô são de ir com ele a presídios visitar alguns amigos da contravenção. Ele me fala isso com a mesma ternura no olhar que eu sinto pelos passeios de carro com meu avô. Mas como assim visitar amigos de contravenção do avô em presídios? Imagine você, criança, filho de um pai argentino e uma mãe uruguaia, que vieram tentar a vida no Brasil, onde o avô, pai da mãe, já estava estabelecido e trabalhando com máquinas de fliperama em São Paulo. Máquinas de fliperama? Isso já seria demais de divertido, mas agora vem a parte mais, digamos, emocionante. Nas lojas da família tinha sempre aquela portinha escondida que levava a um mundo de videopôquer. Dali que vieram as amizades do avô. *"Eu nasci em São Paulo, vim para o Rio com 4 anos. Só vim a conhecer mesmo São Paulo depois de adulto. Meus pais abriram uma loja de fliperama na rodoviária e assim fomos em frente. Era uma atividade que andava bem próxima da contravenção, do jogo do bicho, videopôquer, e meu avô circulava nesses meios. Com este mesmo avô eu ia visitar amigos bicheiros presos em presídios. Então eu já tinha uma coisa assim de questionar o que o Estado fazia. Eu mesmo fui ensinado não a mentir, mas a omitir. Eu dizia que eles eram comerciantes, mas não de fliperama, e sabia que no fundo da loja tinha uma portinha para uma sala cheia de videopôquer. Desde pequeno entendi que as coisas não eram assim tão como o Estado, as campanhas, falavam. Isso já me trouxe para esse tipo de questionamento"*, é como ele mesmo conta o primeiro capítulo de sua história.

Matias Maxx, jornalista e ativista baseado no Rio de Janeiro, começou sua carreira em 1998, cobrindo a cena cultural carioca para as revistas *Bizz* e *Trip*. Seguiu seu caminho de repórter independente fazendo matérias especiais, como as dos protestos políticos no Brasil em 2013 para a Vice Brasil e documentários e reportagens sobre direitos humanos para veículos internacionais como Al-Jazeera, Vice News, Fusion e National Geographic. Em 2016 ganhou o Prêmio Latinoamericano de Jornalismo sobre Drogas com a reportagem "A pacificação do Complexo do Alemão deu certo?" para a Vice Brasil. Em 2017 passou quinze dias imerso em plantações de maconha ilegais no Paraguai, publicando as reportagens "Destrinchando a maconha paraguaia" e "Como nasce o 'prensado'?" para a Agência Pública. Sua relação com o tema maconha já fez dele inspiração para dois personagens cultuados nos meios alternativos. Nos quadrinhos, foi um dos criadores e editores da revista *Tarja Preta*, na qual, inspirado nele, o quadrinista Arnaldo Branco criou o Capitão Presença, *"o herói maconheiro que sempre salva"*. Sempre com humor, Matias é ainda a voz do "Maconheiro Mascarado", personagem de uma série de documentários "narcoturísticos". Foi nesse período que conheci o Matias. Meio dos anos 1990. Eu produzindo Humaitá Pra Peixe e outros shows e ele cobrindo a cena musical. A gente sempre se esbarrava. Uma época de encontros presenciais! Se esbarrava tanto que, para mim, Matias ser o Capitão Presença tinha este significado, a presença. Matias sempre estava! Em todos os lugares o Matias estava. Sempre vibrante, cheio de ideias, assuntos, interesses, histórias e, verdade seja dita, sempre com cara de doidão. Salve, Matias! De lá pra cá, os encontros presenciais foram rareando, mas a gente sempre se acompanhando, agora lendo e curtindo nas redes sociais e meios digitais. Outra verdade a ser dita: Matias sempre digital, fotografando e registrando tudo com sua câmera. Era de esperar que ele seguisse esse caminho e se tornasse o profissional que é hoje. Certamente um dos nomes mais ativos na causa canábica no Brasil. *"A maconha, com certeza, é dos temas mais recorrentes nas minhas matérias. Nunca trabalhei em redação e sempre como freela, o que me dá um distanciamento para fazer paradas mais críticas, opinativas. Sempre busquei estar em lugares em que poderia exercer a minha opinião"*, e assim fez e faz.

Nosso papo engrena sobre a ideia deste livro. Explico o intuito de ouvir pessoas que tenham uma relação próxima, de alguma forma atuante, com o hábito social de fumar maconha. Conto da primeira entrevista com o Nelson. *"Como se ninguém soubesse"*, é o que ele pontua sobre o Nelson a vida inteira ter fumado seu beque. Sigo falando do Gabeira, que nem fuma – *"dentro dessa galera da esquerda revolucionária, fumar maconha era malvista, coisa de alienado"*, mais uma pontuação do Matias. Quando falo da juíza Maria Lúcia Karam, ele vibra. E assim segue quando falo do Eduardo Faveret, da Margarete Brito, do nosso amigo em comum D2 e assim por diante. Falo também da recusa de algumas pessoas, profissionais liberais, em dar entrevista e se expor sobre o tema. Mais uma vez, o assunto da hipocrisia da sociedade brasileira vem à tona.

Com tudo explicado, com o entrevistado ambientado, vamos ao papo. Começamos do princípio! *"A primeira vez que ouvi falar de maconha foi, provavelmente, em campanhas proibicionistas, dizendo que ia matar meus neurônios. Na minha casa todos sempre beberam e me incentivavam desde uns 12 anos a brindar. Sempre me ensinaram a saber o que eu aceitaria de estranhos, mas nunca tocaram o terror contra as drogas. Meus pais não fumavam maconha. Minha mãe passou a fumar já agora, bem mais velha"*, lembra. *"Na adolescência comecei a escutar rock e a andar com a galera das bandas. Eles fumavam e eu não. Estudei no Zacarias. Tinha uma banda ótima chamada 'Madrugada Lisérgica'. Eu fui o último a fumar. A primeira vez foi num show do Chico Science com abertura do Pato Fu no Circo Voador, e eu lembro que o BNegão, que eu ainda não conhecia, estava bem do meu lado. Foi muito libertador. Eu tinha uns 15 anos, mas só comecei a me achar maconheiro mesmo lá com uns 20. Entre os 15 e 20 eu não comprava e só fumava nos shows, filando da galera"*, é isso, o Capitão Presença começou como o malévolo filão! *"Eu adiei muito o consumo. Por muito tempo fui o Super Aba até virar o Capitão Presença. As primeiras vezes que comprei foi fazendo 'ratata' com um cara do meu prédio. Aí comecei a pegar uns quilos com uma galera e assim o meu acabava saindo de graça. Uma época que tinha maconha boa. Depois passei a plantar e a conseguir meu autossustento dessa forma. Dá muito trabalho, requer carinho, atenção. É tipo um pet, um cachorro, um peixinho, só que ninguém fuma cachorro. Hoje tenho um monte de amigos que cultivam, alguns com alvará e outros não. Assim eu vou ganhando e fumando. Eventualmente ainda compro um prensado do tráfico mesmo, até porque eu coleciono 'dolas' e quero fazer algo com esses carimbos, as* etiquetas, embalagens do tráfico. Tem umas que são incríveis. Só no Rio de Janeiro mesmo que o ilegal tem até etiqueta pra todo mundo saber de onde vem." Vou deixando ele falar, e Matias fala com propriedade e carisma. "Eu via o fumo e aquilo não me parecia ser uma planta. Era um negócio quadrado, duro, marrom, feio", descreve o "prensado" que fumamos por aqui. Certamente já estava nascendo aí uma das matérias feitas pelo Matias que mais repercutiu na sua carreira, sua incursão na produção do prensado paraguaio. As matérias que Matias faz têm postura, ele se insere, tem um propósito maior do que somente retratar um fato. "Hoje tem tráfico vendendo também flor boa, bonita, cheirosa, e não só 'colômbia'. Com a legalização nos Estados Unidos muitas flores e fumos do México estão escoando para cá. A maconha mexicana tradicionalmente é muito boa, até porque eles vendiam para o mercado americano. Na última vez que fui lá, já vi o caminho inverso, e mexicanos fumando maconha americana que vem numa latinha, numa embalagem bacana, bagulho sofisticado, e os mais bem-apessoados no México tirado onda fumando 'green' americano. Os Estados Unidos são fodas! Foderam o México em troca do tráfico e agora exportam para os mexicanos. Inverteram o comércio e hoje vendem legalizado, caro e pagando até imposto", ele explica. Com todo esse novo movimento no comércio internacional da maconha, mais oferta vai chegando para nós aqui no Brasil. Quem estiver disposto a pagar pode, tranquilamente, se livrar desse prensado paraguaio. "Esse prensado de merda!", fala revoltado. "É maconha boa, mas muito maltratada. Mal secada, mal manipulada, mal prensada, mal transportada e chega aqui podre, em estado de decomposição. O resultado é uma maconha bem ruim! O prensado traz uma onda ruim, que te chapa, boda. Aí o cara vai fumar um green que deixa mais leve e acha que é fraco. As pessoas não estão acostumadas a fumar THC, maconha boa", ele explica, e segue: "A proibição faz a qualidade ficar péssima. A ilegalidade coloca tudo na não regulamentação. O Paraguai é dos maiores produtores do mundo e ainda assim a oferta deles é menor que a demanda, e com isso a qualidade cai, pois eles apressam os processos. *Eu mesmo vi um cara falando que ele tinha que enviar uma tonelada e para isso acelerou o processo, e como a gente compra assim mesmo, eles cagam para a qualidade e faturam pesado".* Quem ainda não leu, vale muito a pena ler esta matéria feita pelo Matias sobre o prensado paraguaio (https://apublica.org/2017/08/como-nasce-o-prensado/).

Nossa conversa vai pegando esse caminho, mas não deixo de pensar no avô do Matias e nessa sua formação, digamos, como pessoa, a pessoa que veio a se tornar. Se ele já falou da influência que sua família teve na formação do seu caráter questionador, se lhe deu a experiência de ver que a contravenção está sempre ao lado, perto, dentro, fazendo parte, fico curioso em saber mais sobre essa vivência familiar. Deve ter sido bom demais ser dono de loja de fliperama, poder jogar quanto quisesse e saber de novidades dessa área em primeira mão. *"Meu avô me levou para presídios, mas também para muitas viagens em feiras e convenções internacionais, e nessas viagens eu comprava muitas revistas como* Rolling Stones, Trasher *e, eventualmente, umas* High Times, *e aí comecei a ter contato com outro planeta. Uma das primeiras* High Times *que comprei foi uma com o ET na capa pedindo para ser levado a um traficante. Vendo tudo isso, foi nascendo em mim uma vontade de um dia ter uma revista como essa no Brasil. Toda essa cultura que eu via que existia me interessava. Os produtos, a coisa do cultivo, o comportamento. Isso tudo abriu minha cabeça e comecei a entrar em sites e fóruns de consumo como o Growroom aqui no Brasil, que foi dos primeiros e é muito importante. Aí não parei mais de cultivar e querer saber mais de toda essa cultura"*, Matias conta muito bem a sua história. E assim vieram o que já falamos antes, a *Tarja Preta*, o Capitão Presença, o Maconheiro Mascarado e diversas reportagens para variados veículos. *"Hoje você vê em quase todos os veículos de imprensa um especialista no assunto, mas o viés é sempre meio de valor econômico, de quanto a empresa x vai investir em canabidiol, e papos de mercados e... vai pra puta que pariu! Não foi por isso que eu queimei meu filme e me expus a vida toda. Não tem nada de cultura e comportamento nisso, somente dinheiro. Fiquei vinte anos brigando, falando, exercendo um ativismo e, hoje em dia, que o bagulho tá caminhando, vem um almofadinha de sapatênis dizendo que é 'empresário' da maconha. Não fode! Ou então, porra, você vê que é o agronegócio que pode vir a legalizar a maconha no Brasil, um monte de gente aplaudindo o PL 399 e por aí vai. Esse PL 399 vai foder a gente de um jeito comprometedor. Mais uma vez seremos os últimos a legalizar, e quando formos entrar o mercado já estará dominado pelos americanos, canadenses. A gente poderia ser potência nesse segmento e vemos que já está tudo comprometido por lobbies"*, vejo os olhos dele se arregalarem, os braços gesticulam mais e fica evidente a verve e a veemência ativistas. E se já estamos falando do seu ativismo, não tem como logo não falarmos da Marcha da Maconha. Matias foi um dos que trouxe a ideia para o Brasil e até hoje é um dos organizadores. *"O grande mérito da Marcha da Maconha foi ter tido o aval do Supremo Tribunal Federal para poder acontecer legalmente. O que, por si só, já é ridículo, pois toda manifestação é legal"*, assim ele começa a contar e questionar a história da Marcha no Brasil. *"A primeira foi em 2002. Vi que no primeiro sábado de maio no mundo todo acontecia. Na primeira deu umas 500 pessoas, e o Globo fez uma matéria dizendo que a Polícia Civil ia monitorar todo mundo. Isso esvaziou muito a Marcha. Em 2006 eu já tinha a Cucaracha e o William, da Growroom, frequentava a loja e a gente trocava muita ideia, e ele veio me pilhando, falando da Marcha e me mostrando fotos da Marcha em Buenos Aires com umas 100 mil pessoas. A gente criou um site, uma identidade gráfica e pilhamos as pessoas a irem de máscara na Marcha. Tinha máscara da Luana Piovani, do D2, Gabeira... Foi um sucesso todo mundo de máscara. Deu tão certo que a Luana depois foi no Faustão pedir desculpas por fumar. Brasil é assim, as pessoas pedem desculpas por fumar maconha, por pegar travesti. Tinha máscara também do Sérgio Cabral, que disse que se pudesse liberaria maconha no Rio"*, ele segue contando e rindo. Vale dizer que, enquanto esteve preso, encontraram maconha na cela do Cabral. *"Começamos a filipetar na night, nos pontos de encontro, fazíamos artes bacanas e em uma usamos até o Cristo Redentor, e deu uma puta polêmica por causa de um bispo, já que a Igreja é dona da imagem do Cristo. Enfim, assim a repercussão foi aumentando, a gente recebendo contato do Brasil inteiro, um monte de gente querendo fazer a Marcha, e em 2008 rolou em oito cidades no mesmo dia. Uma galera foi presa filipetando. O André Barros, advogado e sempre candidato, ajudou a liberar a galera. O Renato Cinco foi um desses presos, e ele acabou dando mais a cara a tapa e passou a ser muito associado à Marcha. Isso foi um erro, pois ele e a sua galera queriam institucionalizar o que era um movimento. Minha cabeça era século XXII e ele ainda falando em revolução comunista. Queriam transformar em ONG e a gente não queria nada disso, queríamos uma parada horizontal, e não verticalizada. Nós vencemos esse debate e eles criaram o MLM [Movimento Legalização da Maconha]. Com toda essa exposição, o Renato Cinco conseguiu se eleger vereador por dois mandatos. Não tenho nada pessoal contra ele, mas a maneira como ele usou a Marcha foi podre. O cara fez 300 mil filipetas e isso é ridículo! Só para sujar a cidade e ele aparecer. Ele como vereador não fez nada pela causa. Para nós, um dos principais lemas sempre foi "não compre, plante", e essa galera acha que quem planta é privilegiado. Isso é ridículo! Como assim não lutar para que mais pessoas possam plantar? As pessoas podem comprar, mas não podem plantar? Não faz o menor sentido. A entrada desse gabinete foi péssima para o movimento legítimo. Galera de esquerda, de partido, mente curta, corporativa, e o movimento não é esse. O que aproximou a maconha da esquerda aqui foi a Marcha da Maconha, e a esquerda chegou muito malchegada, com uma mentalidade antiga de aparelhar o debate. Enquanto nos anos 60 a contracultura mundial estava questionando a liberdade, a mente, as drogas, a sexualidade, a gente aqui estava em plena ditadura militar dizendo que tudo isso era coisa de vagabundo, de veado... A própria esquerda tinha esse preconceito com a maconha. Quem fumava não poderia fazer luta armada?"*, Matias fala com tanta convicção do que faz tanto sentido. O que quero dizer é que, antes de qualquer coisa, o que ele fala e faz, faz total sentido para ele e quem ele é. *"Agora essa galera perdeu o mandato e, assim, o emprego. Sem eles, o movimento está voltando à sua forma original"*, ele segue contando. Atualmente, sua participação é no início da organização, na hora de definir os temas, e tentando envolver artistas e formadores de opinião. *"Nem todos entram... D2 é um que sempre se manifesta, mas tem um monte de rappers que falam de maconha nas suas músicas, até lançam marca na Califórnia, mas o empresário diz que não é bom o artista ficar associado ao movimento. É muita hipocrisia mesmo! O cara usa o tema, ganha espaço, mas não se empenha no movimento. Até hoje ainda pensam que falar de maconha não é bom para a imagem?"*, alfineta com razão. Só falando, só expondo, para naturalizar e diminuir o preconceito. Isso é o que cada vez mais estamos fazendo.

Com tudo isso, será que andamos para trás, para a frente ou para o lado nesses vinte anos? É sabido que fomos dos primeiros países a proibir na época que a maconha foi vista como a "erva do diabo", e já somos dos últimos a legalizar. Fato. *"Demos um salto e agora estamos vacilando. A grande conquista do movimento pela legalização do fumo e cultivo da maconha foram as Marchas serem legalizadas, poder cantar música, usar camiseta, só não pode fumar, plantar e vender. Mas, enfim, isso deu uma explosão no assunto, na cultura e na força das Marchas que hoje levam muitas pessoas. Verdade seja dita, as pessoas vão nas marchas para fumar na avenida Paulista. Tem um orgulho nisso. Acho que esse é o tamanho da Marcha. Outro avanço foi o uso medicinal, mesmo que essa galera tenha tido uma postura bem discriminatória, preconceituosa em dizer que primeiro a gente libera a medicinal e depois a gente segue. É meio como 'primeiro a gente tira a Dilma, depois a gente limpa o resto', saca? Isso é uma burrice"*, ele fala, sempre deixando claras suas posições, pensamentos e razão. *"A briga pelo uso do medicinal abriu a porteira para empresas que já estão na frente disso, que fazem lobby até para fornecer para o SUS. Quando a Anvisa abriu a porteira disse que não se meteria em cultivo, aí veio o PL 399 que favorece empresas, associações, e não o cultivo individual. Como assim empresas podem plantar, produzir, comercializar e o indivíduo, o cidadão, não pode plantar o seu? Tudo bem que o mercado se industrialize e tenha essas empresas, Big Pharmas, mas daí a eu não poder ter a minha plantinha em casa? Que interesses são esses?"*, indigna-se mais uma vez com razão. E eu mais uma vez me lembro de todos os papos até aqui. Como questionar a liberação medicinal se sempre lembro da filha da Katiele, que tinha oitenta convulsões e, utilizando medicamentos à base da canabidiol, passou a ter quatro? Uma melhora de vida dessas justifica tudo! Mas fato é que, pela ótica de que tudo é somente uma planta, uma mesma planta, que o uso social faz dessa planta um dos produtos mais consumidos no mundo, separar o uso medicinal do uso social não faz o menor sentido. Ou melhor, de certa forma, só reforça a hipocrisia social em que vivemos. Mais uma vez lembro do papo com a juíza Maria Lúcia Karam, que tem por princípio que não cabe ao Estado nenhuma dessas decisões tão individuais. A sociedade civil hipócrita justifica uma legislação igualmente distorcida. *"Mesmo com tudo isto, com a maconha se tornando cada vez mais um assunto de mercado, eu ainda sou visto como um jornalista doidão, militante. Eu não uso sapatênis"*, afirma, antes de finalizar com mais uma visão antropológica da nossa sociedade: *"Hoje você vê que querem proibir caixinha de som nas praias. O que está por trás disso? Na verdade, isso de levar caixinha de som pra praia é um comportamento dos pretos e pobres, e é isso que querem proibir. Pretos e pobres nas praias. É sempre assim! Com a maconha também foi assim. Desde o início foi associada a algo de preto e pobre, e assim proibiu-se, criando a imagem do 'maconheiro' malandro, da vadiagem, e isso sempre foi associado a coisa de preto e pobre"*. E não é? Lembrando do papo aqui com o Zaccone, é.

Estamos chegando ao fim do nosso papo, um ótimo papo. Matias ainda fala com empolgação sobre o modelo de legalização no Uruguai, onde o uso social é legalizado e você pode plantar em casa, ou se associar a um clube, ou ainda pode comprar na farmácia. Pronto. O Estado garante a regulamentação e cada um consome da sua forma ideal. Simples. Sem estresse, sem violência, gerando impostos e calma para a sociedade. Parece ser o modelo ideal para o Brasil, não? *"No caso do Brasil, temos que pensar em como reparar essas tantas pessoas que sofreram danos por conta da proibição, essas pessoas que ficaram à margem da lei por décadas, pessoas que foram assassinadas, enjauladas, exterminadas para que a gente chegasse à conclusão agora de que maconha é só uma planta que tem diversas utilidades. É muita covardia, é injusto. Essas pessoas têm de ser inseridas neste processo. Quantas famílias não vivem em função da proibição? Nos Estados Unidos estão passando por isto."* Mais uma vez Matias traz um enfoque humanista para o tema, mais uma vez eu concordo com ele.

Para fechar a conversa, lembro de uma pergunta que eu devia ter feito lá no início. Como é o seu consumo, o seu hábito de fumar maconha? *"O meu consumo depende muito do que eu tenha disponível e para fazer no dia. Não vejo nenhum problema em começar meu dia fumando, dando um tapa. Minha namorada fica horrorizada, mas não vejo mal nenhum. Com o tempo, tendo um bom fumo, aperto um beque, dou uns tapas e paro. Sigo meu dia e vou fumando esse baseado o dia inteiro. E tem também o uso social de apresentar um beque para um amigo e tal. Isso foi foda na época da lojinha, a Cucaracha, pois sempre chegava um amigo e lá ia eu fumar mais um. Não digo que isso é bom, você vai acabar deixando de fazer outras coisas. Tudo é uma questão de autoconhecimento, e você vai aprendendo a como utilizar de uma forma positiva para você."* Ele encerra o assunto e eu me dou por satisfeito com mais um ótimo papo e mais outro ponto de vista de uma pessoa que tem o uso social da maconha como parte da sua rotina e experiência de vida. Positivamente, a vida não tem rascunho, e Matias sabe bem as linhas que escreve.

13.

William Lantelme

"O homem coletivo sente a necessidade de lutar", cantava Chico Science na música "Monólogo ao pé do ouvido". Chico escreveu isso sem conhecer o William Lantelme, mas a frase se encaixa perfeitamente a ele. Um desbravador! Fez de sua inquietude uma estrada para muita gente passar. Um ativista na maior concepção da palavra. Pensando em todos criou o fórum de debate Growroom, que já virou loja, curso e movimento. Se o assunto é maconha, temos que ouvir o Will!

Vai entender os caminhos das nossas vidas, da vida de cada um. Será que desde pequenos já vamos dando "bandeira" do que seremos? Tem uns caminhos que parecem mesmo seguir algum instinto pessoal. Ele, desde os seus primeiros beques comprados, já tinha a iniciativa de, sem conhecimento algum, tentar plantar. Época em que no Rio ainda circulava fumo solto, uns camarões, e não era só essa hegemonia do prensado paraguaio. *"Eu não sabia nada. Pegava as sementes, germinava e jogava no vaso. As plantas chegavam a crescer, mas não floriam. Eu não sabia nada sobre se eram fêmeas ou machos, não tinha a menor noção do quanto de luz... Pegava uns vasos velhos da minha mãe e colocava lá. Quando a planta crescia eu dizia para meus pais, super caretas, sem noção de nada, que eram sementes de pinheiro canadense que eu havia ganhado na ECO 92"*, ele conta sobre suas primeiras tentativas de plantar maconha para o seu consumo.

O "ele" do parágrafo acima é o William Lantelme que, dez anos depois, em 2002, começaria na internet o Growroom, o primeiro fórum de debates sobre o cultivo de maconha no Brasil e que hoje é uma plataforma de conhecimento, uma grande referência não só sobre cultivo, mas sobre praticamente tudo que se relaciona com a maconha: cultivo, cultura, questões jurídicas.

Quando começou o Growroom William morava em Colônia, na Alemanha. Estava lá estudando *design* e fazendo freelas na área de desenvolvimento *web*. Para poder se livrar do alto custo da erva por lá, e dando vazão ao seu instinto já revelado lá atrás, resolveu começar seu cultivo caseiro. Buscava informações e não encontrava. Resolveu ir atrás e trabalhar para si mesmo. Assim nascia o Growroom. Pouco se falava sobre maconha no Brasil, muito pelo contrário, era ainda um grande tabu, apesar de estarmos saindo do governo Fernando Henrique Cardoso, que já, especialmente, falava sobre o tema da legalização. William foi em frente, sem nem imaginar o ativista pioneiro em que já estava se transformando. Foi atrás de informação e assim foi fazendo contato com importantes ativistas pelo mundo todo. *"Nunca planejei ser um ativista. O Growroom que me levou. De certa forma, o intuito já era de um ativismo sem nem saber. Meu intuito inicial era plantar um produto de qualidade superior, eu cuidando da planta, sabendo tudo que tem ali, vendo todo o processo natural da planta. E também sempre vi essa possibilidade como uma forma de não precisar comprar no mercado ilegal"*, ele vai falando e eu vou lembrando do papo com o Gabeira, que, diferentemente, virou um defensor do tema não pela sua questão pessoal. Lembram que Gabeira nos disse que nunca foi um usuário? William vai falando sobre o que o levou para a causa, e acho bacana como as razões dele e do Gabeira acabam se encontrando e se complementando no tema. Acho louváveis pessoas que fazem de sua vivência e de suas necessidades os seus propósitos. William é um desses, e no caminho da sua causa foi se tornando um dos principais ativistas e referências canábicas no Brasil. Foi, é, um dos criadores e fomentadores da Marcha da Maconha pelo Brasil, promoveu e promove diversos encontros, como a Copa Growroom, uma versão da holandesa Cannabis Cup, organizou e organiza comissões para discutir o tema em diversos fóruns e até no Congresso Nacional, onde, inclusive, colaborou com o projeto do então deputado Jean Wyllys que buscava alterar a Lei 11.343/2006 para regulamentar a comercialização, o cultivo caseiro e o consumo medicinal e recreativo da maconha. Por essas e outras, no dia 20 de abril de 2008, acabou preso! Não por estar plantando, fumando, muito menos vendendo. William foi preso por estar distribuindo panfletos, divulgando a primeira Marcha da Maconha no Rio de Janeiro. Isso mesmo: preso, em 2008, por estar distribuindo filipetas! É impressionante como somos uma sociedade atrasada! E qual a causa desse grande atraso? Certamente, mais uma vez, não tenho como não chegar a esta conclusão: somos atrasados, principalmente, pela nossa hipocrisia social patológica. Felizmente, e muito graças a pessoas como o William, desde 2011 o STF julgou que não é mais crime expor desenhos de folha de maconha, panfletar, usar camisas que façam alusão à maconha e tudo o mais assim. Parece óbvio, mas tem só praticamente dez anos que foi liberado poder falar de maconha! Quanto atraso.

Quanto atraso, que também se manifesta não só pela forma como o assunto é tratado, mas principalmente quando alguém levanta o tema, quando alguém propõe um aprofundamento no debate sobre a descriminalização da maconha, e, em geral, a primeira reação das pessoas, é achar que o debate é só para legalizar que qualquer um possa fumar seu "cigarrinho". E tem tanta coisa mais envolvida no tema. Óbvio, e qual o problema de as pessoas quererem simplesmente fumar em paz seus cigarrinhos? Mas é de uma ignorância tão grande achar que o debate se resume a isso. Espero que, a esta altura dos nossos papos neste livro, você já tenha entendido que a questão é bem mais complexa. Se ainda não entendeu, escutemos o William falando sobre isso: *"Todo mundo sabe que maconha é inofensiva. Quanto o Estado gasta com a saúde do usuário e quanto gasta no suposto combate ao tráfico? É irrisório quanto o usuário custa para o Estado. O usuário de maconha não cria custo nenhum para o Estado! O que justifica este discurso de combate ao tráfico é somente o discurso político"*. Quantos deputados, vereadores, prefeitos, governadores são eleitos com esse discurso bélico que historicamente, como é de conhecimento geral, nunca resolveu a questão do tráfico? Amparados nesse discurso se elegem políticos inescrupulosos, gasta-se muito mais que o necessário em armamentos, e assim fazemos a roda da ilegalidade girar. Só por este aspecto, o da política de segurança pública, já deveria ser evidente que a questão da descriminalização dessa planta inofensiva não é em prol de quem queira fumar, mas, sim, uma questão de gasto público. *"Ao proibir, a gente cria o problema de entregar o monopólio desse mercado bilionário na mão de pessoas que fazem algo de forma ilegal. Quando a gente estuda de forma mais profunda o crime, a política de segurança pública no Brasil, vê que tudo vai remeter ao narcotráfico. Ninguém rouba um banco com faca na mão. Você precisa de todo um aparato para realizar um crime desses. Tudo isso é financiado pelo narcotráfico. A grande violência que assola o país é financiada pelo narcotráfico"*, ele continua falando o que já deveria ser óbvio. Mas se isso é tão óbvio, pergunto, por que não conseguimos romper esse ciclo nefasto? Por que nem as alas mais progressistas, a esquerda, não se envolvem de forma racional nessa causa? *"A esquerda tem medo do custo político dessa causa. Individualmente, no particular, essas pessoas sabem da importância e das consequências dessa causa, mas preferem não tocar nesse assunto"*, ele responde. Sejamos pragmáticos: a gente vê no dia a dia, eleição atrás de eleição, que nenhum político se elege com essa bandeira. Temos diversos exemplos de candidatos que tentam, mas não chegam lá. Parece que esses candidatos não se apresentam com o enfoque correto, empático, e muitas vezes se sujeitam, se colocam, numa posição e imagem quase folclóricas ao defender o tema. Uma pena. *"Temos que amadurecer mais esse assunto. Só o aspecto do fumar não elege"*, conclui. Junto a candidatos assim temos eleitores muito pouco politizados. Inclusive usuários! *"É mais provável que os políticos da direita proponham algo no sentido da legalização pelo interesse financeiro. De um lado, políticos com medo e sem o discurso adequado, e do outro, políticos que percebem o potencial financeiro da Cannabis e querem que o mercado favoreça alguns. São políticos que hoje enxergam a possibilidade de grandes lucros com o uso medicinal e lutam para ter o monopólio da produção"*, ele analisa, com grande conhecimento de causa. Não tenho a menor dúvida de que a legalização da maconha no Brasil não será por uma causa comportamental, mas, sim, por uma questão financeira. Diria até que por este caminho ela já está avançando. Hoje, se você investe na bolsa ou em fundos, já pode investir em empresas da indústria canábica. Praticamente todos os bancos de investimentos já têm suas carteiras nesse segmento. As cifras que já vemos envolvendo esse mercado pelo mundo são de bilhões de dólares. Nossos capitalistas vão deixar escapar esse filão? Seguramente não. *"A maconha é uma* commodity *cada vez mais poderosa, e o próprio agronegócio vai querer dominar esse mercado criando políticas que não necessariamente estarão preocupadas com o bem da sociedade, mas com a questão de uns poucos poderem ganhar esse dinheiro. Certamente não estão preocupados com a liberação da planta, de quem quiser plantar na sua casa. Serão empresas milionárias que poderão pagar as licenças. Eu digo que será a proibição 2.0."* E alguém tem dúvida de que este é o caminho mais coerente com a nossa história e política? A questão e a liberação da maconha não serão muito diferentes de outras, como a abolição da escravidão, o trabalho, o voto feminino e o aborto. Em todas essas questões somos sempre os últimos da fila.

Mudemos o rumo desta prosa. Não foi só para falar sobre esse tema no Brasil que resolvi chamar o William para este papo. Interessa-me a sua vivência pessoal. A dele e a de todos os entrevistados do livro. A primeira vez que William ouviu falar sobre maconha ele era bem moleque, tinha uns 10 anos, e costumava fazer caminhadas com seu pai e sua irmã. Num desses passeios, o pai os levou num dos lugares mais bonitos do Rio de Janeiro, a Pedra Bonita, o grande morro de pedra em São Conrado de onde o pessoal de asa-delta e parapente decola para seus voos. Uma vista muito linda! Bem embaixo da rampa onde os voadores tiram os pés do chão, tem ali um espaço, uma bancada no próprio morro, de onde se tem uma maravilhosa vista dos saltos. Ali é um *point* muito usado para quem gosta de dar um dois para apreciar a vista e os saltos. Além de uma vista linda, a pessoa ainda fica escondida de visitas indesejáveis, como policiais. Foi bem ali que William viu pela primeira vez uma galera fumando maconha. O pai ficou alarmado e logo levou os filhos embora dali. Na descida já cruzaram com uma "joaninha", como chamávamos os fuscas utilizados pela polícia, que mereceu um comentário desse alarmado pai. William se não esqueceu daquele dia, daquele momento, e assim entendeu que a maconha estava associada à delinquência. Anos depois veio o primeiro contato com o fumo, até o primeiro beque. É ele quem conta: *"A primeira vez que vi maconha foi na escola. Eu estudava no Corcovado, uma escola alemã. Um belo dia uma amiga levou um pouco que pegou do padrasto num desses potinhos de guardar joias. Eu era o mais velho da turma por ter sido reprovado duas vezes. Peguei da mão dela dizendo que ia guardar. Tentei fumar, mas não sabia apertar. Nunca dava certo. Aprendi com os amigos mais velhos que tinha no prédio. Nessa mesma época estava começando a escutar reggae. Comecei a fumar, mas não batia. Eu falava que a onda deles era psicológica. Então, em vez de gastar grana comprando maconha, preferia gastar*

*comprando fitas cassetes para gravar meus reggaes e CD na Village,
uma loja que tinha na Galeria River. Um dia, num Carnaval, fui com
um amigo na casa de máquinas do elevador do prédio. Fumamos uma
ponta e... aí sim fiquei muito doido! Esse meu amigo também me mos-
trava umas revistas gringas sobre cultivo. Gostei disso tudo e juntei com
o reggae. Tinha muitas bandas legais do gênero nessa época, como o
Medusas Dreads, Tafari Roots, Dread Lion, e eu ia a todos os shows delas no Circo Voador. Tinha um amigo alemão, da escola, meio* hippie,
que os pais fumavam, e a casa dele era o point *liberado pra gente fumar
antes de sair sem risco de rodar na rua"*, ele narra assim seu início na
fumaça. Desde então fuma praticamente todos os dias e está com
47 anos. *"Não lembro quando fiquei sem fumar"*, conclui o usuário
ativista. *"Mas se não tiver acho que não vou ficar mal, sem dormir nem
nada disso. Acho bem fácil controlar. Sinto muito mais falta de Coca-
Cola, que eu sempre bebia e parei. Hoje em dia, quando bebo um copo
me dá uma alergia, uma coceira. Sinto mais falta de Coca-Cola que de
um baseado. Coca-Cola é droga pesada!"*, ele fala, e eu intimamente
questiono: será mesmo que fica na boa sem fumar? Por experiência própria, eu confesso que comigo não é bem assim. Se tiver sem
fumo, se tiver que ficar sem fumar, eu fico, lógico, mas no primeiro
dia sem, no segundo, dá um certo desespero. Depois fico na boa até
poder fumar um novamente. Fato é que evito ficar sem. William
também.

O usuário foi virando ativista e, como já vimos, foi parar na
Alemanha, onde criou o fórum de debates on-line Growroom.
Criou por ser usuário e, como também já vimos, foi por meio do
Growroom que se tornou o ativista que é. A causa própria no caso
do William foi mesmo determinante. *"Uma vez fui pego lá fumando
maconha e não sabia o que fazer. Fui buscar informações na internet e
encontrei não só as informações como também advogados que ajuda-
vam usuários como eu. Achei aquilo incrível, fiquei com isso na cabeça
e, anos mais tarde, criei aqui o SOS Growroom, que funcionou por 10
anos ajudando juridicamente quem precisasse"*, ele conta, antes de

ressaltar que por meio do Growroom pôde trazer muitas informações sobre o cultivo e a cultura canábica, mas também ajudar de forma pragmática quem precisasse na Justiça. *"Hoje muitos desses advogados vendem* habeas corpus *para as pessoas plantarem"*, ele fala com tristeza na voz. Tristeza por mais uma vez constatar que o que prevalece e prospera aqui no Brasil é mesmo o jeitinho para se levar vantagem em tudo. É triste mesmo constatar que hoje existe uma indústria de receitas para uso medicinal e de *habeas corpus* para o cultivo. Ou seja, a sociedade sempre dá um jeito de possibilitar que os privilegiados driblem as leis que deveriam ser iguais para todos. Ou você acha que pessoas pobres podem comprar receitas e advogados corruptos? Mais uma vez a hipocrisia.

Growroom foi também loja. Provavelmente a primeira loja voltada para o cultivo no Brasil. William abriu uma no Rio e três anos depois outra em São Paulo. Mas como assim uma loja para o cultivo de maconha num país que criminaliza a planta? *"Claro que tinha medo! Mas nunca tive problemas com a loja. Até tive visitas da polícia, mas nunca deu erro. Na loja não tinha nada relacionado diretamente à maconha. Não tinha imagem de folha, nada escrito, nada que pudesse remeter. Só que todo mundo sabia que o foco era este, até porque quem é que vai plantar tomate, por exemplo, num armário dentro do quarto? Ninguém, né?! Eu vendia tudo para o cultivo* indoor, *mas você querendo pode plantar o que quiser dessa forma. Todo mundo sabe que era para plantar maconha! Veja bem, eu posso te vender uma faca e com ela você tanto pode matar alguém como somente cortar uma laranja, entende? Na loja eu não estava praticando nenhum crime"*, conta sua estratégia e valoriza o ponto de encontro que a loja se tornou. *"Hoje vejo que existem várias lojas do gênero de pessoas que não têm nenhuma relação com a causa, mas que enxergam nesse mercado a possibilidade de bons ganhos"*, contextualiza. *"Mas tudo isso é bem legal também. Encontro pessoas que dizem que o Growroom mudou suas vidas. São pessoas que cultivam seus próprios fumos em casa, outras que montaram* headshops, growshops, *organizam feiras, eventos... É fato que o Growroom impactou, e impacta, muita gente. É uma fonte de informação, um fórum permanente. Teve gente que foi montar clube no Uruguai"*, ele fala com orgulho.

Morar no Uruguai foi também o caminho que ele mesmo seguiu. Passou ainda quatro meses no Canadá. Hoje ele pede para não mencionar onde está. Vai saber. Fato é que foi para o Uruguai atrás de experiência, vivência e liberdade para trabalhar. Lá criou e produziu um grande e excelente curso on-line de cultivo. *"Para eu produzir o curso, eu tinha que mostrar o cultivo, então fui para o Uruguai para poder ter e mostrar minhas plantas em casa. Podia cultivar, gravar, compartilhar e promover sem nenhum receio"*, conta seus motivos. Foi pra lá uns quatro anos atrás. Além do curso completo, que é pago, William também posta muitos vídeos no YouTube. Seu grande barato é mesmo espalhar conhecimento. Quatro anos de cultivo fazem o curso ser ainda relativamente novo para William fazer um perfil mais assertivo de quem são seus alunos. Fato é que já são 2.500 que pagaram para aprender. Hoje William vive basicamente da receita do curso. *"O curso é uma forma mais organizada, cronológica, um acompanhamento mais de perto para quem quer cultivar, mas tudo que coloco gratuitamente no YouTube também já 'formou' muita gente"*, ele fala com orgulho. Ele sabe, e é óbvio, que quem pode pagar pelo curso ou comprar os equipamentos necessários para o cultivo *indoor* são pessoas mais abastadas. Até por causa disso, acha que as lojas de cultivo sofrem poucas represálias. Todos nós sabemos que isso faz todo sentido.

Voltemos ao modelo do Uruguai. William conta que lá a sociedade nunca se preocupou muito com o consumo de maconha e de drogas em geral. Provavelmente até por isso, após a descriminalização em 2013, com Mujica, não houve uma explosão de consumo ou cultivo. Vale lembrar que o Uruguai é um país bem pequeno, com aproximadamente 3,5 milhões de habitantes. No início, muita gente foi contra a legalização, mas hoje poucos são. Essa decisão do governo Mujica colocou o Uruguai no mapa do mundo da modernidade comportamental associada à maconha, e isso se tornou não só mais uma atração turística do país como gerou, e gera, muita arrecadação de impostos. O turismo sempre foi uma indústria poderosa no país, e a legalização da produção e do consumo da maconha fez e faz surgirem diversos eventos e atrações pelo país inteiro. São feiras, festivais, *tours* guiados, clubes etc. Positivamente, é toda uma indústria, um mercado, fomentado e potencializado. É bingo! *"Eu gosto do modelo do Uruguai, gostaria de vê-lo por aqui. É melhor que o canadense. O modelo uruguaio é mais democrático. Permite o cultivo caseiro, possibilita a criação de clubes de consumo e também é possível comprar nas farmácias. O Estado é um grande produtor e distribuidor, e assim gera empregos, arrecada impostos e tem uma sociedade muito mais feliz e liberta. O foco da legalização está no usuário"*, conta. Por este modelo, o usuário tem sempre à disposição uma maconha fresca e de qualidade, mesmo que não queira cultivar sua planta. *"No Canadá não é assim. A maconha que eu cultivava lá era melhor que a dos clubes... O processo burocrático lá acaba fazendo a maconha não chegar fresca para o consumo. Ela vai perdendo o sabor, o cheiro... É igual você querer guardar um tomate por três meses ou uma banana que viaja de navio até você poder consumir. Não tem o mesmo sabor"*, compara com conhecimento de causa. Com toda essa sapiência, ele me explica mais um detalhe desses novos, e possíveis, hábitos de produção e consumo. A grande maioria dos usuários não é e nem será produtora, e a explicação é simples e financeira. *"Chega um ponto que a maconha fica tão barata nos clubes e farmácias que, realmente, não vale a pena, financeiramente, a pessoa cultivar. Os gastos com o grow, o trabalho que vai dar. Acaba sendo mais barato e simples ir a um dispensário e comprar."* Faz sentido.

Depois de todo esse caminho, todas essas voltas que o assunto vai dando, precisamos regressar ao nosso Brasil, à situação no nosso país. William, definitivamente, não é nada otimista. *"Fico pessimista quando vejo as pessoas acharem que estamos avançando. Avançando pra quem? O propósito de vida que eu tinha não é o que está vigorando. Sou um derrotado! Por mais que eu fale, fale, já sei que serei só uma vozinha perante a força do capital. É um mercado de bilhões! Tá cheio de gente interesseira querendo se posicionar para surfar essa onda que vem aí. Não vejo ninguém debatendo esse tema com toda a sua complexidade. O Congresso está parado em relação a isso. A gente até fez parte da criação de um modelo de proposta para o Jean Wyllys, que não prosperou. Ele até foi embora. Hoje se discutem cotação de ações, fundos de investimento, quanto de dinheiro está circulando nos Estados Unidos, mas nada relacionado ao comportamento, ao usuário. Não mudou nada no Brasil. A lei de 2006 é só mais uma lei circunstancial. A lei só mudou para brancos privilegiados. Hoje não se resolve com segurança nem o uso medicinal! Estamos avançando para quem?"*, ele questiona. Estamos avançando para quem? Também questiono eu.

Antes de encerrarmos o papo, William já me convida para, na época do lançamento deste livro, fazermos *lives* e ações com a Growroom. É lógico que eu quero muito isso. Tenho para mim que este livro aqui é também um fórum de ideias. Quero muito que por meio dele abramos várias rodas para a troca de informações. Vamos?

14.

Ricardo Petraglia

Um grande ator! Fez diversas novelas, filmes, peças de teatro. Teve pinta de galã e sempre o espírito inquieto. Deixou os personagens para trás e hoje é somente o que é. Fala pelos cotovelos. Pensa pelo corpo inteiro. Ricardo Petraglia não para quieto. Ativista, cultivador, está sempre um tapa na frente. Não faz do seu ativismo uma interpretação dramática, mas, sim, o seu melhor texto.

"Todas as vezes que você me viu em cena, seja novela, filme, teatro, to das as vezes eu estava chapado. Sempre tinha a turminha que saía na hora do almoço para dar uma volta de carro. Depois pintou o blunt, que era aquela seda que parece ter cheiro de cigarrilha, e aí eu escancarava mais. Lógico que perante a empresa, os lugares que trabalhei, isso me prejudicou, mas pra mim a maconha nunca me atrapalhou. Pelo contrário. Era bom, pois me deixava mais inseguro e assim mais aberto para o que ia acontecer em cena, e isso me trazia um certo frescor na interpretação. O texto saía sem ser decorado, mas, sim, eu estava impregnado dele e deixava as coisas irem acontecendo. Para decorar até ajudava. Sempre fumei na frente dos meus filhos, mas não com eles no colo. *Acho que isso foi bom, pois nunca foi um bicho de sete cabeças. Os jovens fumam por ser proibido, e na minha casa era o contrário. Eles até faziam festas e me pediam para não fumar. Hoje eles fumam bem pouco. Meu filho aprendeu a tomar vinho bom e a fumar beque bom comigo, mas não é um usuário. É coisa de fim de semana."* Deixar as coisas claras assim é o jeito do Ricardo Petraglia, um ator famoso. Para os amigos, Dick Petra. Bacana esse apelido!

Petraglia é um ator de teatro que ficou conhecido por diversos trabalhos na televisão desde a década de 1970. Fez parte do elenco de várias séries e novelas da Globo, como *Malu mulher, Cinderela 77, Água viva, Eu prometo, A viagem, História de amor, Salsa e merengue, Por amor, Meu bem querer, Coração de estudante*, além da temporada de maior êxito do seriado *Malhação*, no ano de 2004. Em outras emissoras esteve em *Poder paralelo, Milagres de Jesus, Conselho tutelar, Os dez mandamentos*, entre outros trabalhos bem populares. No cinema, merecem destaque suas interpretações em *O país dos tenentes, Estrela nua* e *Gabriela*. Já no palco, é impossível não mencionar *Hair* e *Bent*, dois espetáculos bem emblemáticos da história do nosso teatro. Um ator com um enorme currículo de trabalhos prestados à nossa dramaturgia e, como ele mesmo disse, sempre fumando maconha. Eu não iria me perdoar se entre seus trabalhos também não citasse sua passagem pelo grupo musical Joelho de Porco, um precursor do punk rock brasileiro. *"Eu tinha uma banda chamada Sindicato e era amigo do pessoal do Joelho. Era muito fã deles. O Próspero [baterista e vocal] era o máximo. Ele ficou doente e eles tinham uma temporada programada. Entrei para fazer esses shows. Usei até o smoking dele, que era bem maior que eu"*, conta. Ainda assim, entre os trabalhos, digamos, mais inusitados do Dick Petra, vale também citar que, nos anos 1980, ele foi o apresentador do programa Topo Gigio, o simpático ratinho que fez muito sucesso na nossa TV. Foi o Topo Gigio quem inventou o apelido Dick Petra. Enfim, resumindo, Ricardo Petraglia é um ator sensacional, intenso e respeitado!

Mas como tudo isso começou? Como a maconha entra neste texto? É ele quem conta. *"A primeira vez que ouvi falar de maconha, eu ainda era um fascistinha e caretaço. Entenda que venho de uma família bolsominion ainda antes de o Bolsonaro existir. Minha família tinha uma fazenda no Sul, e um dia lá, um amigo apresentou uma bagana e eu, imediatamente dei um tapa na mão dele que tinha mais maconha. Caiu tudo no chão, ele ficou puto, e eu dizendo que aquilo era coisa de bandido. Anos depois eu estava fazendo uma peça de teatro chamada Os monstros, e aí um colega me apresentou um beque e eu fiquei doidão. No dia seguinte fumei para entrar em cena e deu a maior merda, esqueci a coreografia toda"*, ele vai falando e relacionando a maconha com seu dia a dia de trabalho desde o princípio de sua carreira. Interrompo. Peço para que me fale um pouco mais de como se deu essa transformação de "fascistinha" para ator de teatro. De alguém que joga no chão a maconha do amigo, dizendo ser coisa de bandido, para esse cara que fuma para entrar em cena. *"Eu estudava no Porto Seguro e lá fiz um teste para a encenação de* A moreninha. *Fiquei sabendo de um outro teste com o Antunes Filho. Eu fiz, passei, com uns 17, 18 anos. Lá no Antunes eu conheci a Heleny Guariba, que me deu alguns livros para ler e mudou a minha vida. Ela tinha um caso com o meu mentor, o Juca de Oliveira. Eu era pupilo dele. Se tirassem uma foto do saco dele eu ia aparecer lá grudado"*, ele conta, falando sobre um dos grandes nomes do teatro nacional. Heleny Guariba foi uma militante, professora de teatro, que acabou assassinada pela ditadura militar. Dizem que foi mais uma vítima da Casa da Morte, em Petrópolis. O desaparecimento de Heleny foi um dos casos da Comissão da Verdade. Seu corpo nunca foi encontrado, mas, por diversos indícios, ela foi dada como morta. Com ela, com essa época no Brasil, nosso Dick entrou para o teatro, e um desejo revolucionário despertou nele. *"Eu só queria experimentar. Ninguém em volta de mim fumava. Em* A moreninha, *com Marília Pêra, Perry Salles... Ninguém fumava, e se soubessem que eu fumava provavelmente dariam uma queixa para o produtor. Fui fazer* Hair, *e aí sim pintou a galera da maconha, do ácido, do pó, todas as galeras. Comecei a dominar a droga. Comecei a fumar para me ajudar na peça. Era muito mais legal fazer fumado. Eu achava que me conectava mais com o público, com a cena. Logo depois comecei a tomar ácido para entrar em cena. Era uma aventura feito andar num arame em cima das cataratas do Niágara sem rede. Divertidíssimo!"*, ele lembra dando risada. *"Eu era um drogadaço mesmo. Depois parei com as drogas e fiquei só com a maconha. Nunca gostei de álcool. Gostava de pó, heroína, xarope, ópio, anfetamina... Tinha um amigo chamado Pestana que sabia tudo. Eu tinha uns 18 anos... Sempre tinha alguém para trazer, um 'transeiro'. Eu morava na Bela Vista e lá tinha o Marrom. Ele era o cara. Comprava um peso e dividia pela galera. Maconha foi um hábito diário. Nunca parei. Quer dizer, parei hoje das 13h30 até umas 17h30 quando voltei pra casa"*, ele vai falando e rindo. *"Maconha sempre muito presente na minha vida"*, conclui.

Tempos depois, chegando aos dias de hoje, Ricardo é um dos mais enérgicos ativistas pró-legalização da maconha. É ótimo o programa *Moby Dick Show*, que ele apresenta no seu canal no YouTube. É lá que recebe convidados ligados ao tema e dá dicas preciosas sobre questões jurídicas, cultivo e comportamento. Todo esse ativismo veio em função de um problema de saúde. Como ele mesmo diz: *"De maconheiro virei paciente"*, uma boa frase! *"Eu sempre fui paciente e não sabia. As poucas vezes que eu não tinha fumo, as pessoas perto de mim não aguentavam. Sou muito pilhado e fico insuportável. O fumo me acalma, me equilibra."* De fato, a maconha acalma e tranquiliza muita gente. Tem gente que se acalma tomando suco de maracujá. Qual a diferença para, em vez deste refrescante suco, a pessoa preferir, achar que funciona melhor para ela, uns tapas num beque? Falo isto e ele concorda, e continua a relatar sua utilização terapêutica, que foi e vai muito além de acalmar e equilibrar. *"Eu operei o quadril. Coloquei uma prótese. Isso me causou um desequilíbrio na coluna que formou hérnias, inflamações que me doíam muito. Pedi ao meu médico remédio para dor, mas, como eu tinha hepatite C, não poderia tomar. Foi ele que me aconselhou a usar maconha. Ele que me falou sobre o óleo. Comecei a usar e não sinto mais dor. Olha que maravilha."* Realmente, ninguém merece viver com dor. Ainda mais existindo um remédio tão eficiente como esse. Deveria ser simples assim, mas não é. Quando Ricardo descobriu o remédio à base de óleo de canabidiol, o frasco do produto tinha que ser importado, e cada unidade custava muito caro, mais do que seus rendimentos como ator poderiam pagar. *"Comecei a plantar antes de ter o* habeas corpus, *pois o óleo era muito caro e eu não teria a grana. Neste caminho conheci o Pedro Zarur, da Abracannabis [Associação Brasileira para a Cannabis], que me ensinou. Com ele fui vendo crianças que paravam de convulsionar, pessoas com Parkinson sem tremer. É impressionante. Tenho uma tia, já velha, que tinha um problema no dente, e graças ao óleo ela parou de tremer a boca e pôde tratar. Parece milagre!"*, ele se empolga. Não é milagre! São somente alguns dos benefícios que este produto, esta planta, maconha, pode nos proporcionar. Ricardo ficou bem entendido no assunto, e prossegue: *"O que acontece é que temos dentro da gente as anandamidas, que nada mais são que uma maconha endógena que nosso corpo produz. Algumas pessoas têm deficiência dessa substância, e todos nós quando vamos envelhecendo vamos parando de fabricar. Maconha é muito bom para velho! É a melhor coisa que existe. Muda a vida de nós, velhinhos! Eu devo ser o maconheiro mais velho que você conhece!"*, é contagiante a empolgação e a sabedoria com que ele fala do assunto. *"Em uma pessoa jovem que produza muitas anandamidas, o efeito da maconha não será bom, pois começa a fazer o corpo ficar preguiçoso e a produzir menos. Bom, isso já é suposição minha. Tenho amigos supercaretas que eu recomendo e a princípio ficam até chateados comigo, mas depois... amam"*, segue falando sem parar, tamanha a empolgação. Como, ou melhor, por que não se empolgar com algo que leva tanto bem-estar a tantas pessoas? Falando em bem-estar, se em todos os casos, em todos os usos, o

178 BASEADO EM PAPOS REAIS - MACONHA

que se busca é o bem-estar, então, não seria adequado tratarmos todos os usos como um uso medicinal, terapêutico? Mais uma vez me vejo no preconceito por trás do debate entre maconha medicinal e maconha social. Mais uma vez nos deparamos com a tola e mentirosa separação entre uma suposta "maconha do bem" e outra que seria a "maconha do mal".

Voltemos ao caminho do Ricardo rumo ao seu ativismo canábico. Ele, com dor, descobre o remédio que lhe dá alívio; o remédio importado é caro; ele aprende como produzir e começa a plantar para este fim. Plantar no Brasil ainda é proibido, e, para não ser visto como um criminoso, Ricardo foi atrás de um advogado que fez uma petição muito bem argumentada. Assim, em 2007, ele conseguiu o *habeas corpus* para plantar e produzir seu óleo legalmente. Perfeito. *"Pra mim isso foi um divisor de águas, pois me permite falar abertamente sobre o assunto. Falo sem ser clandestino e sem fazer apologia às drogas. Eu faço apologia é ao plantio"*, ele fala. Vale destacar que, de acordo com o *habeas corpus*, ele não pode dar para ninguém o que produz, mas somente para seu uso individual, e só pode ter seis plantas florindo por vez. Com todo o conhecimento adquirido nesta jornada, com sua plantação legalizada, remédio sendo produzido e sem dor, cada vez mais foi se envolvendo com o ativismo. *"Em 2015 me aposentei e comecei a me dedicar ao ativismo, participar de reuniões, ajudar, dar plantas para pessoas pobres poderem produzir. Conheci a Margarete, a Lilian, a Cidinha e toda essa gente. A Margarete é foda! Uma pioneira. Tem mulheres fodas nisso! São mães!"*, ele fala com todas essas exclamações sobre essas mulheres. Enaltece muito a Margarete Brito, com quem já falamos aqui no livro, assim como o Dr. Eduardo Faveret e outros nomes ligados e atuantes na causa. Seguramente Ricardo Petraglia é um desses nomes, dessas pessoas que, por meio do diálogo, da prática, com argumentos, nos levam para a frente neste assunto.

É inevitável que eu traga para nosso papo o assunto da hipocrisia, do preconceito. O que pode justificar e por que devemos aceitar tanto preconceito no tratamento de um assunto, de um produto, de uma planta que nos oferece tantos benefícios? Benefícios não só para o uso pessoal, individual, já que acabamos falando também de todos os usos industriais da planta, de como é relativamente fácil o seu cultivo e de como o Brasil poderia ser potência nesse mercado. *"A palavra maconheiro virou depreciativa, igual comunista ou veado. São palavras que, absolutamente, não são pejorativas. A maconha é por conta do racismo. Essa é a verdade. É claramente racista. O primeiro país a proibir seu uso foi o Brasil. Foi por meio da Lei do Pito do Pango, que proibia os pretos de fumarem. Se o branco fosse visto fazendo isso ele pagaria uma cesta básica, mas se fosse preto era chibatada. Essa lei surgiu porque os pretos fumavam numa roda, ficavam cantando, dançando, jogando capoeira e felizes. Essa felicidade incomodava a sociedade branca. A questão da maconha, o preconceito, vem daí, de ser coisa de preto."* O que ele fala não é nenhuma novidade aqui no livro. Ele é só mais um que identifica o racismo da nossa sociedade mais uma vez nos levando para trás. *"É importante que a gente perceba que agora a proibição é uma questão de soberania nacional. Por que a medicinal é legalizada e a de uso adulto não? É uma questão de mercado. Nós podemos ser o maior* player *de maconha do mundo. Nosso clima, nosso sol, nossa terra fértil. Um grama de maconha produzida na Califórnia, no Canadá, onde tem que botar luz, aquecedor e tal, custa caríssimo, e aqui fica bem mais barato. Se a gente começar a plantar, acaba com o mercado deles, e o mercado deles, inclusive, é aqui. O agro aqui planta capim e ração para vaca, e podia estar ganhando mais com maconha. O problema do agro é que só plantam com agrotóxico, e no medicinal não pode ter isso. O MST podia fazer isso. Quem tem que plantar são as próprias pessoas, sem precisar de grandes agricultores. Seria lindo todo mundo podendo plantar seu vasinho, ter* coffee shop *na favela. Não é?",* ele fala e se empolga. E segue argumentando. *"Até pelo viés econômico a proibição é danosa pra gente. Quando a gente compra, seja a maconha prensada do Paraguai ou o óleo que vem da Califórnia, estamos mandando dólar para fora do país. Exportamos divisas. Pagamos em dólar, à vista, no Paraguai, para comprar essa merda de prensado. Quando temos que importar o óleo é a mesma coisa, e isso nos coloca longe dos meios de produção, e assim perdemos nossa soberania. A gente tinha que fazer tudo isso aqui. Temos todos os ingredientes para isso"*, ele fala, e penso que é impossível deixar mais claro o viés racista e econômico do assunto. Mas as coisas estão mudando, avançando, não? *"Agora o uso medicinal foi legalizado. No entanto, o SUS tem que comprar esse remédio da Prati-Donaduzzi, que é uma* big *farmacêutica nacional, que conseguiu, graças ao Osmar Terra, o monopólio dessas vendas para o SUS. É muito dinheiro que ela ganha, e quem paga somos nós, os contribuintes. O remédio que ela vende por uns R$ 2.500,00 eu faço por R$ 80,00! Tá certo isso?"*, ele indaga com raiva. Óbvio que não está certo. Assim como não está nada certo os resquícios do racismo que vemos quando analisamos a proibição da maconha sob o ponto de vista social. *"A consequência social da legalização seria também parar de chutar porta de favelado por estar fumando ou vendendo ou nem fazendo nada disso. Legalizar vai descapitalizar o crime organizado, vai permitir o acesso de todas as pessoas que quiserem fazer uso, plantar no seu vasinho ou comprar num lugar determinado. É fundamental que isso possa acontecer e que se pare com essa violência. Isso será benéfico para todo contribuinte brasileiro, além de poder gerar uma reparação social para toda essa gente que está presa somente por portar, usar, vender maconha."* Esse ativista realmente cerca o assunto por todos os lados. Tudo faz enorme sentido, e ele segue se empolgando com seus argumentos. *"A legalização aqui veio pelo PL399, que eu no começo apoiei. Agora, depois de analisar melhor, sou contra, pois não contempla o desencarceramento das pessoas que estão presas por causa de maconha, não contempla o cultivo doméstico para tirar da mão das grandes empresas, além de que deveria descriminalizar a planta tirando-a do rol das plantas proibidas."* Cada vez que escuto "planta proibida" eu estranho. Eu pensando na planta e ele pensando nas pessoas. *"A lei trata de três casos. Tem o artigo 28, que trata do usuário,* *o 33, que trata do traficante e o 35, que trata das relações criminosas, lavagem de dinheiro. Hoje, pelo 28, um usuário já não é mais preso, vai pagar uma multa, fazer trabalho social. Já pelo 33, o traficante pode ir preso. Cabe salientar que julgar se alguém é usuário ou traficante muitas vezes é uma opção do juiz, e não do fato. Um preto fumando pode muito bem ser tratado como traficante, assim como um branco portando pode ser visto somente como um usuário. Já pelo 35, os grandes atacadistas das drogas, são poucos os que estão presos. Praticamente ninguém é preso pelo 35. O que diferencia o 33 do 28 é o bom humor do policial, do delegado, do juiz e o lugar em que a pessoa mora e a cor da pele. Cinco gramas na mão de um preto é tráfico; na sua mão branca, é usuário."* Ele vai falando e não tem como não deixar claro, mais uma vez, como no Brasil a lei não é igual para todos. Prender e matar alegando ser um plano de segurança pública é dar justificativa para a classe média e fazer a máquina do negócio girar. Na máquina do negócio devemos colocar a grana dos subornos aos policiais, o grande lucro dos atacadistas, o grande lucro que traficantes de armas auferem com essas supostas políticas públicas e até o lucro que a máfia das quentinhas nas cadeias tem com tanta gente encarcerada. A verdade é que o Estado não deveria se meter, tutelar ninguém quanto a isto. Responsabiliza, mas não criminaliza. *"Como pode na cadeia ter maconha pra caralho? Se não conseguem controlar nem nas cadeias com muro, segurança, guarda, vai querer controlar no Brasil?"* A verdade é que, na sua forma atual, o comércio já é bem controlado. Evidentemente, não pelo poder público.

Parece que neste papo já passamos por todos os aspectos que imaginei que poderia passar com o ativista, usuário, ator, Ricardo Petraglia. Percebo que ele também já está satisfeito com tudo o que disse e quer desfrutar o belo cigarro que tem em mãos. A conversa já vai terminar, mas não sem antes ele, feliz, orgulhoso, contar que está conseguindo fazer seis colheitas por ano. Ele me fala isso e não tem como não pensar, mais uma vez, na potência que o Brasil poderia ser nesse produto agrícola. Se o Ricardo, no seu sítio em

Xerém, zona rural do Rio, consegue seis colheitas por ano, imaginem o agro que é pop, que é tech, que é tudo? Eu pensando e ele se despedindo: *"Aparece aqui para a gente tomar um absinto"*, eu agradeço o convite, mas estranho o produto oferecido. *"A gente fuma um também"*, aí sim. Já nas despedidas lembro de uma última pergunta que eu tinha. Estamos agora com um novo governo assumindo, um governo mais progressista, um governo Lula. Será que isso nos coloca no rumo certo do assunto? *"A esquerda sempre foi muito careta neste assunto, mas se este governo não acelerar o processo de descriminalização, eu passo para a oposição na mesma hora. A esquerda é cuecona e, historicamente, nos trata meio que como hippies, drogados, alienados, irresponsáveis. Até hoje pensam isso. Acham que nossa briga é só para podermos fumar um baseado e não enxergam toda essa questão social e econômica que está envolvida."* E assim chegamos ao fim. Ele se despede acendendo o dele lá, e eu vou apertar o meu aqui. Maconha me ajuda a pensar melhor. E você?

15.

Mário Prata

Um dos maiores autores da nossa literatura contemporânea. O cara que fumava na redação do Pasquim quando os mestres só bebiam. Ele, que já escreveu sobre os hábitos canábicos da rainha Vitória; ele, que garante que na criação do futebol a maconha estava presente; ele, que escreveu uma crônica sobre a larica que virou tema de vestibular; ele, que diz ter fumado as obras completas de Dostoiévski. Essa conversa alucinada com o Mário Prata foi feito fumar um skunk poderoso. Sensacional!

Ele é um dos nossos grandes autores. Tem dezenas de livros publicados, peças de teatro encenadas – seu maior sucesso é *Bessame mucho* –, roteiros de cinema filmados, mais de sei lá quantas mil crônicas publicadas, escreveu novelas – é dele *Estúpido cupido!* –, tem um monte de prêmios na carreira, jovenzinho trabalhou no *Pasquim*, bebeu todas e fumou muita maconha. *"Até os 20 anos, eu morava no interior de São Paulo, em Lins. Maconha não era tema, não se falava, era algo marginal. Não lembro de ninguém da minha turma que fumava. A gente bebia cuba libre"*, me diz mostrando seu copo de cuba libre, que nos acompanhará durante todo nosso papo.

Certamente tem muitos autores que fumam maconha. Aqui mesmo neste livro já batemos papo com o Nelson Motta. O que me fez vir atrás deste papo com o Mário foi o fato de, em diversos textos seus, fazer referência à maconha. No seu livro *Mário Prata entrevista uns brasileiros*, por exemplo, entrevista figuras nacionais como Aleijadinho, Xica da Silva, Dom Casmurro – o personagem de Machado de Assis – e também, aí sim, Dona Maria, a Louca, que entre um tapa e outro no seu beque lhe conta sobre seu reinado. Saindo do Brasil e indo para o palácio de Buckingham, na Inglaterra, ele descreve em seu livro *O drible da vaca* um encontro entre o "elementar" Watson quando, ainda antes de virar o ajudante do Sherlock Holmes, era um professor de educação física e, na viagem de Mário Prata, teria sido um dos inventores do futebol, e a rainha Vitória, na sala de fumar maconha no Palácio. Segundo Prata, a criação do futebol teria passado por essa fumaça. Mário jura de pés juntos que essa sala, de fato, existe, e é citada até na série *The Crown*. *"O diretor de fotografia da série é brasileiro, maconheiro e meu amigo. Não sei se na série ele que deu a dica para o roteirista, mas tá lá uma cena na quinta temporada em que mencionam a sala de fumo. A sala da maconha no palácio de Buckingham existe! A rainha Vitória usava por causa de cólica menstrual. Não sei se era chá ou cigarrinho, mas acho que o cigarrinho tem mais contexto"*, ele garante, e se empolga com sua descoberta histórica. Bom, vai ver foi nessa sala que os Beatles também fumaram quando estiveram por lá.

E tem mais maconha na obra do Mário. O seu detetive Ugo Fioravanti Neto, personagem de seus livros policiais, é mais um que volta e meia se envolve com o fumo. Nem que seja para descobrir o óbvio: seus filhos roubam sua maconha. *"O meu filho fazia isso comigo. Morávamos um em frente ao outro e eu garanto que ele me roubou maconha, cerveja e papel higiênico"*, conta e ri. *"Os adolescentes fumam escondido dos pais. Os envelhescentes fumam escondido dos filhos"*, sentencia. Uma crônica do Mário que falava sobre a larica foi até tema de prova de vestibular: "As meninas Moça", na qual, falando sobre o leite condensado, ele discorre sobre a larica. Foram oito questões na prova sobre esse texto. Mário errou todas! *"Eu até escrevi uma carta para o ministro da Educação na época, o Paulo Renato, dizendo que teria sido bem mais útil perguntar aos estudantes algo sobre a interpretação do texto do que sobre figuras de linguagem. Um assessor dele me ligou explicando que o vestibular havia sido de uma faculdade privada, mas que o ministro fazia questão de deixar claro que ele, ministro, sabe muito bem o que é larica"*, ele conta caindo na gargalhada e segue entre os políticos. *"Já fumei na frente do FHC. Eu era amigo do Paulinho, filho dele, e um dia a gente estava fumando um quando chegou o Fernando Henrique com a dona Ruth. Eles não falaram nada e tampouco fumaram com a gente"*, fala com um ar de decepção, antes de valorizar o depoimento que FHC deu ao documentário *Quebrando o tabu*, no qual o ex-presidente conversa com grandes autoridades sobre o tema. Mário exalta tanto a coragem do Fernando Henrique que, inevitavelmente, fazemos uma comparação entre a coragem dele e a hipocrisia da nossa sociedade. Por que é tão corajoso assim falar sobre esse tema? É só um hábito social, comportamental? *"A geração que sucedeu a minha é mesmo muito hipócrita"*, define. As referências canábicas vão além do que escreve e incluem também o que lê. Causou uma certa repercussão uma entrevista em que Mário diz que fumou as obras completas de Dostoiévski. *"Eu acho que se o Dostoiévski ficasse sabendo que eu o fumei ia rir muito"*, rimos juntos, e fico rindo ainda enquanto ele vai lá dentro do seu apartamento pegar o seu bloco de sedas, ou melhor, o seu exemplar das obras do poeta russo. Ele volta e mostra! São páginas e páginas cortadas no formato de seda. Ele faz questão de mostrar que só rasgou as partes onde não tinha nada escrito. Ainda dando risada, sentencia seu fracasso: *"Se um dia lançarem minhas obras completas, ninguém vai me fumar, porque não se fazem mais livros com papel fininho assim. Essa sedinha é maravilhosa. Cola bem"*, ensina o escritor, enquanto manuseia seu exemplar de capa dura.

Depois de falarmos sobre literatura, vamos em frente conversando sobre este livro e os caminhos que me trouxeram até ele. Ele pouco se interessa e quer mesmo é cair dentro do papo. Não sem antes valorizar eu ter começado pelo Nelson Motta, que *"fuma muito e trabalha mais ainda"*, ele completa. *"Se Nelsinho Motta, o escritor que mais trabalha no Brasil, é maconheiro, ninguém pode dizer que maconheiro é vagabundo. O Nelson faz tudo com maconha. Já estive com ele em diversas feiras literárias e para qualquer coisa tem sempre um tapinha antes. Vamos almoçar? Um tapinha antes. Vamos pra palestra? Um tapinha antes..."*, ele, sempre rindo, denuncia o amigo. Eu rolo a conversa. Bora falar mais sobre a sua relação com a maconha. *"Saí de Lins e fui pra São Paulo trabalhar no Banco do Brasil e estudar economia na USP. Eram dois universos que foram muito importantes na minha vida. O banco e o movimento estudantil. Nessa época comecei a frequentar muito o teatro, e quando houve o atentado à peça* Roda Viva, *em São Paulo, eu fiquei horrorizado. Bateram nos atores e quebraram tudo. Um horror! Bolsonaro deve morrer de inveja. Por conta disso, começamos a fazer segurança em teatros. As produções das peças ligavam para os Centros Acadêmicos e nós íamos os proteger contra os CCC [Comandos de Caça aos Comunistas]. Quando acabava o espetáculo, a gente pulava no palco e ficava na frente dos atores. Eles agradeciam aos aplausos por trás de nós. Fico até arrepiado de lembrar"*, ele conta, e eu também me vejo arrepiado. Pensar que, agora mesmo, muita gente queria que voltássemos a esse horror. *"Tinha peças que eu fiquei sabendo de cor por conta disso. Podia até substituir atores"*, ele segue contando emocionado. *"Comecei a frequentar o Gigetto e a fazer parte da classe teatral"*, vai falando sobre a mudança de rumo de funcionário do Banco do Brasil, futuro economista, para a vida de autor teatral. *"Comecei a escrever para o teatro e a fumar maconha. Vi o homem descer na Lua doido de maconha. Lembro de sair de mãos dadas com um casal de amigos pelas ruas, e isso por si só já nos deixava tensos. A maconha naquele momento era um ato de rebeldia tão perigoso quanto assaltar um banco. Eu conhecia quem assaltava banco, e fumar maconha nos levaria para a mesma prisão"*, ele vai falando, e eu já pensando na questão que o Matias também trouxe para este livro. Para o pessoal da guerrilha, maconha não era coisa de gente alienada? *"Sim, maconha era da galera do teatro, e na guerrilha achavam que alienava. Mas nem todos pensavam assim. Só os mais radicais. Eu tinha amigos que assaltavam banco e também fumavam. Lembro com 23 anos eu indo resgatar um Jeep que usaram num assalto. Quem fez o assalto foi meu amigo, um grande artista, colega do Copan, o Antonio Benetasso, que fez a capa do meu primeiro livro."* Ele para e fica pensativo antes de continuar. *"Uns dois anos depois ele foi metralhado pelos militares. Ele não era maconheiro, mas fumava maconha e assaltava banco"*, triste demais imaginar um amigo sendo metralhado. *"Os comunistas achavam que era alienante. Os comunistas eram muito caretas, e tudo era resolvido em assembleia. Lembro que o Guarnieri levou para a assembleia até a questão da sua separação da mulher!"* É, realmente, tem muitas coisas que não cabem a partido nenhum. Emocionado e dando, e provocando, risada, ele segue sua cronologia canábica. *"Na faculdade todo mundo fumava. A maconha era muito presente"*, conta sobre sua época de estudante de economia da USP, aluno do Delfim Netto – que ele jura que não fumava, mas gostava de caipirinha de maracujá. *"Na faculdade também tinha uma matéria chamada Organização e Método, que me ajudou muito até hoje. Maconha não faz parte disso. Maconha é bom para dar ideia, mas não para o trabalho vigoroso da escrita. Já no banco ninguém sabia. Se soubessem eu seria demitido. Eram todos muito caretas. Teve uma vez que um cara veio horrorizado falando de um outro que chupava buceta. O cara achava um absurdo alguém chupar buceta! Um dia fizemos um racha para levar lá uma mulher e todos ficaram vendo o cara chupando uma buceta. Definitivamente, as pessoas eram muito caretas. Imagina se soubessem que eu fumava maconha? Quando eu lancei meu primeiro livro, dei de presente para umas pessoas do banco.*

Acredita que um deles lá nem levou pra casa, com medo da mulher ver o livro?", ele conta e eu acredito. Imagina se esse amigo fala para a mulher sobre o hábito do outro de chupar buceta! Agora imagine se antes de chupar, ou ter sua buceta chupada, rolasse um beque? "É gostoso transar depois de fumar. Não que eu só trepe com maconha, mas maconha dá um zumbido, um lance de pele. Maconha é bom pra tudo! Seca até hemorroidas! Não lembro de quem é essa frase. Acho que foi o Nelson Sargento. Lembro que estava com o Carlinhos Vergueiro, com quem eu tinha até um terno em sociedade. A gente comprou juntos um terno!", e ele falando sobre algum tipo de uso medicinal da maconha que eu nunca havia ouvido: então maconha seca até hemorroida? Pergunto: como assim? Fumando pelo cu?

Antes de seguir no assunto das propriedades medicinais pouco exploradas da maconha, interesso-me mais em saber sobre seus hábitos de consumo. "Maconha é boa para dar ideia, mais do que para escrever. Aí eu gravo no meu celular" – ele mostra um monte de gravações – "e depois eu vou ouvir para ver o que vale a pena. Antigamente eu escrevia em guardanapo para registrar a ideia, mas acordava no dia seguinte e nunca lembrava das ideias. Escrevia somente umas palavras que viravam enigmas no dia seguinte. Teve uma vez que escrevi 'Carrossel – puta ideia' e um monte de exclamações. Quando eu colocava exclamações era sinal de dinheiro, mas eu não lembro da ideia até hoje. Deve valer uma fortuna! Eu ligava para a minha secretária eletrônica do telefone dos bares. Em geral, as ideias eram uma merda. Quando eu vou trabalhar fumado viajo muito. Por exemplo, tenho que escrever que o cara pegou o copo e deu um gole, mas se eu estiver fumado vou dizer que atrás do copo tinha alguma coisa e esta alguma coisa vai me levar embora e eu nunca mais vou voltar ao copo que o personagem tinha que ter bebido. Maconha é muito dispersiva", ele fala sobre seu processo criativo e de escrita. Mais do que tudo, sempre, o uso de qualquer substância, assim como tudo na vida, é uma questão de autoconhecimento, e Mário parece se conhecer muito bem. "Posso ficar meses sem fumar e tudo certo. Eu não fumo *todo dia. Eu vou pra bar e no bar ninguém fumou. No bar é conversa de bêbado, e maconheiro é outra conversa. Conheço poucos maconheiros aqui em Floripa. Por falta de maconheiros, eu fumo menos"*, ele segue falando sobre seus hábitos. *"Maconha nunca me fez mal, só a falta da maconha."* É a deixa para ele contar do período que morou em Portugal, onde era difícil, e caro, conseguir. *"Em Portugal eu fumava haxixe, e haxixe dá ainda mais larica. Engordei pra caramba! Pior, haxixe a gente mistura com tabaco e para economizar eu via que estava colocando cada vez mais tabaco e menos haxixe. Acabei voltando a fumar cigarro! Haxixe é isso! Você engorda e volta a fumar. Um horror. Uma vez estava em Lisboa com o Reinaldo Moraes, autor de* Pornopopeia, *o melhor romance brasileiro dos últimos quarenta anos, e a gente flanando por Lisboa depois de fumar haxixe, contamos 43 itens consumidos entre comida e bebida! Não tem como não engordar. Por isso que eu digo, o pior da maconha é ficar sem"*, sentencia.

Mário está escrevendo um livro de memórias, e pelo nosso papo aqui já deu para ver que nem sempre o tempo é cronológico. É então que ele lembra da relação do pai com a maconha. *"Meu pai dava para os curiós dele! Um dia vi meu pai com um pote cheio de maconha dixavando. Ele me perguntou se eu sabia o que era... Eu que lhe perguntei: 'pai, você tá fumando maconha?'. Minha mãe dizia que os curiós deliravam com o fumo!* Pássaros felizes cantando. *Foi nesse dia que me pai perguntou se eu fumava. Nunca fumei na frente dele e ele nunca me encheu o saco com isso. Já meus filhos acham que maconha é coisa da minha geração. Eles bebem. Eles viam maconha em casa e eu sempre conversava sobre os cuidados que todos devemos ter. Eduquei meus filhos para sempre saberem o que estavam consumindo. Eles não são muito da fumaça. Maconha começou a ser algo natural na minha geração. A minha geração, a do Nelson, é maconheira. Eu fumei a vida toda e nunca escondi dos meus filhos. Minha mulher também fumava"*, conta com naturalidade. *"Eu tinha uma tia que tinha uma fazenda e eu ficava lá fumando. Um dia ela quis fumar comigo. Deitamos e fumamos, e ela dizia que não bateu, mas estava vendo ondas do mar no* teto... *Agora tenho uma namorada trinta anos mais nova que é uma maconheira maravilhosa! Ela viaja muito, mas quando está aqui a gente fuma direto. Ela enrola muito bem! Hoje ela chega de viagem e então é dia"*, empolga-se. *"Uma outra namorada que tive aqui, era muito dura, mas fumava muita maconha. Ela ficava andando pelos lugares na cidade onde o pessoal fumava e ficava catando as baganas. Um dia ela me telefonou e me disse que viu uma placa da prefeitura escrito Força e Luz e achou aquilo o máximo, um aviso, um bom sinal: Força e Luz! Só que não era nada disso, mas somente uma sinalização do acesso à caixa de força e luz, a caixa de fiação"*, ele conta. Maconha é mesmo maravilhoso para criar, finalizo eu.

Nosso papo parecia já se encaminhar para o final quando, do nada, Mário volta a falar sobre a hipocrisia da nossa sociedade. *"A hipocrisia sobre a maconha é pequena, veja o racismo... Meu pai mesmo. Ele foi presidente de um clube que não podia entrar negro. Um dia o Palmeiras veio jogar basquete e tinha o Rosa Branca, que depois foi campeão do mundo. Ele era negro e não o deixaram entrar no baile na noite depois do jogo. Ele foi barrado e quando estava voltando para o hotel todo mundo do time sacaneando-o, e ele, simplesmente, conformado voltando para o hotel. Logo depois ele foi campeão do mundo! Mas entenda que meu pai nasceu apenas vinte anos após a abolição. Para ele preto era escravo, era bandido! Até hoje isso do racismo não foi resolvido. A maconha, nós estamos aqui falando, você vai publicar, mas o racismo! É uma hipocrisia muito mais séria. Não sei de onde vem... Tive uma namorada nos anos 70 em São Paulo. O pai dela era engenheiro e contou de um assalto onde viu um cara enfiar a faca no outro, que nem sentiu. O pai dela ficava falando que a pessoa emaconhada não sente"*, ele conta, e enveredamos pelo papo sobre o termo "recreativo", que remete a vagabundagem e alimenta o preconceito. Quantos de nós não fumamos para trabalhar? Como assim recreativo? Conto ainda a dificuldade que venho encontrando em conseguir profissionais liberais que falem aqui sobre a sua experiência com a maconha. Conto de um amigo de infância, um grande cirurgião plástico, que adora fumar seu beque quando chega em casa, mas que não quis bater papo aqui comigo com receio de perder clientes. Falo de quanto não quero ficar só com autores, artistas ou profissionais ligados ao tema. Queria muito trocar ideia com médicos que fumam, arquitetos que fumam, advogados que fumam, mas não estou conseguindo. Ele me fala de um sobrinho psicólogo casado com uma arquiteta que fumam diariamente, assim como seus filhos. Opa, quero esse casal! *"Será que ele vai se preocupar com os clientes?"*, ele indaga, antes de responder: *"Vai ver todos os clientes fumam também!"*, e ri. É provável, é provável. Ele segue falando da sobrinha: *"Quando ela tinha 18 anos me arrumou uma lata!"*, é ele falar isso e na minha cabeça se abrir quase um novo capítulo neste papo. Como assim?! O Mário Prata fumou o famoso fumo Da Lata, o potente fumo encontrado em latas despejadas por um navio cargueiro, o Solana Star, no litoral carioca no verão de 1987? *"Nunca vi nada igual! Tinha alguma coisa misturada ali. Nunca fumei uma maconha tão poderosa. Historicamente eu tenho isto na minha vida. Fumei muito o Da Lata!"*, ele fala se vangloriando, e não é para menos. *"E não esqueço que foi em 1987. É que tem uma crônica do Luís Fernando Veríssimo sobre datas históricas... 1500 o descobrimento, 1888 a abolição da escravidão, 1987 foi o ano da lata!"*, ele coloca o Veríssimo na roda. Será que Luís Fernando também fumou o Da Lata? *"Lembro que fui com essa sobrinha e meus filhos ver o Holiday on Ice. Ela entrou no carro com um Da Lata apertado, dizendo para darmos só um tapinha. Eu fui logo e dei uns três. Entrei no Ibirapuera com 20 mil pessoas. Apagou a luz e na hora que acendeu a luz do show eu pirei! E ela só falando: 'Eu avisei, eu avisei....', e eu alucinado, e com meus filhos pequenos. Parecia ácido. Uma maravilha!"*, conta empolgado e com grande carinho por essa sobrinha. Certamente será personagem no seu livro de memórias. *"Não será uma biografia, mas algumas coisas que vou lembrando mesmo."* Poupo-nos de fazer alguma piadinha juntando memória e maconha. *"Para escrever esse livro de memórias eu preciso estar careta. Nem álcool eu bebo para trabalhar. Careta! Sou* um bancário e só começo a barbarizar após as 18h, após o expediente. O banco me deu organicidade. No meu trabalho sou muito careta, metódico, tudo certinho, parece até coisa de veado", opa.

Por falar em memória, não sai da minha cabeça que o Mário trabalhou no *Pasquim*, na época mais maravilhosa do *Pasquim*. Fico imaginando um beque rolando de mão em mão, passando por Millôr, Paulo Francis, Henfil, Jaguar, Ivan Lessa... Imagine essa roda! *"Nunca vi maconha no* Pasquim. *Eu era muito garoto e ficava só assistindo aqueles caras, todos biriteiros. Maconha não era nem assunto. Eu ia nas entrevistas e nem fazia pergunta. Olha os caras! Todos bebuns. Não tinham nenhum preconceito com nada muito menos com maconha, só não era assunto"*, ele conta o que eu já desconfiava. Essa galera era do álcool. *"Um dia o Tarso de Castro veio na minha casa, beque rolando, e ele nem fumou. Eu fumava e eles nunca me encheram o saco por causa disso"*, segue. Falando assim, até parece que o Mário também não era da bebida. *"Com a sua idade eu tomava uma garrafa de uísque por dia. Disputava com o João Ubaldo. Nunca bebi para trabalhar. Eram três doses antes do almoço, três antes do jantar e pelo menos mais três à noite. Geralmente mais. Já estava me fazendo muito mal. Vi que era melhor eu fumar mais do que beber. Nunca fiz merda por causa da maconha! Com álcool fiz muitas. Sabe aqueles telefonemas de madrugada? Aqueles em que você liga para alguém e sai falando sem parar. Geralmente falando e fazendo merda. Isso é coisa de álcool. Maconheiro não faz isso. Maconheiro, no fim de noite, vai fumar um, bater uma punheta e dormir"*, diferencia com toda razão. Ninguém faz merda por causa de maconha!

Agora sim nosso papo está chegando ao fim, não sem antes Mário discorrer sobre um benefício medicinal pouco difundido, secar as hemorroidas. Ele realmente parece lembrar que quem disse isto foi o baluarte da Mangueira, o Nelson Sargento. Mas como será mesmo que se utiliza para este fim? Fumando pelo cu? Falando em maconha pelo cu, ele, com a memória afiada de quem está trabalhando com ela, lembra de uma passagem no mínimo curiosa.

"Maconha pelo cu? Escuta essa. No final dos anos 60, um grupo inglês de teatro veio passar um tempo aqui no Brasil, era o Living Theatre. Eles até foram presos em Ouro Preto. Ficaram hospedados na casa do Serginho Mamberti. Todo dia a gente fumava. Eles eram todos hippies, duros, e trouxeram para o Brasil uma história de juntar maconha com mel. Faziam uma bolinha de maconha com mel e enfiavam no cu, igual supositório. Diziam que as membranas do cu absorvem e assim o efeito vai para o sangue direto", ele vai explicando o método e se levanta da cadeira para ir pegar uma foto. Fico pensando na bolinha de maconha com mel... Quando volta, mostra uma foto em que está com Sérgio Mamberti e outros artistas. Entre eles a Regina Duarte! Não passa batida por mim: a Regina Duarte? "Fumava maconha todo dia com a gente", ele abre o passado da nossa ex-ministra da Cultura, ex-namoradinha do Brasil e que para sempre será lembrada como mais uma louca bolsonarista. É, era melhor continuar falando de maconha com mel no cu do que sobre Regina Duarte. Mas não deixa de ser curioso. Será que ela fumava ou enfiava? Meu Deus, melhor parar a conversa. Terminar um papo desses com um dos maiores escritores vivos da língua portuguesa falando sobre bolas de maconha com mel no cu da Regina Duarte pode ser um grande corta-onda. Damos risada! É preciso mudar o foco do assunto.

E hoje em dia? "Hoje em dia tem um monte de novidades sobre a maconha. Tem maconha líquida, maconha para ser vaporizada tipo cigarro eletrônico... Mas eu não gosto de nada disso. Sou velho! Gosto de dixavar, fazer o filtro, sentir o cheiro, ver a brasa queimando, passar para outro..." Somos dois assim. "A Cannabis medicinal é sensacional. Tenho amigos que usam com resultados fantásticos. Vejo muitas pessoas se dando muito bem com isso", ele vai falando e eu logo corto, explicando que não quero muito entrar nesse papo de uso medicinal. Explico que entendo que seja mais fácil legalizar por esse caminho, mas também entendo que ele, por si só, já traz junto o preconceito de fazer parecer que possa existir uma maconha do bem e outra do mal, sendo que é tudo da mesma planta e que, se buscamos o bem-estar no uso social, então todos os usos são medicinais. Ele entende e concorda. Ainda falando sobre hoje em dia, pergunto sobre a qualidade do fumo que fumamos. *"O Drauzio Varella diz que não é que a maconha é mais fraca, mas é que a gente já fumou muito e ficamos mais acostumados. Tem esse depoimento dele gravado"*, ele anuncia. Eu concordo discordando, falando sobre a baixa qualidade do fumo prensado, que é o que mais tem por aqui. *"Esse prensado... A mãe da minha namorada ficou preocupada com a minha namorada falando sobre a maconha prensada que é ruim, que não sabemos direito o que tem ali, e a mãe então plantou. Nossa, que fumo bom o da sogra! A irmã, minha cunhada, também fumou e adorou. Foi o assunto da família. A mãe parou de plantar com medo das filhas virarem traficantes."* Será essa mais uma memória do seu próximo livro? Não vejo a hora de lê-lo. Mário segue falando sobre hoje em dia. *"Eu não vou pegar a liberação no Brasil. Em 1978 eu estava fazendo um trabalho em Munique, para a TV de lá. Um dia fui com uns amigos pegar uma amiga alemã para jantar e no que ela desceu já deu pra cada um de nós um cigarro de maconha. Saímos fumando pelas ruas e eu na maior paranoia. Ela até ofereceu para um guarda, que recusou. Eu nunca vou ver isso no Brasil"*, ele lamenta, sem esperanças de ver essa hipocrisia ao menos diminuída, se é que não solucionada. *"Maconha foi importante demais na minha criatividade. Hoje é um hábito social muito mais que alguma rebeldia"*, finaliza, antes de me pedir para avisá-lo do lançamento deste livro, para ele ir não sem antes fumar um cigarrão. *"Este seu livro é muito legal e me sinto honrado pelo convite. Sei que estou aqui em parte pela rainha Vitória, em parte também pela Maria Louca, em outra parte pelo meu texto no vestibular, a larica do ministro e também, em parte, pelo Dostoiévski."* Terminamos, de fato, voltando ao que me trouxe aqui: as referências literárias sobre maconha na obra do Mário Prata. Despedimo-nos com sorrisos, ele some da minha tela, eu salvo a conversa e penso: será que sugiro para a editora fazer este livro aqui em papel de seda?

16.

Fernanda Abreu

A cronista carioca, suingue sangue bom, a eterna garota Fernanda Abreu foi quem pegou o veneno da lata e fez canção. Fumar mesmo, usar maconha, ela faz pouco, mas ver a vida com seus óculos de estudante de Sociologia ela faz o tempo todo. É assim que se inspira e dispara uma rajada de pensamentos sempre bem articulados, sensíveis e precisos. Fernanda Abreu não cabe em rótulos, latas, embalagem nenhuma. É livre, leve, canta e dança.

É imediato. Assim que o Mário Prata me conta que tinha fumado um "Da Lata", imediatamente me vem Fernanda Abreu à cabeça. É sempre assim. Basta alguém falar no episódio das latas de maconha na orla do Rio que instantaneamente me vem a música "Veneno da lata", da Fernanda. Com vocês também é assim? E olha que a música nem toca nesse assunto! Quer dizer, Fernanda, como a excelente cronista de seu tempo que é, soube se apropriar bem da expressão "veneno da lata" que nasceu com o episódio histórico. O fumo da lata era do veneno! Infelizmente, eu não estava no Brasil na época e, assim, não tive a sorte de degustá-lo. O episódio histórico foi que um navio de carga chamado Solana Star, com medo de ser pego pela Polícia Federal, despejou no mar 22 toneladas de maconha da melhor qualidade, em latas de 1,5 quilo. Imagine a pescaria! Um episódio desse se torna histórico justamente quando artistas, escritores e jornais fazem o registro. Já se fez livro, filme, inúmeras matérias e, mais do que tudo, "veneno da lata" virou uma expressão idiomática utilizada frequentemente até hoje, quase trinta anos depois, para significar algo muito bom, muito poderoso, do veneno e, mais ainda, da lata! Fernanda captou bem demais essa ideia e a registrou em canção. Eis a maconha de alguma outra forma fazendo parte da nossa história. *"A expressão 'da lata' já existia e nasceu com a galera do rádio das antigas, que usava o termo 'falar na lata', que significava falar a verdade de forma direta e clara. Era também uma alusão, um apelido dos microfones prateados que os locutores usavam. 'Do veneno' também eu já ouvia desde pequena associada à música, um arranjo 'venenoso' era um arranjo bom. Lembro que em casa meus pais tinham um disco do Erlon Chaves e Banda Veneno"*, ela vai ainda mais longe, refletindo sobre todos os significados que trouxe para o título de sua canção. Com todas as referências na cabeça, surge a cronista do seu tempo: *"O episódio do Solana Star suscitou, mais uma vez, a grande malandragem do carioca, que foi atrás da novidade. Os surfistas, pessoas em barcos... Só se falava disso naquele verão. Todo mundo queria fumar o veneno da lata. Virou o Verão da Lata"*. Virou mesmo. Certamente, um dos acontecimentos mais marcantes da década de 1980. Até hoje suscita as melhores memórias em quem fumou e... inveja em quem não.

O Verão da Lata foi em 1987, mas a canção só foi composta e lançada no disco *Da lata*, em 1995. Esses oito anos que separam o fato da música só reforçam o vigor que a expressão já tinha nas rodas cariocas. O disco *Da lata* é um marco na carreira da garota carioca suingue sangue bom. Talvez o seu disco mais coeso e bem-acabado, se pensarmos em conceito e produto final. Um discaço que já começa sua viagem pela capa: uma foto de

BRUNO LEVINSON **197**

Fernanda vestida, coberta de latas. *"O manto da lata foi inspirado em Bispo do Rosário, um cara do povo, pobre, fodido e que fazia um puta trabalho de artes plásticas"*, ela descreve. E tudo nasceu com o veneno da lata. *"Esse disco foi feito em Londres com o produtor Will Mowatt, que já havia trabalhado com o Soul 2 Soul. Eu me aproximei da temática do Rio vendo-o de fora. Com distanciamento a gente até consegue uma ligação mais profunda. Um dia o Will sentou no piano e fez a base da música com essa pegada funk, mas que caberia um samba. Foi minha primeira composição com pegada sambafunk e feita com samples, sequencers, computadores e depois também com os instrumentos. O Funk'n Lata participa. A letra foi escrita em Londres. Primeiro eu tinha a ideia de querer uma canção editorial, de trazer o conceito do sambafunk pro disco"*, ela vai contando e cantarola *"Suingue balanço funk é o novo som da praça. Batuque samba funk é o veneno da lata."* Precisa dizer mais alguma coisa? Um achado, uma canção editorial, conceitual, que expressa o que ela pretendia com o som, o ritmo, a música, o texto, e se apropriando para sempre da expressão "veneno da lata". Golaço! *"Quando vi isto, quando isto me veio, aí vieram todas as outras em seguida: 'Garota sangue bom', 'Brasil é o país do suingue', 'Tudo vale a pena'... este refrão de 'Veneno da lata' sintetizou todo o conceito do disco."* Genial! Um disco marcante do pop nacional. Uma crônica do seu tempo.

Voltando um pouquinho mais na história pessoal e musical da Fernanda, dá para ver que sua verve de cronista já a aproximava da cultura e do comportamento do submundo já um pouco antes do *Da lata*. Em 1992, ela cantava assim a cidade que via: *'Rio 40 graus/ Purgatório da beleza e do caos/ Rio 40 graus/ A novidade cultural da garotada/ Favelada, suburbana, classe média, marginal/ É informática, metralha, subuso, equipadinha/ Com cartucho musical de batucada digital...'*, é "Rio 40 graus", canção relato dela com Fausto Fawcett e Carlos Laufer. *"A gente olhava para as favelas e só se viam os armamentos pesados subindo o morro"*, ela começa a descrever a inspiração para esse clássico da nossa música pop e cantarola "comando de comando", e segue contando: *"Os bailes funk também estavam ganhando força ao mesmo tempo que sendo proibidos. Uma manifestação cultural autêntica, forte, pulsante. Eu procurei o Fausto e disse que a gente tinha que falar sobre isso. A gente ouvia e percebia a força do funk carioca e, ao mesmo tempo, sentia a violência no Rio com a polícia entrando nos morros atirando, matando, balas perdidas..."*, ela segue contando como via a cidade partida do Zuenir na sua frente, quanto se encantava com o que DJ Marlboro trazia e os nomes das armas pesadas que todos nós íamos aprendendo. *"De gatilho digital, de sub-uzi equipadinha/ Com cartucho musical, de contrabando militar/ Da novidade cultural/ Da garotada favelada, suburbana/ De shortinho e de chinelo, sem camisa/ Carregando sub-uzi e equipadinha/ Com cartucho musical de batucada digital/ Na cidade sangue quente/ Na cidade maravilha mutante"*, é o que retrata a canção. Um fiel retrato do Rio de Janeiro no final dos anos 1980 e início dos 1990. "Rio 40 graus" é um retrato dessa época e segue atual até hoje. A canção junta a força da cultura popular com o momento mais agressivo, violento, do narcotráfico dominando cada vez mais belicamente as favelas cariocas. E se estamos falando de narcotráfico, é evidente que, infelizmente, mas realmente, não temos como tirar a maconha, o comércio da maconha, deste contexto.

Se a gente voltar ainda um pouquinho mais na vida da Fernanda, vamos entender que toda essa sua verve de cronista afiada dançante nasceu ainda mais atrás. Ela estudou em escola pública e depois entrou na faculdade de Arquitetura, que acabou sendo trocada pela de Sociologia. Aquela menina dançante e cantante que pedia batata frita na Blitz tinha já uma grande consciência da sociedade em que estava inserida. Sempre buscou ter. Estudante de Sociologia! *"A Sociologia veio muito gritante para mim vivendo no Rio do começo dos anos 90. Não tinha como olhar para o Rio sem olhar para a favela, o funk carioca e o comportamento das pessoas. Tinha ali na favela uma expressão cultural superautêntica, vigorosa, potente, passando ao largo da indústria cultural. Era trata-do como lixo"*, ela descreve fatos, faz sua análise, fala com desenvoltura e segue: *"Eu sempre gostei de política. Escrevo pouco sobre amor romântico. Gosto de crônicas sobre a sociedade, a cidade, a alma humana"*, explica. Mas e a maconha neste papo? *"Não tinha como não ver a maconha neste contexto, e eu sempre achei a maconha uma droga muito leve que não justificava toda essa guerra, essa violência. Mesmo não sendo uma usuária, eu sempre defendi a legalização como uma questão de política de segurança pública."* Chegamos ao tema central que nos trouxe para este papo. *"Minha relação com drogas, bebidas, cigarro, maconha... Cocaína só cheirei uma vez na vida e achei péssimo. Achava péssimo, insuportável o entorno da cocaína. As pessoas, os doidões enchendo o saco, falando pra caralho! É quase pior que bêbado! Detesto cocaína. Maconha foram fases na vida. Uma fase podia fumar para ir ao teatro, ao cinema, e uma semana depois não estava fumando e tudo certo. Podia numa viagem com amigos fumar e quando voltava ficava sem fumar um tempo. Ia gravar um disco e podia fumar pra escrever e outras vezes fumava e não conseguia escrever nada. Não tenho nenhum tipo de vício. Posso fumar um cigarro hoje e outro só daqui quatro meses"*, ela vai descrevendo sua relação com as drogas com muita naturalidade. *"Hoje em dia, de vez em quando, eu fumo de noite para relaxar. Não tomo nenhum remédio tarja preta... A maconha, dependendo do fumo, me aplaca um pouco a ansiedade. Aqui em casa é liberado. Os amigos, amigos da minha filha... Não trato a maconha como uma droga proibida. Estou num mundo paralelo."* Será que ela está mesmo num mundo paralelo ou as leis é que não representam mais a sociedade em que vivemos? Se neste capítulo meio que estamos indo de trás para a frente na vida da Fernanda, sigamos por este caminho. *"A primeira vez que ouvi falar foi na época do ginásio. Provavelmente minha mãe falando pra tomar cuidado se alguém estivesse colocando maconha em bala e distribuindo na porta do colégio. Eu achava isso muito louco. Por que alguém ficaria distribuindo balas com maconha na porta da escola?"*

200 BASEADO EM PAPOS REAIS - MACONHA

Tenho pra mim que essa é mais uma dessas lendas urbanas. A mãe de quase todo mundo deve ter falado isso, nos orientado para isso e, no entanto: alguém já ganhou uma bala dessas? Talvez a mulher loira do banheiro. Sigamos com a Fernanda contando sobre sua iniciação no tema: *"Não tinha amigos maconheiros até uns 15, 16 anos. Foi na música que comecei a ver e na praia de Ipanema todo mundo fumando como algo normal. Eu acho mesmo normal."* Deveria ser. *"Se fosse legalizado eu queria plantar aqui em casa pra quando eu quisesse fumar, quando meus amigos quisessem, não ter que fumar xixi, amônia e sei lá o que mais colocam nesse fumo prensado."* É, de fato, que luxo, um amigo chega na sua casa e você educadamente podendo oferecer um fumo bom. Mas não, isso é proibido! Você oferecer um baseado para um amigo seu, na sua casa, sem incomodar ninguém, é proibido pelo nosso Estado. Como pode o Estado se intrometer tanto nas nossas vidas? Por quê?

Fernanda não é usuária, é cronista, e por ter também essa forma de ver a vida pelo viés da sociologia logo cedo entendeu que a questão é tratada como de segurança pública, e não como um hábito de comportamento que, no máximo, deveria ser visto pelo Estado pela perspectiva da saúde pública, mas não. Não é de hoje que ela, publicamente, se coloca a favor da legalização. No lançamento do *Da lata*, em 1995, ela foi convidada para o centro do programa de entrevistas *Roda viva*. Lá ela deixa bem claro todo esse seu pensamento em relação à ineficiência de todas as políticas de segurança pública no combate ao tráfico impostas a nós até hoje. Lá em 1995 ela já tinha a consciência de que tudo só servia para manter o tráfico nas mãos de quem ele já estava, vender armas e matar pretos e pobres, e assim dar uma satisfação à sociedade burguesa. No entanto, ao ser indagada sobre seus hábitos pessoais durante o programa, ela se esquivou, dizendo não achar a sua questão pessoal importante. Era 1995. Neste papo aqui ela não se esquivou de nada, e mesmo sem eu perguntar foi falando de seus hábitos, que nem são tão canábicos assim. Mas por que será que neste papo ela falou e em 1995 não? Avançamos no debate? *"Eu acho que não é à toa que nossa história de vida acaba desembocando na nossa produção artística e na figura pública que nos tornamos. Não acho que avançamos muito, não. Começou um debate um pouco maior sobre o canabidiol, que foi atrapalhado pelo governo Bolsonaro"*, ela vai falando, e eu concordo com a cabeça. *"Tem ainda muito preconceito com quem fuma. Essa pecha do 'maconheiro'. Ninguém fica chamando o cara que bebe de 'o bêbado'"*, e como não concordar com ela? Ainda acrescento que a bebida está relacionada a coisas boas, celebração, festa, alegria, mas mata! Alguém aqui já soube de alguma pessoa que morreu ou matou por usar maconha? Não vale responder policial e bandido! Estamos falando de usuários. Estamos falando de pessoas como a Fernanda Abreu, que, simplesmente, mesmo sem fumar muito, gostaria de ter seu pé de manjericão em casa. Qual o problema?! Opa, manjericão não, um pé de maconha! Seguimos papeando. *"É tipo aborto! Ninguém é a favor do aborto, mas, sim, a favor de que a mulher possa ter o direito a fazer isso. Ninguém gosta de aborto e nem o trata como método anticonceptivo. Isso é uma loucura"*, ela segue, antes de concluirmos juntos que as questões, os preconceitos estruturais são realmente muito estruturados no nosso país.

Nosso papo se aproxima do fim quando começamos a falar de outros países, como Estados Unidos, Canadá, Holanda... *"Em Amsterdã todo mundo vai nos coffee shops, faz parte!"*, ela conta, valorizando mais esta atração turística que rende empregos e impostos e que é tão curtida na bela cidade holandesa. Cito o Uruguai, e ela diz: *"Fui com meu marido pro Uruguai em maio e fumamos na rua! A sensação de poder fumar na rua... indo pro cinema... muito bom!"*. Deve ser mesmo. Quem aqui não ficou tenso dando alguma volta de carro para poder fumar um sem ser pego pela polícia? Ou na praia? Ops, praia, verão da lata e... quem lembra dos apitaços do Posto 9 na praia de Ipanema? Era sensacional! Para quem não frequentou, eu conto. Verão de 1996, e todo mundo fumava e estava cansado de levar dura da polícia neste *point* da praia. Para nos protegermos das duras, muitos apitos eram distribuídos entre os frequentadores da área. Era a polícia começar a chegar e o som dos apitos começava a ecoar. E assim uma corrente de apitos ia passando a mensagem de que os meganhas estavam na área. Mais um caso típico de como o comportamento, como os hábitos de consumo e comportamentais, sempre encontram a sua forma de driblar o que o Estado não consegue enxergar, ou melhor, de driblar a hipocrisia estatal! As autoridades da época ficaram revoltadas com aquela manifestação que, de forma debochada, era bem pragmática para proteger usuários. O secretário de Segurança Pública, o general linha dura Nilton Cerqueira, deu declarações de que iria, inclusive, perseguir e apreender os apitos! É mole? O general queria proibir apitos! Ora, será que ele não tinha mais nada para fazer? Sim, ele fez! Teve, de fato, gente presa, gente agredida pela polícia, gente acusada de formação de quadrilha por estar apitando. Isso mesmo que você leu. O general mandava prender quem apitasse! Que ridículo! Foram instaladas câmeras caríssimas na praia para flagrar quem estava com apito na boca. Se dependesse da estupidez do general, mais um pouco e os apitos seriam vendidos nas bocas. Foi maravilhosa a manifestação espontânea das pessoas, e mais uma vez os responsáveis pela nossa segurança pública fazendo papel de bobos, sem resolver em nada a questão do tráfico. Se você for hoje, agora, no Posto 9, provavelmente vai encontrar gente fumando e outros vendendo. Enxugar gelo é o que esses políticos insistem em fazer.

Voltemos ao fim do papo com a Fernanda. Ela me conta sobre um amigo que recentemente foi pego no carro fumando um e deu uma grana para o policial. Uma dessas cenas lamentáveis e corriqueiras. Foi o gancho para falarmos da Lei 11.343 e de quão pouco nós, cidadãos, conhecemos as leis. O amigo dela, por diversos motivos, não devia ter subornado o policial. Uma das razões é a própria lei, que, como já vimos em papos anteriores aqui, não prevê mais prisão para usuários. Ela fica bem interessada em saber mais da lei. *"Mas e se o cara está indo para Búzios passar uns dez dias e está levando?"* Explico que a lei, circunstancial que é, não menciona quantidade e que mesmo se ele, o amigo, fosse enquadrado no artigo 33, também não iria preso se for réu primário. Constatamos que saber pouco dos nossos direitos, das nossas leis, é outro mal da nossa sociedade. A desinformação. Ela ainda pensando no amigo e em Búzios: *"Como não sou maconheira, nunca ando com maconha no carro. Já passei por isso, de ser parada na Rio-Búzios. É horrível! Se bobear ainda tem lá aquelas blitzes".* Provavelmente sim, e provavelmente muita gente, assim como o amigo dela, acaba, por desinformação e por hábito, subornando os policiais, que, certamente, estão lá exatamente para isso. Ou alguém acha que pegar o amigo da Fernanda indo para Búzios diminuiu em algo a força e a economia do tráfico? *"A malandragem é muito ruim. Vamos ser outro país quando nos livrarmos disso",* ela conclui, falando de mais um dos nossos males sociais: malandragem, hipocrisia, circunstancialidades. Tá tudo junto e misturado. Eu, mais uma vez, me vejo obrigado a constatar que a hipocrisia é o maior mal de todos. É o usuário de maconha que compra pelo Whatsapp e defende as chacinas nas favelas como combate ao tráfico; é o cara que dentro do armário é gay, mas que acha graça com os amigos quando gays sofrem preconceitos ou são mortos; é o outro que é contra o aborto, mas leva a filha ou a amante escondidas para fazer. Agora quem conclui é ela: *"Não consigo entender. Um peso retrógado na vida da pessoa, do cidadão, da sociedade. Essa coisa de tradição, família e não sei o quê é só hipocrisia".* É ou não é a hipocrisia o maior mal do brasileiro? Conclua agora você mesmo. *"Esses debates no Brasil viram algo cansativo. É cansativo não o debate em si, mas lutar para que o debate aconteça. Parece que esses assuntos andam a passos de tartaruga",* ela faz parecer que a garota carioca chega um tanto desiludida aos seus 61 anos. *"Me perguntam muito se é difícil envelhecer. Eu digo que é mole. Difícil é ser adolescente. Um puta desafio para saber quem você vai ser, o mundo se abrindo, sair da aba dos pais... Até por este viés a* maconha devia ser legalizada, pois abriria espaço para mais diálogo, mais respeito, tudo de forma mais acolhedora. Quando adolescentes, estamos abertos a muitos riscos mesmo. Drogas é um deles. Os vícios. E vício pode ser em várias coisas, como pornografia, por exemplo. Pode ser vício nessas novas drogas sintéticas, ou em cocaína, crack, ou mesmo com maconha. Não é legal o cara ficar fumando o dia todo e só ficar prostrado sem produzir, pensar, realizar nada. Não é legal. Pra tudo tem que ter conversa, diálogo, acolhimento", agora sim a fala dela parece ser conclusiva do nosso papo. "É realmente uma piada gastar mais com políticas de segurança pública do que com a saúde do usuário", ela ainda reflete. Sim, é uma piada! Ou melhor, é uma tragédia! Mais uma das nossas tragédias.

17.

MV Bill

*Ele é o Mensageiro da Verdade, um traficante de informação.
Ele é MV Bill, mas, se não fosse sua mãe, poderia ser
só o Alex, e o Alex, nascido e criado na Cidade de Deus,
poderia ter sido tantas coisas, como traficante, bandido e até
mesmo um trabalhador de carteira assinada. Você sabia que nas
favelas tem também trabalhador? Bill sabe. Alex sempre soube.
Quem tem que saber mais somos nós. Se liga na ideia!*

Externa – Cidade de Deus – Noite – Chovendo
Alex é um menino preto com uns 12, 13, anos de idade. Está sentado numa mesa de birosca da favela com três amigos. Estão brincando, um zoando o outro, esperando a chuva passar. Por conta da chuva, o local está praticamente vazio. Visto que o faturamento da noite está perdido, o dono da birosca termina de arrumar tudo para fechar e também ir mais cedo para casa se abrigar do temporal. Para piorar a situação, acaba a luz! Alex e seus amigos gritam! O dono da birosca ri da bagunça das crianças. Já foi criança um dia. Antes de ir embora, deixa com os moleques fichas para jogarem totó e sinuca.

206 BASEADO EM PAPOS REAIS – MACONHA

Agora sim os meninos berram! É de felicidade. São muitas fichas! Imediatamente dois vão para o totó e os outros dois para a sinuca. Começam a jogar! Corta.

Interior – Casa do Alex (Cidade de Deus) – Noite – Chovendo
Dona Cristina está andando de um lado para o outro. Está preocupada. A Cidade de Deus toda no escuro, chovendo sem parar e... cadê o Alex? Cadê esse menino? Ela anda de um lado para o outro na sala do pequeno apartamento. De repente Alex abre a porta. Todo molhado! Ele feliz da vida com a noite de jogos com os amigos na birosca, e ela passando do desespero para o alívio e a vontade de dar uma coça no moleque! É ele entrar em casa e engolir o sorriso.

Dona Cristina – Posso saber onde o senhor estava até esta hora?
Alex tenta responder, mas a mãe não lhe dá tempo de dizer nada.
Dona Cristina – Isso são horas de estar pela rua? Essa favela toda no breu e você na rua! Uma chuva dessas e posso saber onde o senhor estava, seu Alex?
Alex novamente tenta falar. Novamente sem sucesso.
Dona Cristina – E ainda me chega assim, encharcado, tá me molhando a casa toda, menino! E se me pegar uma gripe, já viu! Banho quente já!
Ela se aproxima puxando Alex pelo braço. O menino, sem nem pestanejar, sente o puxão da mãe. Não consegue falar nada.
Dona Cristina – Me diz, o senhor estava fumando maconha!
Alex – *(Atordoado)* O quê?
Dona Cristina não espera por resposta alguma e já sai dando um safanão no filho. Está transtornada, certa de que o filho estava fumando maconha.
Dona Cristina – *(Nervosa)* Tava na rua fumando maconha! Quantas vezes eu te disse para se afastar desses maconheiros? Quantas vezes?

Enquanto fala, não param os safanões!

Alex – Que isso, mãe! Tava brincando na birosca...

Dona Cristina fica ainda mais nervosa ao ouvir do filho onde estava.

Dona Cristina – Na birosca? E birosca é lugar de criança brincar?! Tava fumando maconha na birosca! É isso? Já te falei pra não se juntar com aquela gente. Amanhã mesmo vou lá. Onde já se viu? Filho meu não vai ser maconheiro! Fumando maconha! Deus do céu, protege esse menino!

É mais ou menos assim que o MV Bill, o menino Alex da cena, me conta sobre a primeira vez que ele não fumou maconha. Apanhou da mãe sem nunca ter fumado. Foi chamado de maconheiro pela sua mãe, um dos piores xingamentos para ela, sem nem ter dado um primeiro tapa na vida. *"Eu já tinha visto os caras fumando, já tinha visto meu pai fumando, mas nunca tinha fumado. Minha mãe era tão preocupada com isso, tão neurótica com isso, que acho até aguçou mais minha curiosidade"*, ele conta começando nosso papo. *"Meu pai era engraçado. Muitas vezes chegava em casa do trabalho, nervoso, cansado. Aí entrava no banheiro, ligava a água quente e ficava lá. A casa era pequena. Todo mundo via a fumaça e sentia o cheiro saindo do banheiro. Depois, quando ele saia, já estava bem mais calmo, tranquilo, brincava com a gente e ficava cheio de fome"*, ele segue descrevendo as cenas. É assim que escuto, como se todas fossem mesmo cenas. São tantos filmes passados em favelas que, sei lá, a gente vai vendo feito um filme na cabeça as cenas que o Bill descreve de sua infância na Cidade de Deus. *"Tinha outras vezes que meu pai estava na rua fumando um com os amigos, e se, por algum motivo, eu tivesse que ir falar com ele, ele imediatamente colocava o beque para trás, segurava a fumaça na boca e falava daquele jeito para não deixar a fumaça sair. Será mesmo que ele achava que eu não percebia?"* Ele ainda conta mais dos moles que o pai dava: *"Eu gostava de brincar me vestindo com as roupas do meu pai, e muitas vezes dava pra sentir o cheiro"*. Agora ele descreve uma das cenas mais emblemáticas com seu pai, sua mãe e um beque. *"Muita gente guardava maconha, ainda guarda, no congelador. Dizem que se o fumo é ruim pode dar uma melhoradinha, ou pelo menos não deixa o fumo ficar pior. Teve um dia que eu tava vendo meu pai desesperado procurando algo pela casa. Tanto desespero que minha mãe foi ajudá-lo a procurar. Eu ali vendo, perguntando o que estavam procurando, e eles não me respondiam. De qualquer forma, comecei a ajudar e já desconfiado do que poderia ser fui ao congelador, onde me deparo com um beque já apertado. Um beque grande! Daqueles que se apertava no papel do cigarro Hollywood. Sabe, aquele papel do cigarro que tinha que tirar a parte laminada? Pois é, eu achei, mostrei e perguntei: é isto que vocês estão procurando?"* Bill nem precisou falar sobre o constrangimento do pai e da mãe ao verem o filho com o beque na mão. Assim foram suas primeiras experiências mais, digamos, pessoais, com a maconha. O primeiro beque que a mãe achou que ele tinha fumado e o primeiro beque, do pai, que pegou nas mãos. *"Quando eu tiver meu filho, espero que não seja assim"*, Bill conclui.

O ano era 1999 e eu trabalhava como gerente geral da gravadora Natasha Records. Um belo dia, numa reunião com minhas chefas, as donas da gravadora Conceição Lopes e Paula Lavigne, elas me informam que íamos lançar o disco de um rapper. De cara já adorei a ideia. Vale ressaltar que em 1999 o rap nacional não tinha a força que tem hoje, era algo restrito às favelas e periferias. Gabriel, o Pensador já trafegava por outros caminhos e pontes, mas o rap como movimento era ainda bem marginal. Tinha Planet Hemp e o Marcelo D2, Pavilhão 9, Racionais e poucos outros artistas chegavam aos meus ouvidos brancos de consumidor da grande mídia. Mesmo sempre tendo sido ligado em música, mesmo trabalhando com isso, ainda assim naquela época era pouco rap que se ouvia ou que gravadoras buscavam. Era um movimento ainda bem marginal mesmo. Racionais MC's eram cultuados, cada vez ganhando mais respeito, mas não apareciam na TV, não davam entrevistas, só faziam shows nas periferias e... tinham uma cara sempre enfezada. Nós na Natasha lançávamos discos de trilhas sonoras de muitos filmes e tínhamos muito poucos artistas contratados. Tinha a Daúde, a Virgínia Rodrigues, o Lucas Santtana e o Trio Forrozão – que era o grande vendedor da gravadora. Por tudo isso, aquele papo das patroas muito estava me interessando. Adoro música. Amo a música brasileira justamente pela sua grande diversidade. Música brasileira tem tudo. Quando elas falaram que era o MV Bill eu só consegui soltar um "uau!". Bill já tinha lançado um disco independente e seu nome começava a aparecer – geralmente associado aos Racionais. Se Mano Brown, Edi Rock, Ice Blue e KL Jay eram os "caras de mau" de São Paulo, Bill era como o mauzão do Rio. Nos shows dos paulistas em favelas e bailes cariocas invariavelmente era MV Bill que fazia o show de abertura. Tem uma explicação empresarial para isso. Nessa época o Celso Athayde, que depois criou o Prêmio Hutúz, a Cufa, a Taça das Favelas e a Favela Holding, era o empresário dos Racionais para shows no Rio. Celso tinha uma loja de CD em Madureira e seu melhor vendedor era o Alex, ou melhor, o Bill. Assim, foi natural o Celso empresariar o Bill. Voltando para a reunião com minhas chefonas, elas me contam que pegaríamos o disco lançado pelo Bill de forma independente, daríamos um trato, regravaríamos algumas coisas, mudaríamos a capa, faríamos clipe, assessoria de imprensa, eventos e tudo mais. Faríamos um supertrabalho de marketing. A essa altura da conversa eu já estava amarradão no desafio que viria pela frente e sentindo a empolgação das donas da empresa. Eu não tinha dúvida de que, fazendo um trabalho cuidadoso, criterioso, poderíamos conseguir muitos novos espaços para o MV Bill e o rap nacional como um todo. Volto a lembrar: nessa época, rap era coisa de favelado! Até por isso eu acreditava que podia despertar muito interesse na grande mídia. Minha pergunta para elas foi bem clara: "Mas o Bill vai topar dar entrevistas, aparecer em televisão?". Entenda que nessa época não existiam redes sociais e os ambientes digitais ainda não eram a mídia poderosa que são hoje. Minha pergunta foi bem prática, e a resposta delas também. Lembro da Paula falando: MV Bill era um projeto que ela estava trazendo para a gravadora: *"Bruno, o Celso, empresário dele, disse que ele pode fazer tudo desde que seja feito na CDD, na Cidade de Deus. De lá o Bill não vai sair, mas se você levar as pessoas lá...".* Encarei este obstáculo como um ótimo desafio. Achei foda! Bora levar a grande mídia para conhecer o Bill lá na CDD. Vamos levar os grandes jornais, televisões, revistas, para conhecer um rapper e falar de música e cultura lá na Cidade de Deus. Vale lembrar que Cidade de Deus era uma favela bem violenta. Não seria tão simples assim.

Primeiro passo: uma reunião com o Celso na sede da gravadora. Celso não era da Cidade de Deus e circulava por todos os cantos. O escritório era no Leblon, e Celso veio para nos conhecermos, conhecer nosso time, nosso escritório, e traçarmos os planos. Eu sabia que, pelo bem do trabalho, tinha que ganhar a confiança do Celso e do Bill, mostrando capacidade de ação logo de cara. Bora fazer uma coletiva de imprensa na CDD, foi a ideia que joguei na mesa. Já que o Bill não vai sair de lá, então vamos chegar lá já com todo mundo. O bonde da imprensa! Pela reação do Celso, nem ele imaginava algo tão grande. Talvez ele tenha pensado mesmo é na complexidade da ação. Como assim levar um bando de jornalistas com câmeras para a Cidade de Deus, uma das favelas mais violentas do Rio? Conseguir as liberações necessárias era a parte que ficaria com ele, enquanto eu, a gravadora, garantiria levar os jornalistas dos grandes veículos de imprensa do Brasil. E assim foi. Celso fez a parte dele e nós a nossa. Jornalistas do Brasil inteiro, dos maiores veículos de informação, foram passar uma tarde no Ciep (Centro Integrado de Educação Pública) da CDD, onde fizemos a coletiva de lançamento do disco *Traficando informação*, do MV Bill. Deu tudo muito certo! Foram páginas e páginas de jornais e revistas e muitas entrevistas para os canais de televisão. Não poderia ter sido um sucesso maior. E assim seguimos o trabalho.

Sempre no fio do bigode. O que um falava o outro sabia que podia confiar. MV Bill foi lançado com a magnitude que seu talento e discurso mereciam. Nesse caminho, a gente sempre ia criando novos fatos para mantê-lo nas melhores páginas da imprensa e nas rodas de conversa dos formadores de opinião. Assim foi quando fizemos o clipe, na verdade um curta-metragem, de "A noite" e, mais do que tudo, o show que o Bill fez no Free Jazz Festival daquele mesmo ano, 1999. Free Jazz era o festival mais bacana de música que rolava por aqui. Um festival daqueles de fazer e abrir a cabeça do público. Bill tocou com sua banda no Rio e em São Paulo. Não era um palco habituado a receber um artista como Bill, e Bill também nunca tinha tocado num ambiente desses. Tanto assim que abriu seu show com uma pequena modificação no seu bordão inicial: *"MV Bill não está em casa"*. Ter o Bill no Free Jazz por si só já era uma grande novidade, um fato marcante no jornalismo cultural, mas a gente queria aproveitar ainda mais a oportunidade. Estava então em debate na sociedade a questão do desarmamento, mas neste debate nem todos estavam sendo ouvidos. Era um debate na imprensa, no Congresso, nas rodas mais afortunadas, mas pouco se ouvia a opinião dos favelados. Bill foi lá e deu o recado. Causou perplexidade na plateia e deu muito o que falar o momento dramático no show em que Bill fez um potente discurso sobre a violência nas favelas, a morte de tanta gente inocente. Fala dos soldados do morro, pede justiça, tira a sua camisa vermelha e todo mundo vê que ele tem uma arma na cintura. Ele canta "Soldado o morro": *"Minha condição é sinistra, não posso dar rolé, não posso ficar de bobeira na pista. Na vida que eu levo, não posso brincar, carrego comigo minha 9 e minha HK..."*. A câmera da MTV que transmitia o show dá um close na arma. Uma grande tensão no ar. Bill cantava sua verdade, a verdade de tanta gente, e nosso trabalho era amplificar ao máximo. Na parte final da música entra em cena mais um homem preto sem camisa que traz nas mãos, feito bandeja, uma toalha branca. Ele para em frente ao Bill, que saca a arma e a repousa na toalha. O cara sai de cena levando a arma. Bill e todos da sua banda fazem com as mãos o sinal da pomba da paz. Era assim que acabava o show. Sem armas, com paz. Foi assim que começou uma enorme repercussão! Muitos se ligaram na cena, no discurso, na mensagem que aquele traficante de informação estava passando. Outros queriam saber se a arma era de verdade para assim tentar incriminar o Bill por porte indevido de arma. O discurso, a realidade e a lei.

Ter trabalhado com o Bill e o Celso foi das experiências e momentos mais fantásticos da minha vida profissional. Celso já era na época um dos melhores empresários de artistas que eu vi trabalhar. E olha que eu trabalhava, ou já tinha trabalhado, com artistas bem grandes do nosso pop rock. Poucas vezes vi um empresário entender tão bem quem era o seu artista e ter com ele uma relação de confiança e amizade tão forte e bacana como vi entre Celso e Bill. Trago comigo inúmeras lições aprendidas e tenho por ambos um profundo orgulho e amizade. Isso foi em 1999, mas sei que até hoje, quando um liga pro outro, quando um precisa do outro, pode tardar um pouquinho, mas um sempre sabe que poderá contar com o outro.

Aprendi muito com o Celso e o Bill. Mais do que sobre o mercado da música, tive com eles, e ainda tenho, aulas práticas de vivência, antropologia, sociologia. E o tanto que conversei e andei pela CDD com o Bill transformou minha maneira de enxergar o Brasil, o Rio. Foi com o Bill que pela primeira vez vi uma endolação de droga, aquele momento de colocar o produto na embalagem para a venda no varejo. Estava um dia andando com ele pela favela, quando ele me puxa para entrar numa daquelas ruelas que mal dá para duas pessoas andarem uma ao lado da outra. Ele me puxa até a porta de um barraco e me aponta pra ver. O que vejo é uma mesa de uns oito lugares, com um morro de cocaína em cima e umas dez crianças em volta endolando a droga. Deviam ter uns 12 anos. Estavam lá trabalhando, endolando, e ainda sendo crianças. Brincavam, riam, quase sem perceber o que estavam fazendo.

Algumas se viraram para falar com o Bill na porta. Vale destacar que Bill era, é, uma forte referência na Cidade de Deus. Um cara respeitado por todos. Todos mesmo! Eu ali vendo aquela cena, chocado, com medo, e elas brincando. Bill, então, me cutuca e toca a real: *"Provavelmente essas crianças ganham mais dinheiro que seus pais. Elas sustentam as famílias. E são ótimas profissionais. Não roubam, não usam a droga e são bem destemidas. Ótimos profissionais que fazem brincando"*, ele me fala, com uma certa ironia e muita verdade. É dessas cenas que nunca vou esquecer na vida. Por que então o Alex não virou uma dessas crianças? Por que acabou virando o Mensageiro da Verdade Bill? *"Acho que por causa da minha mãe. Ela era mesmo neurótica com esse assunto. Falava horrores dos maconheiros, das pessoas que usavam droga. Para ela uma pessoa maconheira era tipo um fuzil. Acho que ela associava mesmo que um maconheiro, na favela, ia acabar tomando tiro. Ela falava abertamente para não se misturar com fulano, cicrano, que eram maconheiros!"*, ele fala sempre com carinho de sua mãe e continua: *"Pelo olhar da minha mãe, todo mundo que fumava maconha na favela não era boa pessoa, mas ela era, sempre foi, empregada doméstica, e na casa em que trabalhava, em Copacabana, seus patrões fumavam. Então ela dizia que eles tudo bem, que eles tinham educação para fumar na casa deles. Ela dizia que o jeito que eles fumavam era diferenciado. Diferenciado como?"*, ele questiona, e tanto eu como ele entendemos o que se passava na cabeça da sua mãe. De fato, ela nunca tinha visto em Copacabana, na casa de nenhum patrão seu, a maconha associada ao fuzil. Em Copacabana, o usuário de maconha não corre o risco de ser preso ou, pior, tomar tiro. Para a mãe do Bill, dona Cristina, fumar maconha como a classe média de Copacabana fumava era aceitável, mas ver um grupo de pretinhos, numa ruela da favela, fumando um, era fuzil na certa. Ou fuzil de traficantes ou da polícia. De qualquer jeito, maconha era igual a fuzil. Dá para entender e sentir como a dona Cristina. Imagine se é o seu filho? *"Fato é que, quando ela admitia que os patrões pudessem fumar maconha e na favela não, ela já me dava indícios de que o produto em si poderia ser aceito, mas é a localização geográfica onde é consumido que faz a diferença"*, mais uma vez, Bill conclui com a associação de ideias que ele, ainda adolescente, já fazia.

Já falamos muito da mãe e do pai. Que tal irmos agora para a rua? Não foi em casa a primeira vez que Bill ouviu falar, viu e fumou maconha. Foi na rua, na favela. *"Os caras mais maneiros, que usavam as roupas mais maneiras, que escutavam as músicas mais legais, que andavam levando rádio, eram todos maconheiros!"*, ele descreve, e a gente consegue visualizar essa cena, esses personagens. Já me vejo novamente dentro de um filme. *"Uma vez eu estava com um amigo no baile e a gente estava só sacando uns caras desses. Uma hora eles saíram andando e a gente sabia que eles iam sair para fumar um. Fomos atrás seguindo e ficamos lá só filmando eles. No final um deles jogou a bagana no chão e foram embora. Imediatamente a gente pegou aquela bagana, acendeu e cada um deu uns três peguinhas. Pronto. Parecia que abriu um mundo diferente para mim. Voltamos para o baile e aquelas músicas que a gente já conhecia, que escutava toda semana, parecia que estavam diferentes. Foi uma sensação que a gente nunca mais queria deixar de ter"*, agora sim ele conta sobre seu primeiro baseado, no caso, sua primeira bagana. E assim Alex foi crescendo, vendo, observando, questionando e tirando suas conclusões sobre tudo que o cercava. Alex ia virando Bill. *"Lembro que chamavam de preto ou branco, Xuxa ou Pelé. Maconha ou cocaína. Cocaína era droga de rico e a maconha dos pobres"*, ele lembra.

Sigo com a imagem dos maconheiros bem transados que usavam as roupas maneiras, que ouviam as músicas maneiras, que eram os caras que o Bill contou. Se eles eram os caras maneiros, por que o Alex não virou um deles? É a segunda vez que penso em como os caminhos do destino deste Alex podiam ter sido diferentes. Por que ele não foi uma daquelas crianças endolando cocaína para sustentar a família e agora por que o Alex não virou um dos maconheiros maneiros? Mesmo no caso dos maconheiros maneiros, penso pelo viés econômico. Se eles podiam ter roupas maneiras, é porque ganhavam dinheiro para isso. Nenhuma novidade em saber que o tráfico paga bem na favela. *"Num primeiro momento até entendia mesmo que o tráfico estava inserido na economia da favela, gerava emprego e tal. Mas naquela época, e hoje também, a gente também via aqueles caras maneiros no chão cheio de tiros. O rabecão demorava horas para tirar. Às vezes mais de um dia, que era para a gente ver mesmo, ter o exemplo. Ver aqueles caras no chão cheios de balas é formador de caráter. Podia ser rentável financeiramente, mas essa percepção morria quando eu via o cara deitado cheio de tiros no chão"*, e mais uma vez me vem a imagem de uma câmera fechada no corpo do cara maneiro, cheio de tiros no chão. A câmera vai subindo, subindo de drone até abrir o plano e vermos, ao lado desse corpo, Alex e dois amigos olhando para o cara estendido no chão. Tudo parece filme. Mas não é. Ficamos em silêncio. A cena, a percepção da vida, o caráter do Alex sendo formado e tão bem justificado em Bill hoje falando. Fico meio perdido, sem saber bem por onde seguir. Senti o golpe. Essa imagem do cara maneiro no baile e em seguida cravado de balas no chão. Com Bill é assim. Verdade. É ele mesmo quem segue falando da parte financeira da maconha no tráfico: *"Financeiramente, os traficantes não gostam muito de vender maconha. É muito volumosa, aqueles tijolos prensados, difícil de armazenar, fedorenta... E não é tão rentável quando as outras drogas que hoje vendem nas bocas de fumo. Inclusive deviam mudar este nome para 'nariz de cheiro'. Enfim, muitas pessoas vivem disso"*. Ele vai falando e as palavras ecoando na minha mente. Muitas pessoas vivem disso. Precisamos falar sobre reparação social.

Muitas pessoas vivem disso e muitas pessoas vivem com isso. Maconha não é uma droga só de pobre, até pelo contrário, é uma droga bastante social. Não que não tenhamos entendido o que o Bill quis dizer com maconha é de pobre e cocaína de rico, mas o fato é que o público consumidor da maconha é bem abrangente, tanto pelo aspecto de classe social como de faixa etária. Vamos falando sobre isso, refletindo sobre o que dona Cristina já havia deixado explícito quando sentia e dizia que os patrões dela em Copacabana podiam fumar e serem ótimas pessoas, mas se fossem o filho e seus semelhantes na favela isso seria o horror. A diferença é geográfica, mas se é geográfica é porque o social está aí representado. O que será que aconteceria se os patrões da dona Cristina fossem morar na Cidade de Deus e vice-versa? Ficamos falando sobre isso e entendendo quão longe vai o racismo estrutural no Brasil. O que faz dona Cristina ter duas visões diferentes sobre o mesmo fato, pessoas fumando maconha? Se enxergar nisso o racismo estrutural pode não ser assim tão óbvio, surgem outras obviedades quando o assunto segue por esse caminho.

Pessoas dos mais diferentes tipos fumam maconha. Arquitetos, advogados, médicos, artistas, policiais, empresários, todo mundo fuma maconha. De um jeito ou de outro, a sociedade já aceita que essas pessoas fumem maconha. Que todo mundo possa fumar em todo e qualquer apartamento da zona sul do Rio, dos Jardins em São Paulo, dos bairros mais ricos de todas as cidades do Brasil, mas na favela não! Pretos e pobres nas favelas não podem fumar maconha! Nas favelas qualquer associação que se faça entre maconha e pessoas é a de que são todos traficantes, bandidos perigosos, até que se prove o contrário. Na dúvida, nem se espera a prova em contrário e já se taca tiro! Na favela, como já disse dona Cristina, maconha é como fuzil. Tanto é assim que está cheio de arquiteto, advogado, médico, artista, policial, empresário e mais um monte de gente que fuma maconha – e se fuma é porque compra –, e mesmo assim faz coro em apoio às ações de política pública de segurança de entrar fuzilando e se vangloriando do número de assassinatos cometidos. E assim, mais uma vez, na cabeça de todas as mães da favela como dona Cristina, se fortalece o laço entre maconha e fuzil.

Hoje, infelizmente, sabemos que muita gente ainda acaba cheia de balas no chão. Hoje, porém, os caras que são maneiros, que vestem roupas maneiras, que escutam sons maneiros, são os rappers. Tanto os que ostentam roupas maneiras – e isso é legítimo – quanto os que traficam informação, como o MV Bill.

"O brasileiro, o carioca em especial, é peculiar. É maconheiro e reacionário ao mesmo tempo. Faz tempo que mandamos os piores políticos do Brasil para nos representar em Brasília. Além de preconceituoso, o carioca vota mal pra cacete!", ele fala rindo, e percebo que vai falar mais. *"Esse discurso que vincula a maconha ao bandido está cada vez mais virando para a maconha e o capital. Serão os fazendeiros, os caras do agro, as empresas de remédio, cigarro... Esses sim vão dominar o mercado. Quando começar a gerar dinheiro, pagar imposto, o hipócrita vai virar o empresário."* Bill verbaliza bem demais os seus pensamentos. O hipócrita vai empresariar. É isso mesmo. O dinheiro na frente. Inclusive, é fato hoje, e um fato bem curioso, que qualquer investidor brasileiro, qualquer pessoa que queira investir na indústria da *Cannabis* já pode fazê-lo por meio do seu banco, mas plantar um pé de maconha no vaso da varanda, ah, isso não pode. Qual a lógica disso? Pode isso, Arnaldo? E assim, mais uma vez, caímos aqui no livro, neste papo da hipocrisia. Juro que agora não fui eu quem provocou, mas o assunto vem. *"Outro dia um amigo meu agricultor foi contratado por um grupo de juízes, desembargadores, para plantar maconha para eles extraírem o óleo para fazer remédio para familiares"*, ele conta mais uma dessas histórias. *"O meu amigo planta, qualquer um pode plantar, o remédio é eficiente, mas por que é para poucos?"*, ele continua, e continua mesmo: *"Eles são assim mesmo. São contra até alguém da família precisar; aí, quando alguém da família precisa, o comportamento deles muda completamente, já vi acontecer, tenho amigos reaças que vieram, não sei por que, ver se eu conseguia canabidiol para eles. Pessoas que tratavam como erva do capeta desesperados para conseguir, pedindo graças a Deus. A verdade é que é sempre o individual, e não o coletivo, que impulsiona as coisas aqui no Brasil."* Certamente tudo muito curioso. Seguimos conversando e percebendo por quantos aspectos do assunto maconha já passamos neste papo. Sigo falando dos usos na indústria têxtil, no

biodiesel, na fabricação de fibras, e percebemos que tudo isso aproxima o assunto de pessoas com viés mais de direita ideologicamente. A descriminalização da maconha parece mesmo que não será pelo lado comportamental, social, mas, sim, pelo lado financeiro. São bilhões e bilhões de dólares envolvidos nessa *commodity*, nesse negócio mundial. Vamos mesmo ficar fora dessa? *"Como pauta política, vão ter que surgir novos políticos da maconha da esquerda, da direita e de centro, que vão ter interesse não só pelo uso recreativo ou medicinal, mas pela parte econômica"*, ele fala de forma bem sensata. *"Tem que falar muito do aspecto econômico e das vantagens medicinais. Disso o brasileiro se compadece. O brasileiro médio tem muita dificuldade em aceitar que a erva do diabo pode fazer bem."* É por aí mesmo, a bancada da maconha não pode ser a bancada dos "maconheiros", mas, sim, de empresários, grandes agricultores. Pensando em todos os usos dessa planta, no nosso clima, no nosso solo, nas nossas grandes extensões de plantio, o Brasil pode ser a maior potência mundial nesse mercado. Será que seremos? Será mesmo que o dinheiro vai transformar hipócritas em empresários? Nada mais hipócrita que isso. *"Temos muitas contradições em vários assuntos e repetimos sempre os mesmos erros"*, mais uma vez deixo para ele finalizar o parágrafo com uma frase dessas, definitiva.

Nosso papo vai chegando ao final. Não sem antes eu trazer para a mesa o assunto da reparação social. O que fazer com todas essas pessoas que hoje vivem do comércio ilegal das drogas? Logo percebemos que o assunto drogas é bem mais complexo que o assunto maconha. Legalizar, descriminalizar a maconha não irá acabar com o tráfico de drogas e tudo o que vem junto com ele: a violência, a indústria das armas, a associação que as mães seguirão fazendo entre droga e fuzil. *"Se formos pensar só na maconha, na legalização da maconha, acho que seria bem bom que uma parte dos impostos arrecadados fosse destinada ao tratamento de viciados em drogas, na educação, prevenção, e também em ajudar pessoas que estejam em vulnerabilidade na relação com esse assunto"*, mais uma vez ele me parece certeiro. Se são uns 20 milhões de consumidores de maconha no Brasil, quanto dinheiro em impostos não poderia ser arrecadado? Fora os outros impostos advindos das outras utilizações da planta. Não custa lembrar que, para o uso social, o que se consome são as flores da planta, que nascem nas espécies fêmeas. Maconha é muito mais que isto. Não quero deixar nenhum assunto da pauta de fora e ainda busco tempo para falar sobre os gastos públicos, do tanto mais que se gasta no suposto combate ao tráfico do que em saúde pública com viciados. Bill é taxativo em afirmar que ninguém faz essa conta: *"Ninguém faz essa conta, essa relação. Na cabeça das pessoas não tem esse comparativo. Cuidar de viciados não dá voto. Somos uma maioria reacionária que acha mesmo que bandido bom é bandido morto, ainda que nem seja bandido, mas tenha a aparência de... esse tal racismo estrutural é complicado de tratar"*, ele pontua.

Estamos mesmo chegando ao fim do papo. Quero rapidinho voltar ao início e pensar na dona Cristina, nas tantas donas Cristinas que existem nas milhares de favelas brasileiras. Será que hoje elas já entenderam que a maconha, a maconha por si só, a maconha deixando o fuzil de fora, é somente um produto de consumo inofensivo e que faz bem para muita gente? *"Ó, vou te dizer, a favela é conservadora pra caralho. Os mais velhos são bem conservadores. Hoje é melhor, mas muita gente ainda não aceita muito, não. Hoje minha mãe segue na CDD e tem três vizinhos que fumam maconha pra caralho o dia inteiro, e ela sempre comenta, e eu fico rindo por dentro. Só que hoje ela já repara que esse vizinho que fuma trabalha, estuda..."*, ele conta, e eu sei que ainda ficarei alguns dias pensando na dona Cristina e nas associações que ela fez e faz por amor e cuidado com seu filho preto, nascido e criado numa favela carioca.

Já estamos nos despedindo, e Bill diz que estava malhando o braço direito quando liguei na hora combinada. Ele ainda quer malhar um pouco mais antes de sair para seu próximo compromisso. Ainda assim, ele me conta mais uma: *"Outro dia ouvi no rádio uma propaganda de uma feira com vários produtos feitos de* Cannabis. *Achei muito maneiro. Poxa, estamos ao lado de países como Chile, Argentina, Uruguai, e todos os meus amigos nesses lugares fumam uma maconha de melhor qualidade e vivem bem mais tranquilos que a gente. Vai chegar o dia que vai ser legalizado e vamos viver igual nos Estados Unidos, mas a gente não vai estar no comando de nada. Outras pessoas estarão no comando, e a gente será tratado no máximo como usuários"*, ele dá o arremate final. Usuários não, consumidores, finalizo eu. Nos despedimos fraternalmente como sempre. Mais um ótimo e enriquecedor papo com meu amigo MV Bill. Desligo o Zoom e, feito fosse num filme, consigo imaginar ele agora começando a malhar o braço esquerdo e a câmera saindo pela janela, até revelar o conjunto habitacional onde ele mora na Cidade de Deus. Já é noite. Está chovendo. A câmera segue seu movimento e passa por um grupo de crianças jogando totó e sinuca numa birosca vazia. Mais uma noite chegando na CDD.

18.

Celso Athayde

Ele pode vir a ser o futuro presidente do país. Eu acredito! Ninguém no Brasil sabe tanto quanto ele ver potência onde se costuma ver pobreza. Ele é a própria autoestima da favela em forma de gente. De gente só não, em forma de movimento. Quando ainda era chamado de Celso Bandido, já era empresário dos Racionais, depois criou o Prêmio Hutúz, a Central Única das Favelas (Cufa) – uma das ONG sociais mais ativas e capilarizadas –, criou a ExpoFavela e, mais recentemente, juntou tudo na Favela Holding, da qual é CEO. Pensou negócio nas favelas, pensou em gente preta, pensou em empreender socialmente, então você está chamando Celso Athayde.

Rogério Lemgruber, o R.L., popularmente conhecido como Bagulhão, foi um dos criadores da Falange Vermelha, a facção criminosa que veio a dar origem ao Comando Vermelho. Foi preso diversas vezes e fugiu outras tantas. Ficou muito tempo no presídio da Ilha Grande, onde conviveu com outros criminosos como ele e, também, com presos políticos da ditadura militar. Mais uma política de segurança pública mal pensada pelo Estado. Ao juntar presos políticos com bandidos, promoveu um intercâmbio de informações em que os bandidos ensinavam técnicas do crime, enquanto os presos políticos ensinavam para os bandidos coisas sobre desigualdade social, organização social, politização da população e coisas assim. A troca era intensa, e foi muito profícua para ambos os lados. Bagulhão amadureceu muito suas ideias com esse convívio. Entendeu muito mais sobre o Brasil, e assim foi incorporando à sua bandidagem um aspecto mais politizado. Foi assim que percebeu que o bagulho era, literalmente, mais embaixo. R.L. morreu em 1992, no Hospital Miguel Couto. Ele era diabético e, com tantas fugas e capturas, foi deixando os cuidados com a saúde de lado. Comia muitos doces, besteiras e outros alimentos que jogavam sua taxa de glicose nas alturas. Chegou a ser internado no Hospital Central Penitenciário e logo depois, junto a uma grande operação policial, foi transferido para o Miguel Couto, onde morreu. Bagulhão foi uma espécie de tutor, padrinho ou algo assim do Celso, Celso Athayde. *"Seu Rogério, uma vez, chegou com um long--play do Caetano Veloso e disse que todos nós tínhamos que ouvir. Acho que foi o meu primeiro contato com o Caetano. Ele tinha os cabelos grandes e cara de maconheiro. Seu Rogério falava do Chico Buarque e do Geraldo Vandré. Ele dizia: 'Não quero bandido burro aqui, não! Não quero favelado burro aqui, não! Nós, que somos pretos, não temos nada, só as bocas de fumo, então temos que ser inteligentes"*, ele lembra, contando que "seu Rogério" arrumava muitos livros para ele e dizia que eram subversivos. Celso adorava esta palavra: subversivos. Celso é literalmente fruto da junção da cultura da bandidagem com a dos movimentos sociais. Com Bagulhão aprendeu lendo conceitos de revolução. Deu no que deu, uma das cabeças mais brilhantes do Brasil, um dos ativistas sociais mais empreendedores; focado, pragmático e obsessivo no seu propósito. Foi empresário no *rap*, criou o Prêmio Hutúz, é o mentor da Cufa, que hoje está em aproximadamente 5 mil favelas do país, da Taça das Favelas e de vários outros empreendimentos. Tantos empreendimentos que ele criou a Favela Holding, da qual é CEO, voltada para o investimento em *start-ups* nascidas nas favelas, como a agência de turismo Favela Vai Voando, o instituto de pesquisa Data Favela, a Favela Log, que é uma empresa de entregas, a agência de *live marketing* InFavela, entre mais de 24 empresas sempre voltadas para mostrar a potência criativa e, principalmente, econômica das favelas. Atualmente está bem envolvido com a ExpoFavela, uma feira de empresas e iniciativas oriundas das favelas que teve sua primeira edição em abril de 2022, em São Paulo, reunindo mais de 30 mil pessoas e muitos nomes dos grandes negócios, como Luiza Helena Trajano, Abílio Diniz, Luciano Huck, Neca Setúbal, entre outros. Celso é uma grande ponte potente e potencializadora. É autor de nove livros, dá palestras em Harvard, no Fórum Econômico de Davos, exporta seu conhecimento e vivência pelo mundo sem perder as suas raízes que estão em Madureira, onde, dos 6 aos 12 anos, morou embaixo do viaduto. Anos mais tarde, ali mesmo, ele viria a criar o Baile Charme. Depois foi viver por dois anos no abrigo público de São Cristovão, até chegar à Favela do Sapo, onde se formou na vida. "*Às vezes, vou à London School, MIT, Columbia, Harvard fazer palestras e, mesmo no Brasil, o público é todo branco. Ao meu lado estão empresários falando sobre impacto social na base da pirâmide. Eu fico imaginando: o que estou fazendo ali? Às vezes, após a minha fala, alguns empresários dizem: 'Gostei muito de investir nesses territórios que o Celso está falando'. Parece que eles não falam a nossa língua*". Não falam mesmo! Enquanto não houver mais pretos, mais favelados, convidados para essas grandes rodas, não falarão a língua nunca. Com uma história dessas, com o conhecimento e envolvimento com este Brasil e o poder de realização que tem, eu vivo dizendo para ele que um dia ainda vou votar nele para presidente da república. Celso sim é a terceira via!

Hoje acho que poderá vir a ser presidente do Brasil, mas, ao mesmo tempo, nunca deixo de pensar em por que ele não virou

224 BASEADO EM PAPOS REAIS - MACONHA

bandido. O cara se criou no berço da Falange Vermelha, apadrinhado pelo Rogério Lemgruber, na infância fazia pequenos furtos e, de vez em quando, passava umas mutucas para ter o que comer. Como assim não virou bandido? Quando eu o conheci, ele tinha o apelido de Celso Bandido. Um bandido sem nunca ter sido. Como assim? Por quê? *"Eu nunca quis ser bandido, pois tinha muito medo de ser preso e envergonhar minha mãe. Ok, muitos bandidos também têm esse medo, mas eu logo vi que não queria aquele meio para mim, assim como não queria ficar na favela e não queria fazer parte de uma estrutura como a que eu via com o Bagulhão, onde ele era o grande líder e todo mundo se sujeitava a ele. Achava aquilo muito opressor. Eu já pensava em criar uma estrutura mais horizontalizada, onde cada pessoa poderia se tornar uma liderança pela sua capacidade, e não pelo medo."* É, parece que nas aulas com R.L. Celso aprendeu mais sobre as questões sociais que sobre as da bandidagem. *"O Bagulhão contava coisas que eu não queria para mim. Coisas que aconteciam nos presídios..."*, ele segue lembrando a sua formação. *"Quem ia à Favela do Sapo não ia para jogar ronda, mas para reverenciar o Bagulhão. Isto era um sinal de poder, fazer parte da roda. Bagulhão era um cara poderosíssimo que parava brigas só com o seu olhar, era o cara mais odiado e amado. Era uma espécie de centrão, de Arthur Lira"*, ele compara, para falar sobre pessoas que não inspiram sentimentos verdadeiros. Não era o que queria para si. *"As mães o viam como uma ameaça para a vida de seus filhos, mas era o cara que ajudaria a matar a fome deles. É um modelo de poder, de poder econômico, que eu não queria para mim. Mesmo os pequenos furtos que eu fazia, sabia que era só um momento da minha vida. Eu via meninos da minha idade, com 15, 16 anos, serem tratados como grandes bandidos, facínoras sanguinários, mas que na verdade só queriam levar dinheiro para casa. Eu nunca quis ser este que ia lavar dinheiro do tráfico comprando carne no açougue, pão na padaria, para levar para casa."* Todas as vezes que escuto o Celso falando fico impressionado, pensando como o nosso caráter é forjado. *"Temos que voltar a ter alguma ideologia. Eu sempre tive a minha, seu Rogério foi quem me deu. A mim e aos outros moleques. Ele dizia que era comunista convicto, que na prisão ele tinha conhecido umas pessoas que tinham feito até curso de guerrilha em Cuba. Aquela conversa me fascinava por ser um mundo distante do meu e por ser contada por ele."* É assim, ouvindo histórias, vivendo, que vamos nos tornando quem somos. Seguimos falando um pouco mais sobre ter propósito na vida, buscar conhecimento, entender que não é pensando só em si que vamos mudar o país. E no meio desse papo ele me solta a frase: *"Infelizmente, no Brasil, as pessoas não lutam pelo que acreditam, mas, sim, pelo que lhes convém".* Preciso dizer mais alguma coisa? Sim, Celso para presidente!

Eu já queria entrar mais diretamente no tema da maconha, mas ele fala mais sobre sua formação. Evidente que eu paro e escuto. *"Foi na Favela do Sapo que comecei a trabalhar. Antes eu vivia de pequenos furtos na rua. Ali fui trabalhar numa rinha do Bagulhão. Era como se fosse uma luta de vale-tudo. Eu lutava, os adultos apostavam e a gente ganhava uma bolsa. Chegou um momento em que não quis mais lutar porque eu apanhava muito, sempre me machucava. Eu não era bom de briga. Passei a servir café, maconha, enfim, fazer esses pequenos serviços ali. Depois, comecei a trabalhar com a minha mãe e meu irmão vendendo cachorro-quente, bolinho de aipim, canudinho, enroladinho, cuscuz. Minha mãe fazia doces e salgados, e a gente ia vender com o tabuleiro no estádio de futebol, no campo de várzea. Como camelô em Madureira eu era o cara que organizava, e por organizar acabei tendo um certo poder entre a turma. Na prefeitura eu falava em nome dos camelôs e para os camelôs eu falava em nome da prefeitura. Construí esse diálogo e diminuí essas distensões. Daí comecei a fazer festas embaixo do viaduto onde eu havia morado para entreter os camelôs que acabei chefiando. Nessa época passei a frequentar São Paulo e comecei a lançar um monte de bandas de rap junto com o William Santiago, da gravadora Zimbabwe. Uma delas acabou explodindo em 1999: o Racionais MC's. Empresariei os Racionais durante anos. Depois lancei MV Bill, que trabalhava na minha loja, onde eu vendia os Racionais."* Ele faz esse resumo de sua vida e chegamos a essa fase, que foi quando acabamos nos conhecendo e desde então nos acompanhando. A primeira parte do capítulo, a formação do Celso, está concluída. Vamos em frente.

Nosso papo é on-line. Consegui marcar depois de muitas idas e vindas. Minha última mensagem pelo Whats foi apelando por todo esse passado, pela nossa história. Apelei mesmo! Tinha para mim que seria minha última tentativa. Que nada! Tenho certeza de que seguiria tentando, pois me parece ser fundamental para este livro tudo que um cara como o Celso pode falar. A câmera abre e ele está num quarto de hotel. Celso não para de viajar. Foi para Brasília, Belo Horizonte e agora está em São Paulo. Enquanto escrevo estas linhas, sei que ele está em Roraima prestando ajuda numa ação da Cufa para os ianomâmis. Ele me pede para lhe falar do livro, contextualizar. Eu vou falando tudo aquilo que escrevi diversas vezes nas mensagens. Sem problemas. Vejo que ele me escuta atentamente. Vou falando, falando, e faço a primeira pergunta, a mesma que tenho feito para todos aqui: quando foi a primeira vez que você ouviu falar em maconha? *"Não vou lembrar a primeira vez que ouvi falar em maconha. Eu era usuário de cola. Nessa época, na rua, a gente usava cola e não tinha muita maconha entre nós. Tinha uns caras que eventualmente fumavam. Quando fui para o abrigo, tinha umas mil pessoas, muita gente vinda de favela, e ali tinha mais. Depois, o Bagulhão usava maconha. Tinha lá um outro cara que fazia um movimento de vender. Não tinha arma, não tinha nada. Naquela época os maconheiros tinham muita moral, eram temidos, eram os subversivos, os caras que encaravam a repressão. Tinham também os revolucionários, gente do MR8 e essas paradas. Eles enfrentavam tudo. Eram tipo os* black blocks *de hoje. Esse tipo de postura é o que todo mundo sempre quis ter. Os maconheiros eram meio isso de fumar mesmo sendo proibido. Quando eu via um maconheiro, até atravessa a rua. Se associava muito comunismo e maconheiro, e isto despertava medo, perigo. A gente nem sabia o* que era comunismo, mas temia. Eu não entendia bem. Como poderia o João Saldanha ser perigoso? Estavam me vendendo algo que não bate. Ele era comunista, mas era um homem bom, trabalhador, um ídolo nacional", ele conta. Quando ele falou desse certo fascínio que a figura do maconheiro provocava, eu lembrei do que o Bill disse sobre os maconheiros serem os caras "maneiros", mas que acabavam cheios de bala no chão. Dentro da minha lógica branca, tento fazer um paralelo entre Celso e Bill, como se as vivências de todos os pretos oriundos de favela fossem iguais. De fato, não é bem assim. Cada um tem sua história pessoal, sua geografia que lhe cerca. *"A experiência de cada um, o espaço físico que cada um vive, o período histórico de cada um vai influenciar, mas pra mim maconheiro é, sempre foi e ainda é, um sujeito fora da lei. Lembro que nessa época com o Bill, e você trabalhando junto, a gente fez um clipe de "A Noite" com a Conspiração Filmes. Um dia fui lá com o Bill ver como estava indo a edição, e quando a gente entra na ilha de edição tava todo mundo fumando como se fosse uma coisa normal. Eu e Bill ali e eles fumando um baseado. Era como se eles estivessem bebendo água, fumavam o baseado na maior tranquilidade. Quando eu saio de lá e vou com o Bill pra CDD [Cidade de Deus] e vejo uma porrada de pretos fumando maconha, aquilo era agressivo para mim. Era como se a polícia tivesse o direito e a obrigação de acabar com aquilo. Eu me pego na verdade reproduzindo um espírito de repressão contra um determinado nicho econômico e social. Aquela mesma maconha não representava risco nenhum na Conspiração e um perigo extremo na mão dos favelados. O que esses símbolos representam entra na nossa cabeça. A gente acaba aceitando que para uns seja possível e para outros deva ser reprimida"*, ele vai falando, expondo-se com tanta sinceridade, revelando ter nele mesmo também traços do nosso racismo estrutural. *"Eu estava em NY sem saber que lá já estava legalizado. Estava na Times Square e começo a ver pessoas fumando baseado e já começa me dar a sensação de que em algum momento a polícia vai chegar ali e a porrada vai rolar. Essa é a minha cabeça.*

Vem a polícia e não faz nada, e eu já acho que tá então rolando corrupção. Até eu entender que não, que estava permitido. Mas quando eu vejo uma porrada de preto consumindo, meu instinto diz que tem que reprimir. Isso tá em mim". Celso é assim, sincero. Vou juntando o que ele me fala, o que Bill me falou, o que Bill falou sobre a sua mãe, que também aceitava a maconha na casa dos patrões em Copacabana, mas não na dos seus na Cidade de Deus, e assim percebendo em como a lei é encarada de forma tão diferente pelos meus similares brancos privilegiados que trabalham na Conspiração e para eles, Celso, Bill, dona Cristina, pretos da favela. Nós, brancos privilegiados, sabemos que fumar maconha é crime, mas temos certeza absoluta de que se formos pegos fumando teremos caminhos para dar um jeito e não seremos presos. Já os pretos, se forem pegos, podem foder com as suas vidas. A gente vai ter só história pra contar e eles vão se foder! A verdade é essa, e por ser assim entendo que Celso ache que a polícia possa ter o direito e obrigação de acabar com "aquilo" nas favelas. A lógica do pensamento, da formação do pensamento e da moral é essa, mas a vida ensina que na prática essa lógica perde sua justificativa na medida em que a polícia entrar arregaçando nas favelas nunca chegou nem perto de resolver a questão do tráfico. Até porque tentar acabar com o consumo de drogas será sempre enxugar gelo. *"Não acho que tenha a ver com racismo, mas, sim, de qualquer forma, a política de combate ao tráfico é equivocada, e neste erro acaba atuando onde tem mais pretos, e isso pode fazer parecer ser racista. A polícia tem que combater, a política de segurança tem que combater e não combate só na favela, só que em outros espaços ela não consegue fazer nada e na favela é mais fácil mostrar um suposto sucesso dessa ação. UPP [Unidade de Polícia Pacificadora] era política de segurança? Não, nunca foi. Era só um cinturão para a Copa e as Olimpíadas. Foram 38 UPP num universo de mais de mil favelas no estado do Rio. Não é possível combater o tráfico nas vias. Não tem nem efetivo para isso. E todo dia o consumo aumenta. Não há outra alternativa, solução, se não for debater qual o mal que a maconha faz na sociedade. Na prática vão perceber que o maconheiro, que era um bicho pra mim também, a gente vai ver que não é. Enquanto isso, as leis são estabelecidas, e um grupo precisa segui-las sem tolerância, e outros grupos não."* Ele segue falando para justificar que o que é proibido, é proibido, o que é lei, é lei. Assim deveria ser. Para mudar isso, que se mude a lei. *"O problema é que não deixam esse debate ser pleno. A bancada evangélica não quer debater isso. O fundamentalismo tá na base dessa extrema direita, do bolsonarismo, e fazem deste debate um debate de maconheiro, como se fosse somente para alguns poucos poderem fumar seu baseado. Não deveria ser este somente o foco. O debate não pode começar pelos maconheiros clássicos para não fazer supor que é um debate para atender à sua agenda, o que também seria legítimo. O importante é convencer pastores evangélicos mostrando que a maconha não faz esse mal à saúde das pessoas. Que se for por aí deviam combater o cigarro."* Ele vai falando e eu pensando neste livro, no espaço que gostaria que ele ocupasse e no debate que espero que provoque. Ele falando e eu achando estar no caminho certo. *"É uma pena que não existem muitos usuários dispostos a encarar o debate. As pessoas têm medo de até perder emprego por se assumirem usuários"*, é um fato. Fazia parte da minha ideia para este livro ter também depoimentos de profissionais liberais de várias profissões falando sobre sua relação com a maconha. Tentei um cirurgião plástico que sei que curte chegar em casa e fumar um, tentei um arquiteto, e ambos me negaram, com medo do que seus clientes iriam achar. *"Não temos um espaço de debates para falarmos sobre isso, até para vermos que isso não deveria ter tanta importância. A pessoa fumar ou não maconha não deveria ser um grande assunto"*, simples assim. A verdade é exatamente esta: não deveria ser motivo de debate algum se uma pessoa fuma ou deixa de fumar. Um detalhe! Eu não gosto muito de refrigerante. E você? *"É preciso um debate racional, sem paixão, sem religião. Vai ser muito difícil, pois está enraizada na sociedade a* guerra de um bem contra um mal, e a maconha, a macumba e tantas outras coisas estão associadas ao lado do mal. A maconha é somente mais um elemento dessa percepção da sociedade. É preciso muito debate." Bora!

Sem dúvida nenhuma, a gente evolui em tudo quando debate, quando senta e troca ideias, quando pessoas se escutam, quando analisamos dados e condutas sob a luz da racionalidade, mesmo que defendendo nossos pontos de vista com paixão. Sabemos que paixão tem limite! É assim que vamos formando, ou mudando, de opinião, e isso é maravilhoso. A capacidade que temos de aprender com a experiência do outro, nossa grande sabedoria em questionar e não sedimentar pensamentos e visões. Podemos mudar. Celso vai falando e eu vou reafirmando a crença que também tenho de que o debate é o caminho, mas, ainda assim, a essa altura da conversa, não consigo parar de pensar no preconceito estrutural relatado, e justificado, pelo Celso, assim como por Bill e sua mãe. A lei, a força do Estado – a polícia – ser vivenciada e percebida por eles de forma tão diferente do que é para mim e os meus similares. Vou pensando sobre isso e ouço ecoar na minha mente o Bill falando que *"a favela é conservadora pra caralho!"*. Talvez não seja uma questão de ser conservadora, moralista, nem nada disso, mas somente um instinto de sobrevivência que, na prática, faz a dona Cristina, mãe do Bill, ter toda razão em associar, ao menos nas favelas, maconha com fuzil. Entendo agora ainda mais o medo dela de que, se seu filho apertasse um baseado, poderia ter ao mesmo tempo um gatilho de arma sendo disparado, tendo ele como alvo. *"Com Bolsonaro muitas favelas são vistas como de direita, e não é isso. A favela viu a derrocada do PT pela mídia, a Lava Jato, e ao mesmo tempo surge alguém com discurso da família, de que ia acabar com a violência, resolver todas as questões, e não adianta falar com este público sobre conservadorismo, direita ou esquerda, as pessoas só querem sobreviver. A favela não tá preocupada em saber sobre Estado mínimo ou máximo, ela só quer algo que funcione para ela. Para ela, na prática, o Estado já é mínimo. São pessoas que precisam se agarrar a algo. Historicamente, a favela não sabia quem era Che Guevara, Fidel, movimentos sociais. Era mais fácil xingar quem estava fazendo bagunça e baderna do que entender na verdade o que aquilo representava"*, ele contextualiza, e assim vamos em frente.

Tenho diante de mim o cara que mais vê e vende a potência econômica da favela. Um dos motivos principais de eu querer ter este papo aqui com o Celso é para também falarmos sobre os aspectos econômicos da maconha dentro das favelas. Vai além do tráfico, dos traficantes. Assim como Celso na sua adolescência volta e meia vendia umas mutucas, assim como as crianças que Bill me levou para ver na endolação, muitas pessoas fazem da venda ocasional de drogas um bico. *"Nas favelas, quando tem baile, tem sempre um time que não é da boca do fumo, mas que acaba fazendo ali um bico, um extra. Por isso que volta e meia a gente vê uma mãe triste chorando a morte de um filho, dizendo que ele era trabalhador, estudante. Até era, mas estava ali fazendo um bico. A pessoa não se considera bandido, a favela não o considera bandido. Tem até evangélicos que fazem isso. Tá cheio de evangélico que faz esses bicos, ganha essa grana com o argumento de que é para pagar estudos"*, ele vai falando e eu entendendo mais como o tráfico é normalizado nas favelas, algo que realmente faz parte da vida econômica e social dessas regiões. Infelizmente, erroneamente, a maconha está inserida neste contexto, no contexto das drogas ilícitas. Definitivamente, não deveria estar. Podemos debater, lutar e conseguir a descriminalização da maconha, mas isso não vai terminar com o tráfico de drogas, com o grande comércio de armas e as famigeradas políticas bélicas de segurança pública. Fato é que hoje maconha é uma droga tão ilícita quanto cocaína, crack, merla, e Celso acha que não se deve liberar todas. *"Imagina um piloto de avião usando crack!"*, ele fala, e eu provoco dizendo que se o piloto quiser consumir crack ele vai consumir, e não é o Estado que vai lhe impedir. Ainda lembro a ele que bebidas alcoólicas são distribuídas nos aviões e muita gente bebe até para conseguir encarar o voo ou mesmo para chapar e dormir. A proibição não consegue conter o consumo, o hábito. Não é uma questão de proibir, mas de conscientizar e responsabilizar. Cada um deve ser muito responsável pelo que faz, e essa responsabilidade aumenta quando está em suas mãos a vida de tantas outras pessoas.

Sigo ainda interessado em aspectos econômicos da maconha nas favelas. O Bill disse achar que maconha não é tão lucrativa assim para o tráfico. Celso questiona um pouco o seu amigo e companheiro. *"Não sei se é bem assim. O cara que fuma acaba fumando mais vezes do que o outro que cheira cocaína."* É, pode ser, e assim a maconha segue sendo um ativo do tráfico. Sigo querendo saber mais da força econômica da maconha nas favelas, e Celso me traz mais uma consideração relevante. Invariavelmente, nós, usuários, somos confrontados, questionados, acusados de, com o nosso consumo, estarmos financiando o tráfico. De fato, é inegável que existe sim este aspecto e esta culpa. Falam isto como que fazendo uma distinção de classes, fazendo parecer que só branquinho, riquinho, fuma maconha. *"Dizer que quem banca a droga são os boys é mentira! Tem droga e consumo em todo lugar. Em todas as favelas tem muito consumo. A favela é autossuficiente nisto. O pessoal das favelas que usa droga já seria suficiente para fazer as bocas, o tráfico, ser lucrativo"*, ele afirma. Ele afirma e eu vou na onda, provocando o CEO da Favela Holding. Se a maconha é um ativo forte para o tráfico, se existe um alto consumo interno nas favelas, se a filosofia, ou uma das filosofias, da Favela Holding é fazer pretos gerarem dinheiro para pretos, por que a Holding não investe em iniciativas canábicas? Lutar por essa causa. Podiam plantar maconha em cima das lajes, podiam extrair o óleo, vender a flor, industrializar a fibra. Vou me empolgando com esta imagem de uma favela com suas lajes virando um grande cultivo e, sob o aspecto dos investimentos, ainda provoco dizendo que hoje qualquer um de nós pode investir dinheiro em fundos ligados à *Cannabis*, que os bancos já oferecem investimentos nesse ramo, e, no entanto, não podemos plantar e nem consumir! Como pode? A gente pode investir e ganhar dinheiro, mas não pode plantar esta *commodity* que gera o lucro do investimento. Já bem empolgado, vou dizendo que a Favela Holding devia olhar para esse segmento de negócio! O debate pela legalização não deve ser capitaneado pelos "maconheiros", mas, sim, pelos homens de negócio! Ele vai me ouvindo e me deixando falar, e quando percebe que dei a pausa é lacônico: *"Mas hoje é proibido! Comprovadamente é um negócio de alto poder, não estamos discutindo se é bom ou ruim tanto o uso medicinal quanto o uso recreativo. Isso já está ultrapassado no debate, mas é ainda proibido! Esse é o único argumento para não investirmos, fomentarmos, apoiarmos: é contra a lei".* Ele coloca meus pés no chão e me diz que já existe uma *start-up* no Alemão se preparando para fazer algo.

Nosso papo começa a dar pinta de que está chegando ao final. Sei que Celso tem muitos outros compromissos, e na sua agenda de grande empresário eu havia conseguido uma brecha de uma hora. É óbvio que por mim ficava muito mais tempo conversando com o nosso futuro presidente. Eu pensando nisso e ele também pensativo do lado de lá. Fico achando que está pensando em mais algum aspecto econômico, mas o que ele fala é algo do nosso social, comportamental. *"As casas de prostituição não representam perigo, mas geram corrupção, e isso é bom para a polícia. No mesmo bairro tem a casa de prostituição, a boca de fumo, banca de jogo do bicho, tudo isso que é ilegal acontecendo, mas a sociedade aceita. A Liga das Escolas de Samba tem até contrato com grandes empresas. A contradição faz parte da nossa cultura. A origem disso eu não sei."* O que ele chama de contradição é o que venho martelando aqui como a nossa hipocrisia, o maior mal do Brasil. *"Hoje tem tanto evangélico na favela que não sei qual seria a opinião sobre a descriminalização da maconha. Veja bem. O Eduardo Cunha, ele é uma liderança evangélica, um político da bancada evangélica, que foi preso por corrupção. Qual o crime que o evangélico pode cometer? Não pode fumar maconha, mas roubo de colarinho branco pode? Eu, hein! Ou outra, o juiz, que é quem mais* deve saber e seguir a lei, este juiz volta e meia pede para a sua empregada fazer um joguinho pra ele." Ele vai falando e questionando quanto é difícil uma sociedade prosperar sobre uma base tão movediça. Somos, assim, uma sociedade de moral bem duvidosa, ao mesmo tempo que fazemos parecer que a moral é um valor importante. Tudo é mesmo muito contraditório. Agora mesmo, durante a pandemia da Covid-19, o Celso conta mais uma situação que vivenciou por meio da Cufa, uma das ONG que mais ajudou quem precisava: *"Eu não queria cesta básica, mas o valor da cesta para dar em dinheiro para a pessoa. Assim a gente dá autonomia. Se a gente dá a cesta, e não o valor, não vai ter absorvente, gás..., mas quando eu dizia isso logo me rechaçavam, dizendo que a pessoa iria comprar droga, e eu dizia que inclusive droga. É a pessoa que deve decidir se naquele dia ela vai comprar o pão ou a maconha. Seja qual droga for, não se deve cortar de uma vez o uso na pessoa. É assim até nas clínicas de recuperação mais caras. É muito difícil defender isso num mundo corporativo. Eu não estou defendendo o uso de drogas, mas, sim, o livre-arbítrio, a liberdade financeira da pessoa".* Faz todo sentido. Se tem muitos aspectos da vida do cidadão em que nem o Estado deveria interferir, imagine outra pessoa. Quem é quem para dizer o que é importante para cada pessoa. *"Todo mundo sabe que muita gente fuma maconha, e isso não faz nenhum mal para ninguém. O cara que fumava maconha trinta anos atrás na favela continua lá fumando seu baseado e tá tudo bem com ele, com a saúde dele. Pra mim uma parte da sociedade não está preocupada com este debate, uma parte mais conservadora, religiosa, que não quer nem ouvir falar deste debate. A contradição é, antes de ser na sociedade, individual. O cara consome, o cara pratica ilícitos, mas não quer debater sobre isto. A maior crise que uma sociedade pode viver não é pandemia, é de perspectiva. Quando você não tem valores, que valores você vai preservar, para que ter valores se não se tem perspectiva. Vai discutir maconha com essas pessoas? Isso é bobagem",* ele vai falando de forma um tanto pessimista. Não sei se pessimista ou realista. Nós não queremos discutir quem somos. Não nos vermos no espelho é benéfico para muita gente, é salutar para preservar o *status quo*. É para isso que nossas leis são feitas. Por isso temos leis tão circunstanciais. No que falo novamente em lei, é o Celso quem ilustra, mais uma vez, o que nossas contradições e circunstancialidades nos reservam. *"Olhe como as leis são feitas para e pelo asfalto. Imagine que eu sou um moleque com uns 14 anos de idade e tô vendendo maconha no portão da minha casa. Vem você de moto, uma Kawasaki. Eu te vendo o que você veio comprar e bem nessa hora a polícia chega e nos flagra. Você na sua moto será visto como usuário e será solto, e eu vou preso por crime hediondo. Se fosse a favela fazendo as leis, o criminoso seria você por incentivar, fomentar que eu, menor de idade, esteja ali vendendo algo ilícito. Então, quem é o bandido? Eu ou você?"* O exemplo é ótimo para falar sobre nossas leis, mas, para mim, nem eu e nem ele deveríamos ser vistos como criminosos.

Agora sim chegamos ao fim. Ele ainda me fala sobre um artigo que escreveu chamado "A economia das favelas: o quarto setor", sobre a economia de uma população que consome e produz 137 bilhões de reais por ano. Nem perguntei, mas imagino que a maconha não faça parte dessa estatística. Sabemos que ela existe, sabemos que ela faz o dinheiro circular, pessoas fazem bicos, mas a lei diz que ela é proibida, e se é proibida vamos fingir que não está lá. Está! Está lá e em todos os lugares, mas falamos muito pouco sobre isso. Infelizmente, aqui, esses grandes e importantes debates ficam debaixo do pano, as grandes questões sociais são hipocritamente tratadas e assim seguimos. É somente a questão individual que nos leva para a frente. Penso aqui no pastor evangélico que tratava a maconha como a erva do diabo, mas tinha um filho com epilepsia, acabou tratando-o com canabidiol e assim conseguiu melhoras para a vida da criança. Por conta disso, passou a querer distribuir o remédio para quem precisasse na sua comunidade. Ele abriu mão de seus supostos valores pois a maconha, neste caso, lhe convinha. Assim somos nós, que, antes de qualquer coisa, pensamos no eu. Impossível ilustrar esta verdade melhor do que com a frase do Celso: *"Aqui as pessoas não lutam pelo que acreditam, mas pelo que lhes convém"*. Será que seremos sempre assim? Celso rompeu com isso. Celso não cumpriu o que estava reservado para ele. Celso não virou mais um Bagulhão. O Celso Bandido é hoje o Celso Mocinho, o cara em quem um dia eu ainda quero votar, e ver ganhar, para presidente do Brasil. Se a potência da favela precisa de um exemplo, é o Celso. *"A vida da gente muitas vezes muda por um ato muito rápido, uma pedra que passa no Rio, uma luz que acende atrás e você se vira para ver, são dois dias que você não vai na escola e isso te faz parar de estudar..."* Como brasileiro, eu me encho de esperança por cada bifurcação em que o Celso seguiu seu caminho.

Já estamos nos despedindo quando lembro que acabei não lhe fazendo uma das perguntas mais básicas deste livro, de cada papo. Como é a sua relação com a maconha? Você fuma? Como? Quanto? Onde? *"Nunca acendi um cigarro de maconha na vida. Nunca fumei! Não me lembro de ter colocado um cigarro desses na boca."* Eu fico meio incrédulo e vou lembrando vezes em que estivemos juntos, um baseado rolando, e o Celso não fumando. É, tá, pode ser. Ele não fuma. No máximo já deu um peguinha. *"É proibido!"*, ele encerra o papo. Por mais Celsos Athaydes no Brasil! Celso para presidente!

19.

Maria Riscala

Ela analisa números, cria gráficos, formula argumentos e enxerga o mercado canábico como poucas pessoas. É por isso que presta consultoria para empresas, investidores capitalistas, políticos e governos. Ela é a Maria Riscala, que fuma um e é sócia da Kaya Mind, uma das primeiras e mais influentes empresas de consultoria e análise desse mercado no Brasil. A própria existência de uma profissional como ela e de uma empresa como a sua já é um ótimo exemplo de como estamos evoluindo e tirando a maconha das páginas policiais. Na verdade, a maconha pode gerar muito dinheiro, e a Maria sabe muito bem disso. Quer saber como?

O mercado canábico está explodindo no Brasil e no mundo. Devido a muito preconceito e à proibição, tem crescido mais no mundo que no Brasil. Uma pena. Mais uma oportunidade de riqueza que o Brasil vem desperdiçando. Mesmo assim, com a ainda recente liberação para uso medicinal por aqui os números já são bem expressivos. São expressivos mesmo a gente tendo uma lei confusa, cheia de questões mal resolvidas, e, até por isso, um mercado consumidor restrito e inseguro. Vale ainda considerar que a maior parte dos medicamentos que são liberados para uso no Brasil é importada, o que faz com que beneficiem pouca gente. Vamos a um pequeno resumo dos passos já dados por aqui: em 2011, o STF reconheceu como inserida na liberdade de expressão, e assim legítima, a "Marcha Da Maconha"; em 2014, o canabidiol foi aprovado para tratamento de epilepsia; em 2021, a Anvisa aprovou mais remédios à base de *Cannabis* para outros casos e doenças e somente agora, em 2022, foi permitido o plantio para fins medicinais. Tudo muito confuso, cheio de quebra-molas, mas ainda assim uma evidência da força que o mercado consumidor brasileiro já tem e um indício do seu enorme potencial. Quando falamos desses aspectos, ainda mais que o dinheiro em si, vale pensar em quantos empregos e impostos essa indústria geraria. Vale pensar ainda mais que, além de um enorme mercado consumidor, poderíamos ser uma potência mundial na produção, elevando ainda mais a taxa de empregos e impostos que o setor poderia gerar. Vamos a alguns números para ilustrar este falatório. Em 2022, 362,9 milhões de reais foi quanto os remédios feitos a partir do canabidiol movimentaram no país; 917,2 milhões de reais é a projeção de negócios em 2023; 187.500 brasileiros usam regularmente remédios à base de *Cannabis*; 22,2 milhões de reais foram investidos em *start-ups* brasileiras em 2022. Saindo do Brasil e olhando para o mundo, 16,7 bilhões de dólares foi o faturamento global do segmento como um todo em 2022. Não é pouca coisa no mundo e nem no ainda iniciante mercado brasileiro. Considere que todos esses números brasileiros não consideram o uso social, que, seguramente, é disparado o maior uso da planta. Por ser ilegal, é difícil obter números mais precisos sobre esse uso. Em um estudo realizado pela Fiocruz em 2015, chegou-se à conclusão de que a maconha é a substância ilícita mais consumida no país, com 7,7% da população entre 12 e 65 anos tendo declarado já tê-la consumido ao menos uma vez na vida. Trazendo para os dias de hoje, isso corresponderia a quase 20 milhões de consumidores.

Na verdade, o número deve ser muito maior que esse. É preciso salientar que esses números não são precisos, principalmente por estarmos falando de um produto proibido, que sofre um grande preconceito, o que faz com que muita gente não responda com sinceridade. Uma ilustração dessa possível mentira é o fato de 78% dos entrevistados afirmarem que conhecem alguém que fuma, mas apenas 7,7% se dizerem usuários. É bem suspeito 78% das pessoas dizerem que conhecem gente que fuma, mas só 10% disso afirmar que já consumiu alguma vez na vida. Seguramente o número de usuários é bem maior. Para saber mais desse mercado, entender melhor o *business* e ter acesso a esses números, foi sensacional conhecer a Kaya Mind, uma *start-up* nacional voltada à pesquisa, entendimento, mensuração e, assim, prestação de um enorme serviço de informação e consultoria para os interessados no assunto. A empresa é ainda bem nova, tendo começado suas atividades em setembro de 2020. Ainda assim, já é uma referência no mercado. Tem como sócios o Thiago Cardoso e a Maria Eugênia Riscala. Foi com a Maria que eu tive mais um excelente e esclarecedor papo. Bora lá?

Quando a Maria abriu a câmera do vídeo para iniciarmos nosso papo, parecia que eu já a conhecia de longa data. Primeiro por conta das pesquisas prévias que faço antes de cada entrevista. Vi tantos vídeos com ela, tantas matérias, que já estava ficando íntimo, mas, mais do que isso, porque a Maria tem carisma, um brilho no olhar, um sorriso que já nos aproxima. Quando ela começa a falar, aí então entendemos tudo. É daquela tribo de pessoas que faz o que faz com paixão e entrega. Domina o assunto. E eu, que queria mais vozes femininas aqui no livro, encontrei uma que fala com muita propriedade.

Ela é formada em Relações Internacionais e tem *master* em *Consumer Insights*. Durante muito tempo trabalhou na P&G vendendo fraldas Pampers: *"Já me sentia uma profissional capacitada e não queria mais vender fralda. Nem sei se quero ter filho e ficava aprendendo sobre o gel absorvente"*, ela conta. Seu sócio, o Thiago,

240 BASEADO EM PAPOS REAIS - MACONHA

também trabalhava vendendo fraldas, e, no mínimo, a dupla teve muita visão de mercado quando abandonou as fraldas para entrar no mercado da *Cannabis*. Enquanto cada vez mais diminui o número de filhos por pessoa, mais se expande o mercado canábico. Vê-se que de mercado eles entendem. Juntos criaram a Kaya Mind, uma empresa de consultoria e análise de mercado com foco específico na *Cannabis*. *"A Kaya nasceu da necessidade de profissionalização do mercado B2B. O C sabe muito"*, diz ela referindo-se ao consumidor final. *"É o usuário que está ensinando para as marcas. Ninguém sabia trabalhar nessa relação com empresas, mercado, governo, legislações, e a gente percebeu que podia entrar nesse meio. Foram tantos projetos pontuais que vimos que precisávamos crescer, contratar. Chegou um momento que vimos que poderia ser interessante buscar investidores"*, ela vai contando a história com desenvoltura e... paixão. Só de saber disso já me interessei muito pela Kaya Mind quando li sobre ela. Uma empresa especializada em fazer análises e consultorias sobre e para o mercado da *Cannabis* e, por si só, recebendo financiamento. Ora, se tem gente para estudar o mercado, se tem gente para financiar a profissionalização desse mercado, então temos todos os indícios de que um novo mercado organizado está nascendo. Bingo! *"A gente conhecia um* family office *que investe em empresas de agrofloresta, permacultura, negócios ligados à espiritualidade, e eles entenderam o nosso projeto. Disseram que a gente ia precisar de muito mais dinheiro, mas nos deram o* start. *Agora vamos fazer uma nova rodada de investimento. Estamos conversando com outros fundos, inclusive internacionais"*, segue Maria falando de sua paixão, a Kaya.

Voltemos ao princípio. Imagino que, antes de a *Cannabis* ter virado negócio, deve ter sido assunto e hábito de consumo da Maria. Como o assunto entrou na sua vida? *"Tenho sorte de ter uma família da discussão, do debate positivo. Na minha família sempre se falou sobre o tema, e alguns eram usuários. Quando passávamos na rua e alguém sentia o cheiro, isso logo era falado. Cresci num ambiente em que nunca foi tabu falar de maconha. Eu, infelizmente, comecei a fumar muito cedo. Gostaria de ter o conhecimento de hoje e teria evitado começar aos 13 anos. A pessoa é muito nova para fumar qualquer coisa com 13 anos"*, ela assume. De fato, hoje, depois da obra feita, sabemos mesmo que não é bom fumar maconha ainda na adolescência, quando nossa produção de neurônios e sinapses já é intensa por natureza e não precisa dos estímulos provocados pelo THC para isto. Fato é que Maria sobreviveu, e seus neurônios seguem fazendo mais sinapses do que nunca. *"Comecei a fumar em Campos do Jordão, numa dessas viagens dos colégios privados no* Corpus Christi. *Para muitos, é a primeira vez que os pais deixam a gente viajar sozinho. Eu fui com primos mais velhos. Eles fumavam e eu fumei também. Não foi legal. Baixou minha pressão, mas a verdade é que fumei junto um Marlboro vermelho, e foi isso que baixou minha pressão. A maconha em si não me causou efeito nenhum, mas o Marlboro..."* Vocês conseguem ver a cara de uma adolescente que aprontou na sua frente? Pois é o que eu vejo. Essa menina deve ter sido bem inquieta na mocidade. Com 13 anos fumando Marlboro vermelho! Com 13 anos e já nessa droga pesada! *"A primeira vez não foi boa, não foi nada, mas depois fui gostando e aprendendo. Tirar semente, não fumar com mofo... Antigamente eu não tinha limite e fumava toda hora. Hoje em dia acho que consegui organizar. Maconha pra mim é terapêutica e recreativa. Pra mim é chegar em casa, acabou meu dia, aí vou sentar para ver uma série, tomar um banho, é quando eu uso. Igual a como se fosse uma taça de vinho. Acho importante dizer que sou usuária"*, ela fala com prazer. O uso da maconha é mesmo, antes de mais nada, algo a ser feito com consciência, autoconhecimento. Cada um é um, e nem toda maconha é igual. Muito pelo contrário. São diversas genéticas, e cada uma delas oferece a possibilidade de sensações e efeitos diferentes. *"Maconha para mim era o prensado. Era esse o cheiro que eu identificava. Não sabia mais nada sobre* Cannabis *até um dia quando estava na Espanha..."*, ela segue, contando seus primeiros passos e descobertas neste universo. A Espanha, neste caso que ela seguiu contando, foi realmente um momento determinante na sua vida. Dentro de uma farmácia, ela viu um protetor labial escrito *hemp* na embalagem. Para ela era inimaginável pensar que alguém poderia usar um protetor labial com aquele cheiro, não muito agradável, de maconha. Maconha paraguaia prensada, como Maria conhecia. Ela se aproximou do protetor labial, abriu, sentiu o cheiro, adorou, experimentou nos lábios e um novo mundo se abriu à sua frente. Não só existia protetor labial como também uma série de outros cosméticos à base de *hemp* na prateleira. Como assim? Na farmácia mesmo Maria deu um Google para saber mais. Foi um caminho sem volta de conhecimento, novas experiências e propósitos. Voltemos a ela: *"Em 2015 fui morar na Espanha, e minha irmã tem características do espectro autista. Minha família sempre foi aberta a pensar em coisas alternativas. Tratamento com cavalo, com música, e não acreditávamos na ritalina, Rivotril, essas coisas. Ela era uma criança! Quando dei o Google dentro da farmácia do protetor labial, descobri o cânhamo e uma enorme indústria que utilizava a* Cannabis, *a maconha. Na verdade, é tudo a mesma coisa com usos diferentes"*. Foi assim que ela começou a estudar o assunto e a entrar no mundo do uso medicinal. Por curiosidade latente e amor à irmã. Amor e curiosidade que ela logo espalhou pela família, uma família com médicos que começou a ser bombardeada com informações científicas disparadas pela sobrinha, prima, neta, filha, Maria. Um novo tema para as discussões familiares. Uma nova possibilidade para a irmã de Maria e também para sua avó, que sofria com Parkinson. Vale dizer que, quanto à avó, mais convincente que a Maria acabou sendo a Fátima Bernardes ao apresentar uma matéria sobre o assunto no programa *Encontro*. Com a informação avalizada pela Fátima, o afeto da Maria fez ainda mais efeito no sistema nervoso da avó.

Agora sim, depois de saber um pouco mais da genética da Maria, dos seus primeiros passos no assunto, vamos à Kaya. A empresa presta alguns tipos de serviços para empresas e marcas do setor, investidores, profissionais da *Cannabis*, além de consumidores e pacientes. Faz pesquisa de mercado, análises de investimentos e relatórios com dados balizadores. Além de tudo isso, acaba sendo também um grande disseminador de informação e conteúdos sobre o tema. *"Conhecer tudo sobre seu mercado é essencial para um posicionamento certeiro do seu negócio, com menos riscos, mais visão de tendências e maior conscientização sobre sua imagem entre consumidores e concorrentes. A Kaya Mind tem as ferramentas necessárias para te dar confiança para atuar no setor que você quiser. Nosso trabalho é inteiramente baseado em dados e informações de qualidade que podem te dar ideias brilhantes para uma boa estratégia empresarial"*, é assim que eles falam do que fazem no site da empresa. Lendo isso, fico feliz em ver que eles poderiam estar falando de diversos tipos de produtos, mas estão falando de maconha. Parece um ótimo caminho para a descriminalização, a profissionalização do mercado e para colocar o debate num outro nível, num outro lugar. Não será pelo ativismo, não será começando pela legalização do uso social que, me parece, chegaremos a algum bom lugar num país como o Brasil. Maria vai falando sobre a Kaya, vou reparando um jeito de falar tão empresarial e, ainda assim, não me sai do pensamento que podem existir mais dezenas de empresas feito a Kaya que poderão ter investidores, mas não produtores, cultivadores, pessoas plantando para fumar. Vamos deixar essa constatação um pouco de lado e falemos de aspectos positivos: os investidores! *"O perfil do investidor que nos procura é mais de gente que vê a oportunidade e quer saber mais sobre isso. É um cara que hoje está olhando para o CBD. É isso que ele vê pelo mundo quando viaja. Muitos até perguntam sobre o uso adulto e só então falamos. Quando eles percebem que esse é o maior consumo, onde está a grande verba, o preconceito diminui."* Positivamente, tudo é uma questão de estratégia, bom senso, conhecimento e saber o que falar na hora certa. O maior problema para a descriminalização do uso social é a comunicação.

Se números é o que o mercado sabe ler, vamos a alguns deles, segundo estudos da Kaya Mind. A consultoria aponta que o Brasil tem o potencial de criar 328 mil empregos formais e informais caso haja uma regulamentação que inclua o uso medicinal, industrial e social (recreativo) da planta. Em quatro anos, o setor geraria 26,1 bilhões de reais à economia do país – é o que eles estimam. Para chegar a este valor, eles usaram a taxa atual cobrada sobre medicamentos nacionais (30% sobre o preço do remédio). Já em relação ao cânhamo, consideraram a tarifa média de produtos agrícolas no Brasil (6,7%, segundo a Federação das Indústrias do Estado do Rio de Janeiro), e para o uso adulto, aplicaram a taxa de 43%, similar à do tabaco e do álcool (entre 40% e 70%). Nos Estados Unidos, depois que o então governador de Nova York, Andrew Cuomo, sancionou a lei que autoriza o uso social e comercial da *Cannabis* no estado, as vendas de *Cannabis* devem crescer 21% ao ano e atingir 41 bilhões de dólares até 2025, segundo levantamento do New Frontier Data. Não é pouca coisa! Isso só em Nova York! Imagine aqui no Brasil, onde, além de um enorme mercado consumidor, poderíamos ser também uma potência produtora. Imagine quantos empregos e impostos não seriam gerados! A verdade é que o mercado consumidor já existe, e para atendê-lo mandamos divisas para fora ao importar o produto. Pessoas de todas as idades, classes sociais, gêneros, nível escolar, todo mundo fuma maconha e ninguém deixa de fumar por ser proibido. Ou melhor, se existe gente que deixa de fumar por isso, é somente por uma questão policial. São as pessoas que sofrem com a guerra às drogas, como nos contaram MV Bill e Celso Athayde. Deixam de fumar não pelo fumo, mas por conta do fuzil que vem junto. *"As pessoas precisam tratar esse assunto de forma mais séria, pragmática, organizada, se quiserem buscar investimentos para seus negócios. Muita gente ainda confunde suas certezas individuais, suas convicções, com o que é o mercado"*, sentencia Maria com calma e sabedoria. Mas, ainda assim, mesmo com todos sabendo do alto consumo adulto, social, recreativo, ainda assim falar sobre isso é tabu, colocar isso em mesas de negócios não é recomendado, e a sociedade como um todo, consumidores e ativistas incluídos, não sabemos promover este debate do jeito certo, ou melhor, do jeito palatável. *"As pessoas querem dinheiro para fazer ativismo, e isso não é investimento, mas doação. Empresas não precisam ser tocadas por ativistas. O investimento delas não será para organizar a Marcha da Maconha. Lógico que é legítimo que pessoas queiram viabilizar a produção das suas ações de ativismo, mas para isso o mercado investidor não liga. Diria até que o mercado de dinheiro tem preconceito e receio de investir nesse mercado por causa desse ativismo todo. O mercado de dinheiro precisa ter lei, plano de investimentos, valoração, e não necessariamente paixão"*, segue ela falando apaixonadamente sobre seu negócio e sua compreensão do mercado. Mais uma vez Maria fala em estratégia, conhecimento e a comunicação mais assertiva. *"As estratégias de comunicação para cada produto são diferentes. Quando falamos Cannabis, cânhamo, sentimos menos resistência do que quando falamos maconha. Então, que falemos mais em Cannabis e menos em maconha."* Sejamos pragmáticos como a Maria. *"Se numa grande farmacêutica, para a qual a gente trabalha, eu falar em fumar maconha, isso nunca vai ter adesão. É proibido vender maconha para fumar, e não adianta defender isso para o mercado investidor. Isso é o ativismo. Penso que muitos ativistas precisam sair da bolha do ativismo e pensar em mercado para trabalhar com isso."* Escutem a Maria.

Com essa visão pragmática sobre o assunto, Maria se diz hoje favorável ao PL 399. Se não totalmente favorável, ao menos o enxerga como um degrau que já foi possível atingir. Esse é o número do projeto de lei de 2015 que regulamenta o plantio de maconha para fins medicinais e a comercialização de medicamentos que contenham extratos, substratos e partes da planta. Certamente não é o ideal para atender ao mercado consumidor que já existe para diversos fins, mas, no entanto, já atende a muita gente que necessita de melhor qualidade de vida, que só é alcançada por meio de medicamentos à base de maconha, ops, *Cannabis*. Um avanço, um degrau. Que a gente consiga subir os próximos, mas

246 BASEADO EM PAPOS REAIS – MACONHA

sem desmerecer o lugar onde já estamos. *"Não é o ideal, mas é um degrau. Estrategicamente precisamos entender que é o que temos"*, mais uma vez ela usando a palavra estratégia. Vou ouvindo tudo, vou lembrando de todos os papos que já tive até aqui no livro, e me vem a pergunta, a necessidade de saber enxergar o caminho. Afinal, pelo que devemos lutar? Pela legalização de produtos ou da planta? Tenho certeza que neste momento Maria diria que é pelo produto, para depois, com o tempo, depois de todos verem os benefícios do produto, a gente conseguir comunicar que tudo vem da mesma planta. Vem da mesma planta o remédio que aumenta a qualidade de vida de crianças, adultos e pessoas mais velhas. Se eu já disse que todo mundo fuma maconha, digo também que os benefícios dos produtos medicinais são para uma enorme gama de gente. Seguindo a lógica da Maria, mesmo que o PL 399 seja aprovado, ainda teremos muitos quebra-molas para democratizar essa estrada para mais gente. É preciso políticas públicas, é preciso não haver monopólios e baratear os preços, é preciso regulamentar o mercado pensando, essencialmente, no consumidor final. Por falar em política, Maria não deixa dúvida de que tem um pensamento mais alinhado com a esquerda. Entendendo que essa é uma discussão pragmática, e não ideológica, nem por isso ela deixa de tomar suas decisões e seguir seu caminho com coerência. Ela me conta: *"Estava indo pra ver o Tarcísio aprovar o PL que libera a distribuição medicinal pelo SUS no estado de São Paulo. Isso é política pública! É um avanço. A gente precisa estar lá e fortalecer a causa"*, ela fala, comentando uma ação de Tarcísio de Freitas, bolsonarista eleito governador de São Paulo. Ela segue fazendo sua política e querendo mais: *"Meu sonho é vender meu serviço para o governo. Dou até de graça. Estudei mais de trinta países. É para isto que a Kaya Mind foi criada: para ajudar a desenvolver políticas públicas e aproximar Estado e empresas do público"*. Ela fala isso e eu lembro de uma das suas entrevistas que vi durante a minha pesquisa, em que ela falava que queria mudar o mundo. Vambora, Maria! *"Sou uma grande* defensora do Brasil. Não quero ficar lá fora. Eu poderia. Quero fazer este país crescer! Infelizmente, muitos fundos nacionais não têm esta visão. Quem tem muito dinheiro deveria ter obrigação de devolver. O Brasil pode mudar a América Latina, o Brasil pode ser protagonista no mundo nesse assunto e nesse mercado. Tenho muito apreço por quem vive aqui, fica aqui, investe aqui", ela fala, e eu e ela ficamos fazendo acenos afirmativos com a cabeça. "Uma coisa que vejo com tristeza é que até hoje só políticos da direita nos procuraram para saber como criar um projeto de lei para a Cannabis. Geralmente são pessoas ligadas à liberdade econômica, ao capitalismo." Ela descreve a cena não sem fazer uma análise e entender que o político da esquerda, até por uma questão meio xiita, se não falar em autocultivo, reparação social, políticas públicas ao abordar esse tema, vai tomar porrada. Na esquerda, o aspecto ideológico acaba sendo mais forte que o mercadológico, e quando o assunto é maconha, pelo viés ideológico, virá sempre o preconceito e a má informação. De verdade sabemos que a maconha é uma santa planta que foi demonizada, e para tirar o capeta de dentro dela, haja exorcismo! Para Maria, e eu entendo, o mercado dos produtos é um padre exorcista. Nossa, caramba, talvez eu tenho ido longe demais nessa imagem. Tratar a maconha como coisa do demo não seria novidade, mas colocar um padre para exorcizá-la? "É lógico que todas as pautas e questões da esquerda fazem sentido e deveriam ser levadas em consideração. O cara que entrega óleo de canabidiol gratuitamente na Maré é reparação histórica e sendo feita de forma pragmática. Não acredito que o Estado irá reparar as pessoas financeiramente, mas com a distribuição do produto seria um importante passo. É lógico que devemos falar sobre a população carcerária e nos indignar com tantas pessoas presas por terem sido pegas com pequenas quantidades de maconha, mas, infelizmente, a sociedade não está preparada para tratar dessas questões agora. Não podemos parar a evolução, a revolução, porque ela ainda não contempla algo. É degrau a degrau", finaliza. Antes de finalizarmos mesmo o papo, quero ouvir mais da Maria que quer mudar o mundo. "Todo

248 BASEADO EM PAPOS REAIS – MACONHA

mundo me pergunta: se eu pudesse escolher uma coisa para passar amanhã no Congresso, o que seria?, e o que eu digo seria colocar uma quantidade na lei das drogas. Não podemos mais prender pessoas por estarem portando 5 gramas de maconha, por exemplo. A falta de quantidade na lei deixa brechas para o racismo e mentiras. Um cara que planta 130 plantas, como foi pego agora recentemente, não é para consumo próprio, por exemplo, e esse cara tinha habeas corpus", ela fala, e eu, mais uma vez – já nem sei mais quantas vezes esse pensamento me veio no decorrer do livro –, mais uma vez, penso na nossa hipocrisia social. É de doer ver pessoas privilegiadas conseguindo receitas médicas e *habeas corpus* para plantar sem estarem enquadradas na lei. É um absurdo! Absurdo seria também terminar um papo desses com um clima tão negativo quanto a nossa hipocrisia. Fico torcendo para Maria me falar algo mais positivo para assim encerrarmos. E ela não falha! *"As pessoas estão buscando os caminhos mais seguros para seguir. Nos próximos quatro anos o Brasil vai ter que ter uma regulamentação séria sobre o uso medicinal. Digo isso até por ver que hoje a gente tem o presidente do Einstein, talvez o mais importante hospital do Brasil, envolvido em* start-up *de* Cannabis *medicinal. Olhe onde já estamos! E essas pessoas já estão articuladas. É preciso ter essa galera defendendo a gente!"*, ela se inflama, eu me arrepio e acho que agora sim posso terminar o capítulo. É estratégico.

Antes de desligar o vídeo, ela ainda corre pra falar: *"Quando for lançar o livro, avise, porque temos muitas marcas que podem se interessar em promover lançamentos"*. Mais uma vez, adoro esse pragmatismo da Maria, CEO da Kaya Mind.

20.

Stephane

Muita gente comumente o chamaria de traficante. Por diversos
motivos, parece-me mais apropriado chamá-lo de comerciante do
varejo. Pensemos assim: ele é um varejista que trabalhou em boca
de fumo. Acima dele tem um distribuidor, e acima de todos sim
tem o traficante, o atacadista, o importador. Stephane trabalhou
vendendo drogas porque vender drogas é um dos poucos empregos
disponíveis nas favelas. Assim ganhou uma boa grana, mas depois
da prisão viu que precisava de outros valores na vida.
Saiu do presídio e trouxe muitas histórias consigo.
Aqui ele nos conta algumas.

"*O dia amanheceu chovendo muito na favela. A gente ali na birosca,*
fazendo sei lá o quê, esperando a chuva passar. Tempo fechado. O mo-
vimento praticamente parado. Tinha uns 5, 6 mil no bolso. Fraco. Era
somente o terceiro dia que eu tava de frente. Tinha mais droga pra abas-
tecer a boca naquele dia. Esperando, chovendo. A gente ali de bobei-
ra quando o policial veio lá de dentro sem a gente ver. Quando vi, já
veio outro por trás de fuzil nas minhas costas. Perdi. Mão na cabeça e

esculacho. Não teve conversa. Nos colocaram lá pra trás e ficaram só esperando. Os clientes chegando e eles pegando todo mundo. Com os clientes tinha conversa. Os caras arrancaram meus 6 contos, fizeram mais 5, juntando 11 mil em nem uma tarde. Nesse dia me levaram preso. Depois eu soube que foi uma bandida, mulher de bandido, que entregou a gente por ter ficado bolada da boca ter sido dada pra nós e não pra ela. Nesse dia, ela até mamou o policial atrás da viatura."

Foi assim que Stephane foi preso pela primeira e única vez. *"A prisão me mudou. O medo de morrer tive lá dentro. Lá fui abandonado. Morrer é mais simples, você sabe que pode morrer, faz parte. Meu medo maior é mais de sofrer do que morrer. Hoje prefiro morrer do que ir de volta pra cadeia. É uma morte lenta"*, ele, personagem de carne e osso aqui na minha frente, descreve. De todas as entrevistas para este livro, esta é a única que faço presencialmente, gravando somente o áudio. Estamos numa sala dentro do Galpão Aplauso, uma ONG cujo método de ensino capacita jovens de baixa renda para que arrumem seu primeiro emprego. Já gerou aproximadamente 20 mil primeiros empregos para jovens. Galpão Aplauso é o Brasil potente!

Desde a primeira entrevista, feita com o Nelson Motta, eu sabia que, com cada pessoa, deveria conversar sobre diversos enfoques relacionados à maconha, mas uma figura não poderia faltar: o traficante. Não necessariamente um grande traficante, nem um chefão midiático, simplesmente um intermediário no organograma do negócio, alguém de favela que viu no tráfico uma profissão, um ganha-pão possível para viver. Um típico "traficante" de uma favela carioca. Certamente por meio do Galpão Aplauso eu chegaria a alguém assim. Eles atendem jovens de quase vinte favelas da região em que estão localizados, ali ao lado da rodoviária Novo Rio. Já fiz algumas ações com eles. Lembro de uma vez em que estive lá, e a Ivonette Albuquerque, a criadora, diretora do Galpão, ficou me cutucando, apontando-me com os olhos para um pai que estava chegando, trazendo o filho para as aulas. Naturalmente, perguntei quem era. Por que ela estava tão agitada? Era o dono do morro, o chefe do tráfico, trazendo seu filho para ter um futuro diferente do seu. Vi tanta poesia naquela imagem! O dono do morro trazendo o filho pequeno de mãos dadas para ter aulas, conseguir um emprego de carteira assinada, e a Ivonette vendo, mais uma vez, o seu propósito de vida acontecendo. Galpão Aplauso é o Brasil potente!

Stephane é nascido e criado em Costa Barros, Rio de Janeiro. A primeira vez que ouviu falar em maconha foi vendo o pai fumando dentro de sua casa. O pai fuma até hoje. Conta que desde bem criança via as pontas dos baseados que o pai entocava nos tijolos aparentes da casa. Nunca pegou. Não tinha mesmo como o pai esconder que fumava. Na favela não é assim. Não dá para esconder nada assim de ninguém. Tudo passa a ser normal desde sempre, desde criança. É gente fumando, cheirando, bebendo, transando, gente armada. Tudo normal e cotidiano. Se nas pontas dos baseados ele não tocava, foi com as bitucas de cigarro "careta" que aprendeu a tragar. Tinha uns 11 para 12 anos. O pai tinha outros hábitos além de fumar seu baseado. Bebia e batia. Batia muito. Stephane foi morar com a avó. Preocupada com o neto perambulando pra cima e pra baixo na rua, a avó mandou o menino para Minas, onde tinham família. Mal sabia ela. *"Me mandaram para Minas. Fomos numa represa, em 99, pessoal falando que o mundo ia acabar na virada para 2000. Meus amigos apertando e eu fui e fumei. Já sabia tragar por causa do cigarro. A primeira vez que fumei não me causou nada. Nem ri, nem fome. Apertaram outro e quando dei o primeiro catranco quase cai pra trás. Veio a onda forte! Eu fiquei em câmera lenta... Tinha até uma garota querendo ficar comigo e eu todo lentão"*, ele conta da primeira vez que fumou um, aos 12 anos de idade. *"Quando voltei pro Rio, aí eu tinha acesso livre. Era só passar na rua que tinha. Eu vivia na rua. Meu vício era não ficar em casa, não gostava de ficar preso. Que ironia. Na rua comecei a experimentar todas as drogas. Cocaína foi um pouco mais tarde. Usava thinner, cola... Quando experimentei a cocaína me ardeu muito o nariz. Eu tinha carne no nariz..."*, ele vai seguindo sua história. "*Comecei a fumar maconha pra tudo. Vou comer, fuma um, vou jogar bola, fuma um. Tudo que eu fazia eu fumava um antes. Fui fumando tanto que a onda já nem vinha. Fumava por fumar. Mas eu fui vendo, concluindo, que a onda não tem a ver com a quantidade que se fuma. Tem vezes que basta fumar um fino que a onda já vem.*" E assim seguiu, contando sobre sua vida ainda como usuário de várias drogas. Vai vendo.

Nem só de consumo de drogas era feita a vida do Stephane. Não ficou muito mais tempo morando com a avó. Gostava da rua! Foi morar em abrigos da prefeitura. Passou por vários. Em um deles, o da praça da Bandeira, os meninos eram levados para conhecer o Galpão Aplauso. Ele gostou do que viu e quis voltar. Na ONG, assim que o jovem entra, é obrigado a passar pelas oficinas. São várias. Stephane, magrinho, levinho, se encantou pela de circo quando viu as pessoas lá no alto, presas com cordas e tecidos. Mas não aguentou a carga de exercícios. Foi então para a oficina de artes plásticas, que era coordenada por ninguém menos que o Vik Muniz. Muita gente bacana se enriquece ali ajudando o Galpão de várias formas. Durante um tempo eu mesmo montei lá uma oficina de música. Stephane sempre gostou de desenhar, pintar, e foi ficando, aprendendo e evoluindo. O cara pinta bem! "*Eu pintava quadros. Tinha um projeto da prefeitura que me dava as telas e eu dava para eles 10% do que eu vendia. Aqui no Galpão tinha uma bolsa de R$ 90,00. Eu vendi muitos quadros, imãs de geladeira, vasos. Eu ficava lá na Lapa pintando e vendendo. Não adiantava eu levar os quadros prontos. Percebi que vendia mais quando as pessoas me viam ali pintando.*" O cara, além de pintar bem, tem tino para negócios. Vai vendo. Foi seguindo no Galpão, e de aluno lá mesmo conseguiu emprego. "*Com 18 anos a Ivonette assinou minha carteira. Casei com uma garota que fumava também. A mãe dela foi quem nos tirou do abrigo. Teve um aniversário dela que apertei baseados pra todos os convidados. Eu fazia o curso e trabalhava meio expediente*", segue relatando sua história, que nunca tem um caminho só. Enquanto estava no Galpão tinha também o lado de lá. *"Eu já estava envolvido lá. Não tava dando tempo pra mim. Eu recolhia a grana e tinha que rodar muito e sem hora. Pedi pra Ivonette me demitir. Tava complicado conciliar, e o dinheiro me cegou."* É compreensível. *"O que eu ganhava aqui em um mês, lá eu ganhava em um dia, dois dias. Cheguei a ganhar mil reais por dia. Eu tava com uns 19 anos."* Ele faz uma pausa e continua: *"Nunca deixei de desenhar"*.

Cada vez mais envolvido com o tráfico, Stephane, bom de matemática, foi crescendo na ilegalidade e seguindo seus vários caminhos, encontros e desencontros na vida. *"Me separei da menina e fui pra favela de Antares, em Santa Cruz. Fui conhecendo as pessoas lá. Conheci um cara que tinha as duas vidas, era bandido e trabalhador. Tinha uma boca de fumo pequena e trabalhava na SuperVia. Ele vendia drogas num prédio invadido. Era um cara muito influente no tráfico. Comecei a andar com ele e ele foi me dando moral, me colocou na endolação, depois me mandava recolher o dinheiro, distribuir a carga. Ele foi crescendo e ganhou uma gerência de boca em Itaguaí. Ele me chamou, dizendo que ia dividir o lucro comigo. Foi amigo mesmo. Fui com ele pra lá. Eu sei que era uma amizade verdadeira, pois ninguém faz isto, mesmo sendo por uma coisa errada."* Stephane vai me contando sua história, vai se emocionando, lembrando, parece gostar da atenção que estou dando às suas histórias. A vida não é um desenho que depois se faz outro por cima. Ele sabia o que estava fazendo. *"Você sabe que não é certo o que você faz. Eu não tive medo, mas você pensa, coloca a cabeça no travesseiro, você pensa em crescer, ganhar mais, vender mais, mas tem o lado ser humano que sabe que aquilo é errado."* Foram para Itaguaí e botaram uma nova metodologia de trabalho. Nada de vendedor ficar entocado vendendo só na boca. Botaram trabalhadores com carga no asfalto. Era pá, pum. Cliente passava e já levava a mercadoria. Botaram rádio para facilitar a comunicação e a segurança do ponto. Organizaram a boca e começaram a vender muito. Vinte e quatro horas por dia, sete dias da semana. É muito dinheiro! *"Você pequeno querendo as coisas e a família sem poder dar...*", ele lembra da sua infância e justifica esse seu passado recente. Ao organizar a boca, ganharam simpatia também na comunidade. *"A comunidade via a gente como melhoria para o lugar, mesmo fazendo coisa errada. O movimento ficou mais na entrada, e no aniversário das crianças a gente dava o bolo. Ver as crianças brincando me deixava muito feliz."* Stephane estava de bem com a vida. Dinheiro no bolso, poder na cintura e uma clientela fiel. *"Você passa a ter relação com alguns clientes, os caras que vinham sempre, as prostitutas..."* Conta que foi assim, na simpatia, que ganhou o apelido de Sorriso.

Estamos seguindo a conversa. Ele pede uma pausa para ir ao banheiro. Quando volta, já chega falando: *"A arma na mão te dá mais coragem. Você perde o medo. Com a arma na mão você acha que pode fazer o que quiser. Os caras grandão e eu magrinho com a arma, eu que era o poderoso. Eu é que boto medo nos outros. O medo é uma ferramenta de trabalho. Quando você vê o cara armado, até a postura dele muda. Repara só! A arma é o poder, o cara se sente um rei. Dinheiro e arma. Você vê hoje, os caras andam com pentes de bala na cintura. Quanto mais pentes, mais medo ele coloca"*, vai explicando o poder da arma. Stephane conta que, para ele, mais do que o poder da arma, o que o seduzia mesmo era o dinheiro. Comer bem, vestir-se bem, era o que ele queria. *"Eu não sei roubar! Posso articular um roubo, mas ir lá praticar eu não tenho essa coragem"*, ele fala, parecendo querer, de alguma forma, justificar que vendedor de droga não seria bandido. *"O tráfico é um emprego que só existe na favela, que é onde não tem muitos outros empregos. Tem muita gente que não fuma, não bebe, não cheira, e só está ali por causa do dinheiro para sustentar a família. Como em todas as profissões, tem sua lógica, sua organização. São muitos produtos: maconha, cocaína, crack, embalagens de 5, 10, 20. Tem que organizar"*, ele vai explanando seu conhecimento, mostrando os meandros dessa carreira profissional. *"Só dentro das favelas o consumo já é alto independente do povo do asfalto"* – ele é mais um que deixa isso claro. Definitivamente, drogas são consumidas por todas as classes sociais. O que difere no uso é a geografia. Não só no uso, mas também no combate. O grande traficante, o topo do organograma, que mora de frente para a praia de Ipanema, é chamado de empresário. É, as terminologias também mudam. Agora, já afastado do negócio, ele confessa: *"A maconha de hoje em dia é muito ruim. A maconha que tem na favela é da pior qualidade e tá caro! Antigamente, cinco reais era uma mão cheia, e hoje é só um baseado"*. Se legalizar, a qualidade do produto melhora, e a concorrência vai fazer o preço ter muitas variáveis. *"Hoje é muita gente fumando e cada vez mais escancarado. Antes não. Tinha que se esconder. Eu mesmo nunca fumei na frente de criança. Acho feio, desrespeitoso. Eu não fumo na frente das pessoas, pois muita gente não gosta"*, conta ele sobre sua experiência como vendedor e consumidor. Fala mais de seu hábito: *"Não gosto de fumar sozinho. Fumar é um momento para trocar com os amigos, bater um papo"*.

Estava tudo muito bom, tudo muito bem, até que o seu amigo, o seu parceiro, o cara que lhe abriu as portas do dinheiro, morreu. *"Eu o vi morrer assassinado por um policial. Ele podia ter matado o policial uma semana antes, mas não matou. O cara estava desarmado e ele não matou. Na semana seguinte foi assassinado quando a gente tava fazendo um churrasco"*, ele lembra. *"Ele trabalhava na SuperVia para ter uma carteira assinada, esconder da mulher, que era da Igreja"*, segue falando emocionado. *"Na hora dos tiros os policiais nem quiseram saber da sua carteira de trabalho. Os policiais não combatem o tráfico, eles só abatem. Polícia não entra na favela para prender, entra pra matar"*, conclui.

Depois que o amigo foi assassinado, coube a Stephane ficar de frente, assumir o bagulho. *"Fiquei de frente na boca no lugar dele, mas estava sem cabeça, só pensando no amigo que morreu. Eu não queria ficar com a boca, mas todo mundo me dizia que era pra ficar, pois ele gostava e confiava em mim. Acabou que fiquei de frente. A boca não pode parar. Morreu um, coloca outro e não para. Abrimos a boca no mesmo dia. Ele morreu no domingo e fui preso na terça."* O dia amanheceu chovendo muito na favela. A gente ali na birosca, fazendo sei lá o que esperando a chuva passar. Será? Tempo fechado. O movimento praticamente parado. Tinha só uns 5, 6 mil no bolso. Fraco. Sigamos a história agora deste ponto. Stephane preso por tráfico! *"Eu falei pro juiz que estava sem arma. Se eu estivesse armado, não estaria aqui. Teria matado ou morrido. Disse que era usuário, e não traficante. Na hora que eles me pegaram eu não tinha flagrante, só o dinheiro. Eu já era maior de 21... Na audiência, o juiz falou um monte de coisas, dizendo para eu assumir que ele daria a pena mínima. Eu sabia que falando a verdade ou mentindo eu ficaria preso do mesmo jeito. A audiência, na verdade, não é audiência. O policial fala o que quer, o juiz mal te escuta e dá a sentença. O policial que entrou para depor nem foi o que me prendeu! Como pode?! Ele não tinha nada com nada, e para o juiz era a palavra dele que importava. A justiça é cega mesmo. Ou melhor, a justiça não é cega, ela olha a aparência."* Vou ouvindo seu relato, entendo perfeitamente o que ele está dizendo, mas fato é que ele foi pego no crime. Dançou. *"Fui condenado a dez anos e oito meses, e fiquei quatro anos e seis. Eu tinha sido acusado por associação e porte de arma, mas a defensora pública questionou como eu podia estar associado ao crime se eu já era o traficante. Ela também conseguiu derrubar o porte de arma e fiquei só no tráfico."* Stephane rodou por diversas delegacias e presídios. *"Cada transferência é um sofrimento. Você perde camisa, bermuda, acessórios e tem que chegar novinho, sem conhecer ninguém num outro lugar"*, conta. E conta mais: *"Eu não tinha visitas, então era difícil conseguir coisas novas"*. Sigamos seu caminho nesses tempos sob a proteção do Estado. *"Fui preso e levado pra 50, de lá pra 52. Parecia que eu estava chegando em Marte, um outro mundo. Fiquei três dias sem comer e sem ir ao banheiro. Os caras faziam redes com lençol, trouxas de roupa para sentar em cima, aquele cheiro diferente de suor, de calor e muita gente junta. Lá sim senti o verdadeiro calor humano. Você parado já fica suando. Lugar pra quinze, vinte pessoas e devia ter uns trezentos. Dormia um pra baixo e um pra cima. Lá na 52 a gente fumava um baseadinho. Depois me mandaram pra Japeri. Em Japeri tinha uma mulher que levava maconha pra dentro. Eu fumava e até vendi lá dentro. De Japeri fui pra Água Santa, e lá não tinha nada. Lá era pior. Tinha um agente penitenciário famoso que odiava o Comando Vermelho. Tudo que ele podia prejudicar quem era do Comando ele fazia. Comando Vermelho é feito uma seita. Se não fosse muito dinheiro, o tráfico seria só do Comando Vermelho, mas olha quantas facções existem hoje. Todos saíram do Comando por ganância. Até as milícias entraram no tráfico, pois é muito dinheiro. No presídio usei mais cocaína e um pouco de crack. Não tinha maconha. Quando eu saí, estava cheirando muito e viciei legal em maconha com crack. A onda da maconha vem três vezes mais forte. A onda do crack é muito rápida. Por isso os cracudos fumam muito."* Eu deixo que ele vá contando sua história sem interromper. *"Como eu pintava, na cadeia fiz muitas bandeiras pros times de futebol de lá. Futebol lá é primordial. Antes de ver reportagem, era o futebol na TV. Se não tiver futebol é o repórter, e se não tiver, aí é votação, tudo no coletivo. Quando me levaram pra Bangu eram 75 comarcas, aquelas camas de alvenaria, e tinha uns noventa homens. Tinha sempre alguém dormindo no chão. Lá aprendi a viver coletivamente, o que é uma das coisas mais difíceis. As regras aqui fora muita gente quebra, mas lá dentro não tem essa de quebrar regra, não. Lá, se não cumprir a regra, não tem pra onde correr. Fiquei preso com um monte de caras grandes no crime. Todos tranquilos. O cara chega num certo patamar do crime em que ele tem mais fama do que o que ele faz mesmo. Que nem eu. Pulei várias etapas no crime sem ter sido tão mal. Tinha um cara lá que diziam que ele, depois que matava, chupava o sangue do coração da vítima pelo canudinho. Imagina só! Na prisão, o cara era calmo, tocava violão, cantava em inglês. Conheci muitos chefões, e podia ter voltado, mas não quis. Quando saí tive convites pra voltar pro crime, mas eu não queria mais. Entre ter 1 milhão de reais e sair da prisão, eu prefiro sair. Liberdade não tem preço. Sabe o que é viver dois anos e dez meses num pedacinho assim? Dois anos que eu dormia de dia e ficava acordado à noite. Eu fazia isso até pra mudar minha rotina. Qualquer coisa assim. Tomava* café sem nada, depois com leite, só pra mudar alguma coisa na vida." Fato é que Stephane saiu da cadeia e do tráfico. "*Tem muitos como eu que depois da prisão abandonam, vão para a Igreja, arrumam outro trabalho. Outros voltam e morrem. Tem ainda os chefões, que vivem a vida mais presos do que soltos. O Marcinho VP mesmo, que foi preso com 18 anos e tá preso até hoje. O cara mandava em tudo. Se é que ainda não manda*", ele questiona. Ele questiona, e eu questiono também. Falo sobre o tráfico não deixar herança. O traficante que hoje é chefe não deixa muitos bens para seus herdeiros. Traficante não junta dinheiro? "*Os caras fora esbanjam muito. Muitas mulheres... Os que estão presos conseguem juntar algum dinheiro, e na rua não. O tráfico gera muito dinheiro. Tem favelas, tipo a Rocinha, que por semana vende uns 10 milhões de reais ou até mais. Olha o tamanho do morro da Rocinha, quantas bocas tem lá? É muito dinheiro.*" Ele fala dessa cifra e fico chocado, assim como fiquei chocado ouvindo os números do mercado canábico como um todo no papo com a Maria Riscala. Ambos entendem do negócio. É muito dinheiro!

É muito dinheiro que o tráfico gera, mas no tráfico não falamos somente de maconha. Depois de ouvir em silêncio o depoimento do Stephane, sinto que é hora de voltarmos ao assunto principal deste livro: a maconha e a legalização de todos os seus usos. A descriminalização da planta. Como será que ele vê isso? "*Se legalizar a maconha, eu acho normal. O cigarro é 300 milhões de vezes pior. A maconha só é assim pois é vendida por traficante. Se fosse vendida naturalmente, nem daria tanto problema. Por que o cigarro é liberado e a maconha não? A maconha não faz mal. Maconha não é nem droga, é uma erva medicinal, é uma planta.*" Será que ele enxerga possibilidade de quem hoje é traficante, varejista, tornar-se também produtor? "*Eu acho que o pessoal não ia plantar, não. O povo é preguiçoso, já quer pronto. Nego ia preferir até se pudesse já comprar o baseado apertado.*" E como vê o policial? "*O policial é o bandido do Estado. Não são todos, mas a maioria. O modo deles de combater o bandido é mais bandido que o bandido. O cara te vende a arma, te prende por porte e depois te vende novamente. A mente do policial não é muito diferente da do bandido.*" Ele faz essa análise sociológica antes de colocar a geografia no assunto. "*Quem mora em comunidade vai ter amigo gerente, vapor, e se você tirar uma foto vão dizer que é associação, que você é bandido. Você pode até ter profissão, ter a vida certa, mas você não vai deixar de ser amigo dos seus camaradas de infância. Muitos garotos são pegos assim, sem fazer nada. Pros policiais, prender gente assim é normal, e a sociedade também acha. O morador de favela não pode dar mole é pra polícia. Não andar com policial, não ajudar a polícia, não falar nada. No morro todo mundo sabe onde cada um mora, então o morador não pode falar nada. Só de andar ao lado de um policial já pode ser uma sentença de morte. A gente já tá acostumado a viver onde vive. O tráfico só vai mexer com o morador se o morador mexer com o tráfico. O tráfico na favela não é o horror que se diz no asfal-to. Lógico que tem um ou outro que é fio desencapado, mas não o tráfico como um todo.*" Se no presídio essas regras não podem ser quebradas, na favela é melhor também seguir na mesma toada. Morador não pode se meter com policial. E ponto.

Sinto que estamos chegando ao final do nosso tempo. Falamos de toda a sua trajetória e voltamos para cá, para o Galpão Aplauso. Sinto que, depois de quase três horas de conversa, estamos chegan-do ao final pelo clima, pelo tom, por ver Stephane agora meio que tirando suas conclusões da vida que já viveu até aqui. Trinta e cinco anos de idade. Essa história toda da sua prisão aconteceu dez anos atrás. De fato, ele não voltou ao tráfico e está novamente trabalhan-do no Galpão. "*Na cadeia eu escrevi carta pra Ivonette agradecendo as oportunidades, o primeiro emprego, tudo que ela fez por mim. Sempre fui grato. Eu sei que ela apostou muito em mim, mas eu não tive a cabeça. Se eu tivesse focado no meu talento, e não no dinheiro, acho que eu poderia ter sido um artista maior. Eu tive um pouco de vergonha de voltar pra cá, e por isso demorei a voltar. Só voltei agora em 2022. Fiquei uns 14 anos fora daqui. Voltei aqui pra pegar o certificado do meu curso do Pró-Jovem, que eu nunca peguei. Encontrei só dois parceiros da minha época e fiquei esperando a Ivonette. Quando ela chegou, a gente conversou, e*

260 BASEADO EM PAPOS REAIS – MACONHA

ela na hora mesmo já me contratou para pintar umas letras. Pintei e fui ficando. Hoje, o dinheiro que eu ganho eu administro melhor. Prefiro ter esse dinheiro aqui do que o que eu tinha lá. Eu podia ganhar muito lá e de uma hora pra outra morrer e não ter nada. Lógico que queria ter mais para comprar mais coisas, mas hoje vejo que a liberdade é mais importante do que querer esse poder. Hoje tenho mais medo ainda de ser pego, pois já não sou primário. Se ganhasse muito dinheiro eu não sairia da favela, mas tentaria fazer a favela ser melhor. Não é eu me mudar, mas mudar onde moro. A molecada da favela quer ser jogador de futebol, cantor, pois é o que eles veem. Alguns também veem o traficante. Seria bom se pudessem ver mais arte. Eu queria isto, ser artista, mas o dinheiro do tráfico me levou. Quem mora em favela tem até o acesso para ir em museus, mas ninguém vai. Eu tive um quadro que já foi exposto e teve uma menina que quis comprar. Eu não queria vender, mas tive que vender pra poder comer." Ele fala um pouco mais da sua vida pós-prisão, da sua volta ao Galpão, e com muito orgulho começa a falar sobre o grande painel que pintaram no muro de fora do Galpão. É um trabalho bem grande, em alusão ao livro *O cortiço*, do Aluísio Azevedo, que foi coordenado pelo grafiteiro Acme e pela artista plástica Mana Bernardes. *"O Acme tá me puxando pras paradas, dizendo que eu tenho talento. Acho muito bacana e vejo o tempo que perdi. Quando eu pinto, não penso em mais nada. Parece que estou numa bolha"*, ele fala e fica em silêncio. Parece que está numa bolha mesmo, parece que acaba de ver um filme, desses favela-*movies*, sobre a sua vida. Deixo o silêncio falar. Ficamos assim. *"Eu acho que mereço fazer uma faculdade de arte"*, ele interrompe o silêncio. Eu também acho! Ele me olha nos olhos, levanta-se da cadeira e me chama para ir ver as letras que ele pintou quando voltou. Nós vamos. Tem um fim de tarde lindo iluminando as palavras Conectar, Construção, Ética, entre outras. Despedimo-nos com um abraço. Ele ainda está em horário de serviço. Eu pego meu carro e vou para casa querendo dar um abraço na Ivonette, pensando no livro, no Stephane, e no quanto o Brasil é potente no Galpão Aplauso.

Considerações finais

Não é de hoje que consumimos maconha. Com essa frase abri este livro. Não é de hoje que consumimos, e até quando teremos que falar sobre isto? Não entendo por que falamos tanto sobre maconha. Que outra planta, produto, bem de consumo já mereceu tanta polêmica? Precisa disso tudo?

Debater, trocar, estudar, conversar é sempre bom. Essas vinte conversas que tive aqui foram um enorme prazer e possibilitaram, exigiram, um mergulho ainda mais profundo no tema. Agora, tentando colocar o ponto final – ou melhor, reticências –, tento ver a interseção entre tudo. O que mais falamos foi sobre as inúmeras propriedades da planta, o quanto ela pode ser útil em diversos aspectos terapêuticos e industriais. O quanto pode trazer de bem-estar, riqueza e melhorias para a vida de um grande número de pessoas. Se pensarmos em impostos, haveria melhorias para todas as pessoas. No entanto, em praticamente todas as conversas, o papo sempre caiu em assuntos relacionados ao preconceito racial, social e a violência. É assustador. Precisamos evoluir! Não é mais sob essa ótica perversa que devemos avançar nesse debate. A maconha, as inúmeras propriedades dessa planta, merece ser colocada em outras prateleiras.

Foi somente em 2015 que a Anvisa tirou o canabidiol da lista de produtos proibidos. Depois disso, até o fim de 2022, havia aprovado 23 remédios para fabricação no Brasil, além de permitir a importação de muitos outros. Apenas no ano passado foram produzidos mais de 4 mil estudos científicos sobre o tema. Com tudo isso, com esse novo *boom* de interesse, a busca por capacitação também aumenta. Na renomada Universidade de São Paulo (USP) já existe até curso de "Medicina Canabinoide". Isso sim é prateleira! Não faz mais nenhum sentido uma planta, que já faz parte da nossa rotina há milhares de anos, com tantas propriedades, deixar de ser estudada, cultivada, consumida, por uma questão de preconceito. Imagine quanto mais não podemos aprender, gerar de riqueza, usufruir, se tirarmos essa visão obtusa do assunto.

Nesses momentos finais, pensando sobre as conclusões possíveis depois de tanta conversa, mais uma vez me vejo pensando nela, no grande mal da sociedade brasileira, aquilo que sempre nos prende no atraso, na incivilidade, naquilo que, infelizmente, parece inerente ao que somos coletivamente. Sim, estou pensando na hipocrisia. Só a hipocrisia pode explicar as nossas circunstâncias. Aqui as leis não são iguais para todos. Geografia, cor da pele, classe social fazem mais do que não sermos iguais perante o Estado, fazem parecer que vivemos em Estados paralelos. Dessa forma, vivemos patinando. Aqui temos o cara que compra droga por *delivery* e recebe na sua casa, mas defende ações assassinas em favelas para "combater o tráfico"; aqui o pastor é corrupto, o político é mal-intencionado, a polícia é bandida, o cara que se diz família e antiaborto leva a amante para abortar, o juiz faz sua fezinha no bicho, e por aí vai. Aqui, na verdade, não existe ilícito. Ninguém deixa de fazer nada por ser proibido pela lei. Que lei é essa? Que sociedade é essa? *"Farinha pouca, meu pirão primeiro"*, *"levar vantagem em tudo"*, *"para inglês ver"*, *"cabeça de juiz é igual fralda de neném, ninguém sabe o que tem dentro"* – qual a moral de uma sociedade que tem, e usa, expressões, provérbios como esses? Que sociedade é essa que gera até uma indústria de receitas médicas e *habeas corpus* para driblar o caminho legal após a recente liberação de remédios à base de canabidiol? Em mim bate um desespero, uma sensação de andar em areia movediça. Estou de saco cheio do "jeitinho brasileiro". Você não?

Não me parece que as utilidades dessa planta, a utilização na indústria, muito menos suas propriedades medicinais, podem ser questionadas. Como alguém pode questionar um medicamento que faz diminuir de 80 para 4 o número de convulsões semanais numa criança? São mais de 10 convulsões por dia! Você mandaria seu filho para a escola assim? Para a casa de uma amiguinha? Imagine como você ficaria tendo que sair para trabalhar sabendo que seu filho ou filha certamente teria convulsões epilépticas sem você estar próximo? Você iria? Imagina! Não tem discussão! É inquestionável, inaceitável, intolerável quem possa ser contra o uso da *Cannabis* para fins medicinais. É cruel! O fato de não ter a mesma eficiência para todas as pessoas não pode colocar em questão as suas propriedades medicinais. Assim, se não existe dúvida sobre o uso medicinal e, muito menos, sobre a utilização da planta em várias indústrias, então o problema, a única questão, é seu uso social, adulto, dito recreativo. Não é difícil chegar a essa conclusão. Por conta de um preconceito contra algo que pode ser "recreativo", condena-se uma planta valiosíssima. É lamentável que assim seja, e é preciso deixar isso claro. A questão são os efeitos que a maconha pode produzir nas nossas mentes. São efeitos tão leves, inofensivos. Merece mesmo esse medo todo? Não, não merece. Os leves efeitos que a maconha gera no indivíduo são quase ridículos se comparados com os do álcool, por exemplo. Não temos notícias de alguém que tenha matado alguém por ter fumado maconha. Não conhecemos nenhum homem que tenha espancado a mulher por estar sob efeito de maconha. Não conhecemos casos de nenhum tipo de violência causada por alguém que tenha fumado maconha. A ilicitude é somente fumar. A maconha só está nas notícias policiais porque é proibida. Tire a proibição de cima da maconha e você verá – e já vê em países onde ela foi legalizada – que nenhuma taxa de criminalidade aumenta. Pelo contrário, diminui. Ao legalizar, estaremos tirando um forte ativo do comércio ilegal de drogas e armas. A maconha não deveria ser assunto para páginas policiais. Quer acabar com o tráfico, então é só legalizar! Quer combater o tráfico, comece em Brasília e nas fronteiras! Aproveite e combata também o tráfico de armas. Pode ter certeza que andam juntos. Nem drogas, nem armas são fabricadas nas "bocas de fumo" das favelas. Esse suposto combate ao tráfico que vemos todos os dias nos jornais nada mais é que campanha para lucrar mais com a venda de armas e subir o preço das drogas. Hi-po-cri-sia! Somente hipocrisia que não combate nada. A questão do consumo das drogas deveria ser de responsabilizar, e não criminalizar. Se a pessoa bebeu e bateu o carro, atropelou alguém, então ela é responsabilizada, paga uma alta multa. Por que não ser assim para todas as drogas? Cometeu algum crime, que responda dentro da lei. O que é estranho é criminalizar o usuário, sendo que, a princípio, se ele está fazendo algum mal ao consumir droga, é somente a si mesmo. Legalizada ou não, muita gente fuma maconha! Pessoas de todas as classes sociais, gêneros, idade, região do país, religião, em todo canto tem gente que fuma maconha! Profissionais das mais diferentes profissões fumam maconha. Escritores fumam maconha, cientistas fumam maconha, economistas fumam maconha, médicos fumam maconha, presidentes da República fumam maconha, advogados fumam maconha, policiais fumam maconha, então por que tanta hipocrisia? Por que falar de maconha nas páginas policiais? Maconha é um bem de consumo que faz parte dos nossos hábitos comportamentais, queiram ou não queiram o Estado e a lei.

Por tudo isso e tudo mais conversado aqui é que devemos enxergar o tema *descriminalização da maconha* em toda a sua transversalidade. É pensar pequeno demais achar que trazer à tona esse debate seja somente um ativismo da burguesia branca intelectualizada querendo fumar seu beque em paz. Isso também seria, e é, legítimo, mas é muito mais do que isso. Estamos falando de trazer para a formalidade uma indústria de bilhões e bilhões de dólares! Lembremos da projeção da Forbes para os Estados Unidos onde se espera faturar até 2025 30 bilhões de dólares, sendo 16 bilhões de dólares só com a venda para uso adulto! Imagine aqui no Brasil, onde podemos ser os maiores produtores do mundo! A maconha é mais uma das novas *commodities* que podem transformar a realidade do Brasil. Estaríamos trazendo para a formalidade uma riqueza em impostos, uma enormidade de novos empregos, promovendo um incalculável avanço científico e médico, e tirando da frente e de trás das armas cidadãos que só querem poder comprar e vender um bem de consumo. Positivamente, este livro não se propõe a ser o debate, mas, sim, a afirmar uma voz, uma corrente de pensamentos – aqui representada por 20 pessoas de diferentes áreas – que acredita piamente na capacidade transformadora que a descriminalização dessa planta pode ter na nossa sociedade, na nossa moral social, tirando a malfadada hipocrisia da frente do assunto. O debate já está posto, agora é hora de sermos afirmativos. É ponto pacífico, a criminalização da maconha nos prende ao passado. Vivamos um novo momento!

E sempre, mais do que tudo, antes de tudo, no meio de tudo, tudo na vida deve ser um constante exercício de autoconhecimento. A vida é individual e vivida coletivamente. Cada um sabe de si, cada um deve saber o que é bom para si. O problema não está nos produtos, mas na sua utilização. A diferença entre remédio e veneno pode ser bem sutil. Sejamos responsáveis pelo que fazemos nas nossas vidas, sabendo que a empatia pelo próximo faz parte dessa responsabilidade. O Estado não deve ser tutor das nossas formas de conduta social. Maconha, assim como paracetamol, camarão, açúcar, sal, Coca-Cola, carne vermelha ou glúten, vai ter uma aceitação, uma absorção diferente em cada pessoa. Maconha talvez ainda mais que esses outros exemplos, uma vez que existem vários tipos genéticos de maconha, cada um com propriedades, gosto e cheiro próprios. Nada muito diferente do que se pensarmos nas laranjas lima, pérsia, seleta. Tudo é uma questão de uso, adequação, personalidade. Por isso, não gostaria de ser lido como se estivesse fazendo apologia ao uso. De jeito nenhum. Cada um sabe de si. É só uma questão de dar liberdade e trazer para a legalidade, no mínimo, aproximadamente 20 milhões de brasileiros que já usam maconha com finalidade recreativa e medicinal. Ambas são terapêuticas! É tênue a linha que poderia separar o uso medicinal do uso, dito, recreativo. Até hoje é assim. Se consumimos algo para o nosso bem-estar, mesmo que não estejamos doentes, se somente consumimos para ter um bom momento, relaxar, desanuviar, este uso também não pode ser considerado terapêutico? Precisamos mesmo dessa distinção? É importante sempre lembrarmos que estamos falando de uma planta que o homem utiliza há milhões de anos. O uso da planta é histórico, o preconceito é recente.

Sinto que nosso papo aqui vai chegando ao fim. O assunto segue em várias outras rodas. Ainda estamos longe de esgotá-lo. Vamos com as reticências... Foi um grande prazer passar esses dois anos mergulhado no tema, pensando sempre que o livro é para ser uma conversa minha, dos entrevistados, com você, uma grande roda. Espero que tenha sido de bom proveito. Vamos em frente. Forte abraço! Saúde e sorte sempre!

Impressão e Acabamento

Bartiragráfica

(011) 4393-2911